普通高校"十三五"规划教材·管理科学与工程系列

供应链管理
（第 3 版）

李耀华　林玲玲 ◎ 主　编
孙红霞　刘徐方 ◎ 副主编

U0361627

清华大学出版社
北京

内 容 简 介

本书根据国内外供应链管理最新发展,结合我国供应链管理应用的实际情况具体介绍了供应链管理结构模型、设计构建、策略方法、实施原则步骤,供应链管理中的生产计划与控制、采购管理、库存管理、绩效评价、信息技术、电子化供应链管理等基础理论知识,并且探讨了我国供应链管理发展现状与未来发展方向和对策。

本书融入了供应链管理最新实践教学理念,力求严谨,注重与时俱进,具有知识系统、内容翔实、案例鲜活、贴近实际等特点,并注重理论教学与实践应用相结合。

本书既可以作为普通高等院校本科物流管理专业的首选教材,同时兼顾高职高专及应用型大学的教学,也可以作为物流和生产企业在职从业者的培训教材,并为物流供应链管理者提供有益的学习指导。

图书在版编目(CIP)数据

供应链管理/李耀华,林玲玲主编. —3 版. —北京:清华大学出版社,2018(2024.8 重印)
(普通高校"十三五"规划教材·管理科学与工程系列)
ISBN 978-7-302-48120-1

Ⅰ. ①供… Ⅱ. ①李… ②林… Ⅲ. ①供应链管理—高等学校—教材 Ⅳ. ①F252

中国版本图书馆 CIP 数据核字(2017)第 205947 号

责任编辑:杜 星
封面设计:汉风唐韵
责任校对:宋玉莲
责任印制:杨 艳

出版发行:清华大学出版社
　　　网　　　址:https://www.tup.com.cn,https://www.wqxuetang.com
　　　地　　　址:北京清华大学学研大厦 A 座　　　　邮　　编:100084
　　　社 总 机:010-83470000　　　　　　　　　　邮　　购:010-62786544
　　　投稿与读者服务:010-62776969,c-service@tup.tsinghua.edu.cn
　　　质量反馈:010-62772015,zhiliang@tup.tsinghua.edu.cn
印 装 者:涿州市般润文化传播有限公司
经　　销:全国新华书店
开　　本:185mm×260mm　　印　张:14.25　　　字　　数:320 千字
版　　次:2004 年 9 月第 1 版　 2018 年 1 月第 3 版　　印　　次:2024 年 8 月第 5 次印刷
定　　价:39.00 元

产品编号:066356-01

编审委员会

主　任：牟惟仲

副主任：林　征　冀俊杰　张昌连　鲁瑞清　李大军　吴江江

委　员：赵志远　崔　娜　周　平　车亚军　张建国　李耀华

　　　　梁　露　刘　华　孙　军　刘徐方　张劲珊　黑　岚

　　　　延　静　王海文　林玲玲　赵立群　于汶艳　郑秀恋

　　　　刘丽艳　叶　靖　丁玉书　罗松涛　李　青　梁　旭

　　　　王　艳　罗佩华　刘阳威　李秀华　赵秀艳　梁红霞

　　　　耿　燕　刘文歌　王雅华　雷　燕　朱凤仙　任　斐

总　编：李大军

副总编：刘　华　王海文　李耀华　孙　军　刘徐方　刘丽艳

丛书 序言

　　物流是国民经济的重要组成部分，也是我国经济发展新的增长点，加快我国现代物流发展对于调整经济结构、促进产业升级、优化资源配置、改善投资环境、增强综合国力和企业竞争能力、提高经济运行质量与效益、实现可持续发展战略、推进我国经济体制与经济增长方式的根本性转变，具有非常重要而深远的意义。

　　为推动我国现代物流业的健康快速发展，国务院连续下发《物流业调整和振兴规划的通知》(国发〔2009〕8 号)、《关于促进物流业健康发展政策措施的意见》(国办发〔2011〕38 号)、《关于促进内贸流通健康发展的若干意见》(国办发〔2014〕51 号)等多个文件，制定和完善相关配套政策措施，以有序实施和促进物流企业加大整合、改造、提升、转型的力度，并逐步实现转型发展、集约发展、联动发展、融合发展，通过物流的组织创新、技术创新、服务创新，在保证我国物流总量平稳较快增长的同时，加快供需结构、地区结构、行业结构、人力资源结构以及企业组织结构的调整步伐，创新服务模式，提高服务能力，努力满足经济建设与社会发展的需要。

　　2015 年 3 月，经国务院授权，国家发展改革委、外交部、商务部发布《推动共建丝绸之路经济带和 21 世纪海上丝绸之路的愿景与行动》；随着我国改革开放和社会主义市场经济的加速推进，随着国家"一带一路、互联互通"总体发展战略的制定和实施，我国迅速融入全球经济一体化的进程，中国市场国际化的特征越发凸显。

　　物流既涉及国际贸易、国际商务活动等外向型经济领域，也涉及交通运输、仓储配送、通关报检等多个业务环节。当前面对世界经济的迅猛发展和国际市场激烈竞争的压力，加强物流科技知识的推广应用、加速物流专业技能型应用人才的培养，已成为我国经济转型发展亟待解决的问题。

　　需求促进专业建设，市场驱动人才培养，针对我国高等职业教育院校已沿用多年物流教材陈旧和知识老化而急需更新的问题，为了适应国家经济发展和社会就业急需、满足物流行业规模发展对操作技能型人才的需求，在中国物流技术协会的支持下，我们组织北京物资学院、大连工业大学、北京城市学院、吉林工程技术师范学院、北京财贸职业学院、郑州大学、哈尔滨理工大学、燕山大学、浙江工业大学、河北理工大学、华北水利水电学院、江西财经大学、山东外贸职业学院、吉林财经大学、广东理工大学等全国 20 多个省市高职高专院校及应用类大学物流管理专业的主讲教师和物流企业经理，共同精心编撰了此套教材，旨在迅速提高高职院校物流管理专业学生和物流行业从业者的专业技术素质，更好地服务于我国物流产业和物流经济。

本套教材作为高职高专院校物流管理专业的特色教材，融入了物流运营管理的最新实践教学理念、坚持以科学发展观为统领，力求严谨、注重与时俱进，根据物流业发展的新形势和新特点，依照物流活动的基本过程和规律，全面贯彻国家"十二五"教育发展规划，按照物流企业对用人的需求模式，结合解决学生就业加强实践能力训练，注重校企结合、贴近物流行业企业业务实际，注重新设施设备操作技术的掌握，强化实践技能与岗位应用培养训练，并注重教学内容和教材结构的创新。

本套教材根据高等教育院校"物流管理"专业教学大纲和课程设置，各教材的出版对强化物流从业人员教育培训、提高经营管理能力，对帮助学生尽快熟悉物流操作规程与业务管理、毕业后能够顺利走上社会就业具有特殊意义；因而既可作为本科高职院校物流管理专业教学的首选教材，也可以用于物流、商务贸易等企业在职员工培训。

中国物流技术协会理事长、牟惟仲

2015 年 10 月于北京

第3版 前言

　　物流是流通的命脉、也是国家经济建设的重要支撑,供应链管理既是物流系统中的重要组成部分,也是物流运营的关键环节;供应链管理对规范经营、完善服务、降低成本、减少损失、提高经济效益、提升物流品质具有积极的促进功能,对物流企业经济运行的质量和效益产生重大影响,并在国际间大物流中发挥着衔接、协调、枢纽等极其重要的作用;因而越来越受到我国物流行业主管和物流企业的高度重视。

　　网络经济促动产业快速发展,供应链管理作为现代科技进步和经济发展催生出的新型生产力,正在深刻地改变物流企业的运作模式,也在彻底地改造传统物流业,并在物流产业化与现代化发展进程中发挥重要作用。当前,随着国家"一带一路、互联互通"总体发展战略的制定和实施,面对物流市场国际化的迅速发展与激烈竞争,对物流系统和从事供应链管理人员技术素质提出了新的更高要求;加强物流供应链管理学习应用,这既是物流企业可持续快速发展的战略选择,也是本书出版的意义。

　　本书作为高等院校物流管理专业的特色教材,自出版以来,因写作质量好而深受全国高校广大师生的欢迎,目前第2版已经重印10多次;并于2007年被评为北京市高等教育精品教材。此次再版,严格按照国家教育部"加强职业教育、突出实践技能培养"教学改革的要求;作者审慎地对原教材进行了反复推敲和认真修改,更新案例、数据资料、补充了前沿知识和实训内容,以使其更贴近现代经济生活发展实际、更符合社会企业用人需要、更好地为我国物流经济和物流教学实践服务。

　　本书作为普通高等教育物流管理专业的核心课程,全书共九章、以学习者应用能力培养为主线,坚持科学发展观、紧密结合国内外供应链应用发展的新形势,依照供应链管理活动的基本过程和规律,围绕物流企业供应链管理所涉及的各工作环节和流程,具体介绍:供应链管理结构模型、设计构建、策略方法、实施原则步骤,供应链管理中的生产计划与控制、采购管理、库存管理、绩效评价、信息技术、电子化供应链管理等基础理论知识,并通过加强技能训练、提高应用能力。

　　本书融入了供应链管理最新的实践教学理念,力求严谨、注重与时俱进,具有知识系统、内容翔实、案例鲜活、贴近实际等特点；因此本书既可以作为普通高等院校本科物流管理专业的首选教材，同时兼顾高职高专及应用型大学的教学，也可作为物流和生产企业在职从业者的培训教材，并为物流供应链管理者提供有益的学习指导。

本书由李大军进行总体方案策划、并具体组织，李耀华和林玲玲主编，李耀华统改稿，孙红霞、刘徐方为副主编，由林玲玲教授审订。作者分工：牟惟仲（序言），刘亚鑫（第一章、第二章），李耀华（第三章），李长栓（第四章），孙红霞（第五章、第六章），李长栓、李金峰（第七章），李金峰（第八章），刘徐方（第九章），李青（附录）；华燕萍、李晓新（文字修改、版式调整、制作教学课件）。

在本书再版过程中，我们参阅借鉴了国内外大量供应链管理的最新书刊资料、企业案例、网络信息以及国家历年颁布实施的相关法规和管理规定，并得到中国物流技术协会有关专家教授的具体指导，在此一并致谢。为了配合本书发行使用、我们提供了配套电子课件，读者可以从清华大学出版社网站（www.tup.com.cn）免费下载。因作者水平有限，书中难免有疏漏和不足，恳请专家、同行和读者批评指正。

编　者

2015 年 12 月

目录

第一章

供应链管理概述

【学习目标】

- 理解供应链的产生与发展；
- 掌握并区分供应链的概念与特征，供应链管理的概念与特征。

【技能目标】

- 学会运用理论知识构建供应链；
- 根据物流企业实际情况选择合适的供应链管理模式。

 开篇案例

"互联网＋"之下　供应链将向多层次、个性化发展

因为融合度不够，目前我国许多产业集群还未形成稳健的供应链体系，这也导致了行业整体协同创新的能力不强，这种现状也决定了行业和产业集群下一步的转型方向。

关于供应链融合的路径，行业当中，一些企业没有直接的供应链，只是依托于一个虚拟的供应链模式，整合行业企业资源，如香港利丰。而在全球供应链纵向一体化的模式当中，我国纺织产业被定为处在微笑曲线的低端，也就是生产环节，在这一模式中的企业，必须延长自身供应链，向曲线两端进发谋求利润。

现如今，互联网＋思维挑战传统商业模式，供应链模式再次随之发生变化。在电子商务的影响下，制造业不再依赖于规模效益，而更多地依赖于其对市场的反应速度，例如提高了生产效率，抑制了信息不对称的弱点等。

D2S(design to shop)模式对供应链的影响，以及个性化需求的反馈等也已经开始显现了，而且会随着互联网的进步而愈加显现。

时尚产业的消费层次本身就有很多种，如快时尚、奢侈消费、定制消费等，将来，伴随消费层次的多元化，会形成层次更加丰富的供应链。供应链的多层次和个性化是相互作用的关系，欧美许多国家供应链的构建，从一开始就注重从分层次、级别、产业分工和融合的角度进行，在中国，供应链的层次化和个性化发展的大幕才刚刚拉开。

以往的供应链合作模式，做到真正的融合的还比较少。融合的意义还是在于推动个性化发展，推动建立个性化发展的产业联盟和供应链联盟。

案例导学

互联网，成为这个时代最普及的技术和生产驱动力；2015年两会期间，国家制订"互联网＋"行动计划，推动移动互联网、云计算、大数据、物联网与现代制造业结合。

在新一代信息技术的支持下，互联网将加速行业竞争的广度和深度，"互联网供应链将驱动行业供应链变革，各行业在商流、物流、信息流、资金流的贯通与整合也将更为高效，供应链将向多层次、个性化发展"。

(资料来源：中国物通网)

第一节　供应链管理的产生与发展

一、21 世纪企业竞争的特点

自 20 世纪 80 年代以来,在全球经济、网络经济、信息经济和知识经济日益明显的超强竞争作用下,企业的经营环境正从过去相对稳定、可预测的静态环境转向日益复杂多变和充满不确定性的动态环境,企业的竞争势态出现了如下特点。

(一)从静态竞争转向动态竞争

在传统的静态竞争中,实现可持续性仅仅意味着在目标环境和可用资源既定的情况下,企业为维持竞争优势而针对竞争对手的模仿、异化和替代等行动进行决策和实施一系列行动方案。也就是说,竞争的主要目标是保持既有优势,而不是创造新的竞争优势,但竞争优势并不能通过这种方式长久保持下去,激烈的竞争和动荡的环境早晚会把所有的竞争优势侵蚀殆尽。

而动态竞争是以高强度和高速度的竞争为特点,每一个竞争对手不断地建立自己的竞争优势和削弱对手的竞争优势。竞争对手之间的战略互动明显加快,竞争优势都是暂时的,不能长期保持。竞争的有效性不仅取决于时间的先后,更主要的是评估竞争对手反应和改变需求或竞争规则的能力。因此,从动态的角度来看,动态环境中企业竞争优势的核心问题是更快地培养或寻找可以持续更新的竞争优势源泉。

任何产品推出时肯定是难以完美的,完美是一种动态的过程,所以要迅速让产品去感应用户需求,从而一刻不停地升级进化、推陈出新,这才是保持领先的唯一方式。为了在市场上占有一席之地,很多制造商选择不断推出新产品来满足细分市场上的各种不同消费者。往往是一个产品投放市场不久,企业就又推出新的产品,有时一个产品刚进入市场另一个新产品的宣传就紧随而至。

例如,国内一线手机厂商如联想、中兴、华为和酷派通常一年要推出 30～50 款手机,包括功能手机和智能手机,以保持销售势头和市场份额。华为的手机业务部门在 2014 年9 月一个月之内就同时推出了两款手机——华为 MATE7、华为 G7。

在 20 世纪 90 年代初期,日本汽车制造商平均两年可向市场推出一个新车型,而同期的美国汽车制造商推出相同档次的车型却要 5～7 年。可以想象,美国的汽车制造商在市场中该有多么的被动,这也是日本的汽车在 20 世纪八九十年代占据美国市场的原因。

(二)从产品导向转向客户导向

在传统的竞争中,企业的唯一行动就是选择一个产品市场竞争战略,围绕市场份额展开竞争。在这样的战略指导下,企业不会去顾及客户潜在的个性化需求,而是以产品生产为导向组织自身的各项活动,采取 product(产品)、price(价格)、place(地点和渠道)、promotion(促销)的 4P 营销策略以及推动(push)生产模式,将已生产好的产品推向市场,以求将同样的商品卖给尽可能多的客户。

在新的竞争形式下,社会商品极大地丰富,出现了市场饱和与商品过剩的现象,任何一个企业要想在现有的市场中扩大自己的份额都会招致竞争对手强烈的报复从而付出高昂的代价；另外，客户基本需求完全可以得到满足，进而推动客户需求层次的提升并朝个性化方向不断发展。

因此，企业竞争战略应从扩大市场份额转向扩大客户价值。在这种竞争战略指导下，企业注重更快地把握客户不断变化和个性化的需求并加以满足，为客户提供更高质量和价值的产品和服务，发展与客户牢固的伙伴关系，进而寻求客户关系的长期性和客户价值的最大化。

企业应以客户需求为导向组织企业的各项活动，应用消费者的欲望和需求（consumer wants and needs）、消费者的费用（cost to satisfy）、购买的便利性（convenience to buy）和与客户交流（communication）的4C营销策略以及客户需求拉动（pull）生产模式，根据客户个性化的需求来组织生产、递送和服务。

例如，戴尔公司有30名代表长期驻扎在波音公司，这30名代表不但负责波音公司PC机的日常管理工作，还负责波音公司PC机的库存管理工作，同时还负责预测波音公司PC机的需求。通过对波音公司计算机部门的日常管理和库存管理，戴尔公司的30名代表能够并且易于理解波音公司的经营环境，从而有利于提高其对波音公司PC机需求的预测准确率，因此戴尔公司能够按个性化需求向波音公司提供PC机。

小米公司倡导"让用户参与、让用户爽"，这是用户参与开放创新的一个重要体现。以客户为中心，打造客户超凡的体验，并通过多种互联网营销手段聚集人气与客户互动是小米开放式创新的最大特点。

做到产品的快速发布只是第一步，其根本目的就是让用户尽快能用到新功能，尽快得到用户反馈信息，以便及时地对产品开发做调整，因此一个产品团队是否能够快速获取用户反馈、是否真正重视反馈并及时做出响应非常重要。开放创新模式下，一方面必须非常重视来自用户的反馈意见以不断进行产品创新；另一方面通过互联网与客户进行的互动，实则是市场营销必不可少的活动，并可以积累与客户互动的经验，同时获得客户的黏性。

也就是说，智能手机的开放创新必须强调产品创新与市场营销的紧密融合与互相促进。全民客服体系则是小米公司粉丝文化中最重要的升级版沟通机制，这甚至影响了小米公司的产品成败，小米公司通过互联网上的论坛、微博等社交工具直接接触用户，并推出了"全民客服"计划。

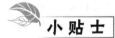
小贴士

拉动式生产是丰田生产模式两大支柱之一"准时制"（just in time）得以实现的技术承载。这也是大野耐一凭借超群的想象力，从美国超市售货方式中借鉴到的生产方法。相对于过去的推动式生产，前一作业将零件生产出来"推给"后一作业加工，在拉动式生产中，是后一作业根据需要加工多少产品，要求前一作业制造正好需要的零件。

（三）从单一市场基于价格的竞争转向多点和多因素的综合竞争

在传统的静态竞争中，企业的竞争往往最终会归结到单一市场的基于价格的竞争，即降低价格是企业获得更大市场份额的主要手段。随着客户需求的多样化和个性化，仅仅靠降低标准化产品的价格已无法对客户产生吸引力。

另外,市场在不断地细分,每一个单一市场的总额在缩小,降低价格不仅无法使企业获得更大的市场份额,反而可能引发价格大战,导致企业和竞争对手两败俱伤。

在这种不断变化和细分市场的市场环境中,企业必须采用多点竞争和多因素竞争战略,即针对多个细分市场(多点),在多样性、时间、价格、质量和服务等因素上达到综合最优,或根据客户需求的具体情况选择基于客户最敏感因素的竞争战略,从而提高累积的市场份额。

例如,在 20 世纪 80 年代中期,"克莱斯勒"是美国三大汽车公司中规模最小、经营状况最差的一家。面对崩溃的局面,"克莱斯勒"采取了一项基本改革:大幅度减少其内部的技术与零部件开发活动,转向设计、组装、营销领域。于是供应商以最新的技术装备"克莱斯勒"的汽车,同时"克莱斯勒"也进入了一个设计与车型的复兴期。它通过及时地推出备受欢迎且有利可图的小型货车、皮卡货车、SUV 和幻想汽车,从而超越了它的竞争对手。

我国家电市场竞争激烈。面对其他家电的价格竞争,海尔另辟蹊径,采取即需即供、优质服务和产品多样化等策略赢得了竞争优势。为了做到零库存下的即需即供,海尔的供应链将以前的按月下单改为了按周下单,从面向库存的生产转向按订单的生产。2010年海尔的库存周转天数为 5 天,而同行业平均是 50 天,全国企业平均周转天数是 78 天。

在服务方面,早在 1993 年海尔空调就在全国率先推出"三免服务",接着又相继推出许多服务措施,如 24 小时服务到位、星级服务、社区服务站等 9 次升级,全国星级服务网络覆盖率先通过 ISO 9002 国际质量认证等;在服务理念上,海尔奉行客户至上,提出"只要客户一个电话,剩余工作都由海尔来做",以及"用户的难题就是我们的难题"。

海尔在成功地推出了海尔冰箱之后,利用品牌的延伸性,又成功地推出了海尔空调、洗衣机、电视机等新产品。海尔还针对不同地区的生活习惯和文化特点,设计出适应当地要求的个性化产品。

(四) 从国内和区域竞争转向国际和全球竞争

在经济全球化以前,企业的竞争主要发生在一个国家或地区内。随着世界经济的发展以及信息技术的应用,整个世界成为日益紧密的经济体,国家、地区之间的经济壁垒逐步消除,任何一个地区或局部的市场都会面临国际竞争。

信息与网络技术的发展打破了实践和空间对经济活动的限制,这使各种信息能够很快超越国家和地域的界限,在世界范围内有效地传递和共享,为国家、企业的经济发展提供了新的手段和条件,企业能够在更大的范围内建立跨国、跨地域甚至全球化的市场。不仅国内的企业、产品和服务要走出国门,而且外国的企业、产品和服务也会进入本国境内。

在这种情况下企业不仅要在国内彼此相互竞争,还要与国外企业展开竞争,国际竞争力成为企业生死存亡的关键,经济竞争从国内和区域竞争演变成国际和全球竞争。

通用汽车公司的 Pontiac Le Mans 已经不能简单定义为美国制造的产品,它的组装生产是在韩国完成的,发动机、车轴、电路是由日本提供的,设计工作在德国,其他一些零部件来自中国台湾地区、新加坡和日本,西班牙提供广告和市场营销服务,数据处理在爱尔兰和巴贝多完成,其他一些服务如战略研究、律师、银行、保险等,分别由底特律、纽约、华盛顿等地提供,只有大约总成本的40%发生在美国本土。

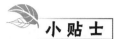

美国著名供应链管理专家马丁·克里斯托夫关于供应链的一句名言:"真正的竞争不是企业与企业之间的竞争,而是供应链和供应链之间的竞争。"

二、企业面临的挑战

随着卖方市场向买方市场的转变,企业面临着激烈的竞争。一方面,企业为在市场竞争中取得优势,需要更快地、不断地推出新产品以迎合客户的喜好;另一方面,市场上丰富的同类产品使客户有更多的选择余地,并促进了客户需求的多样化,以及目标客户群的进一步细分。这使产品的种类数量快速膨胀、价格迅速下降、生命周期急剧缩短。企业面临着时间、成本、质量和多样性等多方面的挑战。

(一)时间

由于消费者需求的不断变化和竞争型产品的不断推出,产品的生命周期变得越来越短。例如,消费类电子产品的生命周期,20世纪70年代平均为8年,20世纪80年代缩短为不足两年,现在则缩短为一年甚至更短。

世界级的电子产品制造商三星电子公司的副总裁兼三星印度市场主管Ravinder Zutshi表示"没有任何一款消费电子产品的生命周期能超过12个月",智能手机的飞速发展,使消费者的手机两年一换成为普遍现象。由于细分市场规模越来越小且不断变化,企业只有以更快的速度生产出更多品种的产品才能不断地取得成功。产品技术变化的速度日益加快,因此必须以同样的速度缩短产品开发周期。

多变的市场和不稳定的客户需求使企业只有采用面向订单的生产方式以避免高库存和滞销产品。但是,从接到客户订单到生产出满足客户需求的定制产品总是需要时间的,而大多数客户没有耐心长时间地等待。在价格和质量相当的情况下,人们往往会把订单下达给能够最快提供、满足其需求产品的企业。因此,企业要想获得客户订单,就必须尽可能缩短交货提前期,以便在接到客户订单后,能够以最短时间生产和递送满足客户需求的产品。

(二)成本

激烈的市场竞争和众多的替代产品迫使企业在快速提供满足客户需求的产品和服务的同时,还必须保持低成本和低价格。由于贸易壁垒的撤除,更多的竞争者涌入市场参与竞争,特别是来自发展中国家的制造商,他们的生产成本更低。

全球竞争的加剧已经使价格达到有史以来的最低点。市场自由度的增加使新的竞争者更加易于进入市场,这一现象使许多行业的产能过剩,从而导致供给过剩,增加了降价的压力。另外,互联网的广泛应用使价格信息的对比十分便捷,这也助长了降价的趋势。

为了缓解不断的降价压力,保证一定的利润水平,企业必须寻求降低成本的方法,以渡过降价的危机。由于企业已经实施了许多降低成本的方法与策略,所以想寻找到新的成本降低方法将是一个很大的挑战。

(三) 质量

客户对质量的高期望值进一步推动了企业竞争。随着产品供应越来越丰富,客户对质量的认识也在发生变化,由以前强调性能、可靠性和耐久性拓展到安全性、美学性、附加功能、售后服务、客户价值和响应速度等方面。现在,客户购买产品时,不仅关心产品本身的质量,也十分重视服务质量,如客户期望准时、反应快速、更精确的提货和送货服务。物流配送应成为全面质量管理的关注点。

另外,产品的质量不仅取决于产品制造商的能力和水平,也受到零部件和原材料供应商的影响。因此,企业质量管理的领域不仅仅包含制造过程,还包含采购和供应商管理、销售与配送渠道,以及售前和售后服务等。这使质量控制变得更加复杂和困难。

 小 贴 士

全面质量管理(Total Quality Management,TQM):是指在全面社会的推动下,企业中所有部门、所有组织、所有人员都以产品质量为核心,把专业技术、管理技术、数理统计技术集合在一起,建立起一套科学严密高效的质量保证体系,控制生产过程中影响质量的因素,以优质的工作、最经济的办法提供满足用户需要的产品的全部活动。

(四) 多样性

20世纪70年代以前,统一的大市场不复存在,市场随着客户需求的变化不断细分。企业为了满足不同细分市场的客户需求而推出种类繁多的产品和服务。例如,20世纪80年代以前,制造商只生产一种一次性尿布。

20世纪90年代,宝洁公司(P&G)推出了系列产品,包括13种设计各异的一次性尿布,是根据婴儿从出生到学会走路这一成长阶段的变化而精心设计的。另外,全球化也促进了产品的多样化。企业需要为不同国家和地区的客户提供符合他们要求和习惯的产品。

例如,创立于1984年的海尔集团,从开始单一生产冰箱起步,拓展到家电、通信、IT数码产品、家居、物流、金融、房地产、生物制药等多个领域,成为全球领先的美好生活解决方案提供商。欧睿国际(Euromonitor)发布数据显示:海尔大型家用电器2014年品牌零售量占全球市场的10.2%,居全球第一。这是海尔大型家电零售量第六次蝉联全球第一,也是首次突破两位数。

目前,海尔在全球有21个工业园、5大研发中心、66个贸易公司,全球用户遍布100多个国家和地区。仅对于洗衣机而言,不同的用户有不同的需求,仅电压一项就有很多种需求,日本的电压是100伏,美国是110伏,澳大利亚是240伏,中国是220伏,中东还有双电压,或许需要200多种电机才能满足所有用户的需求。

产品和服务的多样性使物料的种类增加,从而导致物料批量小、采购难度大、库存量增大。产品的多样性还会增大生产计划的复杂性和增加生产准备时间,并使售后服务难度加大。这些都将导致成本的增加,即多样性成本。

三、供应链管理的产生

供给者和需求者间的供需关系导致了供应链问题的产生,20世纪60年代人们开始正式研究供应链。供应链和供应链管理随着研究的过程发生了巨大的变化,供应链管理的应用也取得了惊人的成绩。

例如,HP、IBM等知名企业供应链战略的成功运作,使企业盈利和竞争力增强的同时也吸引了研究人员对供应链管理广泛和深入的研究。企业采用传统的"纵向一体化"管理模式显然难以适应上述竞争态势和挑战,这就促成了代表"横向一体化"思想的供应链管理模式的产生。

(一)传统的"纵向一体化"管理模式的弊端

在"纵向一体化"(vertical integration)管理模式下,企业出于对制造资源的占有要求和对生产过程直接控制的需要,传统上常采用的策略是扩大自身规模或增加参股供应商,与为其提供原材料、半成品或零部件的企业是一种所有关系。

例如,许多企业拥有从铸造、毛坯准备、零件加工、部件生产和产品装配到包装、运输等一整套设施、设备及组织结构,形成了"大而全""小而全"的经营方式,在产品开发、加工制造和市场营销三个基本环节呈现出"中间大、两头小"的橄榄型特征。

这种类型的企业投资大、建设和回收期都长,既难以对市场变化做出快速响应,又存在较大的投资风险。

另外,"纵向一体化"模式会迫使企业从事不擅长的业务活动,如零部件生产、设备维修、运输等。一个可能的结果是:不仅这些不擅长的业务没有抓起来,而且又影响了企业的关键性业务,导致其无法正常发挥出核心作用;企业不仅失去了竞争的优势,而且增加了生产成本。

例如,直到20世纪90年代,通用汽车公司仍然自己生产70%的零部件,而福特公司只有50%,克莱斯勒只有30%,这种方式使通用汽车公司每生产一套动力系统就比福特公司多付出440美元,比克莱斯勒多600美元,在市场竞争中始终处于劣势。

采用"纵向一体化"管理模式的企业面临的另一个问题是必须在不同业务领域直接与不同的对手进行竞争。企业在资源、精力、经验都十分有限的情况下四面出击,会导致企业核心竞争力的分散。

事实上,即使是IBM这样的大公司,也不可能拥有进行所有业务活动所必需的能力。因此,从20世纪80年代起,IBM就不再进行纵向发展,而是与其他企业建立广泛的合作关系。

(二)代表"横向一体化"思想的供应链管理模式的产生

鉴于"纵向一体化"管理模式的种种弊端,从20世纪80年代后期开始,国际上越来越多的企业放弃了这种经营模式,随之而来的是"横向一体化"(horizontal integration)思想的兴起。"横向一体化"就是利用企业外部资源快速响应市场的需求,只抓企业发展中最核心的东西:产品方向和市场。至于生产,只抓关键零部件的制造,甚至全部委托其他企业加工。

例如,福特汽车公司的 Festival 车就是由美国人设计的,在日本的马自达生产发动机,由韩国的制造厂生产其他零件和装配,最后在美国市场上销售。制造商把零部件生产和整车装配都放在了企业外部,这样做的目的是利用其他企业的资源促使产品快速上马,避免自己投资带来的基建周期长等问题,赢得产品在低成本、高质量、早上市等诸方面的竞争优势。

信息与网络技术的发展,使企业间开展业务合作变得更加方便,核心竞争力成为企业生存和发展的关键。与其他企业密切合作、集中精力发展自身核心业务的扩张方式逐渐受到企业的认同,"横向一体化"已成为现代企业发展扩张的主要模式。

该模式的要点是在核心业务领域做强做大,从而使其成为产品价值链上的一个关键环节,并使企业处于有利的竞争地位。

这就是供应链管理的思想:不需要企业处处都强过他人,想处处都具优势的结果是丧失优势。因此,企业需要一种有别于他人的核心优势,然后联合那些在某一方面具有优势的企业,构成具有整体优势的企业联盟。这样就形成的一条供应链。

"横向一体化"形成了一条从供应商到制造商再到分销商的、贯穿所有企业的"链"。由于相邻节点企业表现出一种需求与供应的关系,当把所有相邻企业依次连接起来,便形成了供应链(supply chain)。这条链上的节点企业必须达到同步、协调运行,才有可能使链上的所有企业都能受益。于是便产生了供应链管理(supply chain management,SCM)这一新的经营与运作模式。

四、供应链管理的发展

供应链从 20 世纪六七十年代开始逐渐受到广泛关注,到现在已经有了很大的发展,按涵盖的范围可分为以下四个层次。

(一)内部供应链

企业内部功能集成阶段,它把原材料及库存控制集成一体,较为关注企业采购和内部物流管理,采用计划、采购、控制等物流管理职能,只谋求个别职能的集成带来的少数利润,却忽略了一体化效益。把供应链当作企业内部流程,采购、生产、分销等功能的协调都是为了使内部流程优化。

(二)供应管理

有些学者把供应链的概念与采购、供应管理相关联,用它来表示与供应商之间的关系,这种观点得到了研究合作关系、准时生产、精细供应、供应商行为评估和用户满意度等问题的学者的重视。20 世纪六十至八十年代由日本丰田汽车公司发展起来的准时制(just-in-time,JIT)就是这种思想的典型代表。

正是凭借与供应商良好的合作关系,丰田汽车公司一举超越了美国的竞争对手,形成了持续 20 多年的竞争优势。但这样一种关系也仅仅局限在企业和供应商之间,没有考虑企业与下游渠道的合作关系。

20 世纪 90 年代出现的企业资源计划(enterprise resources planning,ERP)为这种思想提供了良好的支持。ERP 系统能够基于 Internet/Intranet 实现企业内部和外部的信息集成,支持 MRP 与 JIT 生产方式的结合,把客户需求、企业内部的制造活动以及供应商的制造资源整合在一起,支持企业与供应商建立合作关系与资源建成。

准时制,又称作无库存生产方式(stockless production)、零库存(zero inventories)、一个流(one-piece flow)或者超级市场生产方式(supermarket production),是日本丰田汽车公司在 20 世纪 60 年代实行的一种生产方式。1973 年以后,这种方式对丰田公司渡过第一次能源危机起到了突出的作用,后引起其他国家生产企业的重视,并逐渐在欧洲和美国的日资企业及当地企业中推行开来,现在这一方式与源自日本的其他生产、流通方式一起被西方企业称为"日本化模式"。

(三)链式结构供应链

其发展起来的供应链管理概念关注与其他企业的联系,注意供应链企业的外部环境,认为它应是一个"通过链中不同企业的制造、组装、分销、零售等过程将原材料转化成产品,再到最终用户的转化过程",这是更大范围、更为系统的概念。例如,美国的史迪文斯(Stevens)认为:"通过增值过程和分销渠道控制从供应商的供应商到客户的客户流就是供应链,它开始于公益的源点,结束于消费的终点。"

伊文斯(Evens)认为:"供应链管理师通过前馈的信息流和反馈的物料流及信息流,将供应商、制造商、分销商、零售商,直到最终的用户连成一个整体的模式。"这些定义都注意了供应链的完整性、供应链中所有成员操作的一致性,形成了包含上下游节点企业的链式结构供应链。

20 世纪 90 年代中后期,支持企业外部资源管理和企业间管理的信息系统已相当丰富。例如,客户关系管理(customer relationship management,CRM)可以有效地管理客户信息和分析客户价值,从而有效提高客户满意度和企业收益;分销资源计划(distribution resource planning,DRP)为分销商、零售商等提供信息平台,在企业的分销渠道中实现信息共享,有效地缩短供应链,使企业的工作效率和业务范围得到有效的提高。

另外,互联网技术和电子数据交换(electronic data interchange,EDI)技术也为供应链企业间的信息传递与共享提供了便捷的途径和手段。这些信息技术与系统促进供应链管理的快速发展。

(四)网状结构供应链

20 世纪 90 年代后期,供应链的概念更加注重围绕核心企业的网链关系,如核心企业与供应商、供应商的供应商乃至与一切上游的关系,与客户、客户的客户及一切下游的关系。此时对供应链的认识已经超出了"链"的范围,形成了一个网链的概念,具体如图 1-1 所示。

哈里森(Harrison)进而将供应链定义为:"供应链是执行采购原材料,将它们转换为中间产品和成品,并且将成品销售到用户的功能网链。"这些概念同时强调供应链的战略伙伴关系问题。通过建立战略伙伴关系,可以更有效地与重要的供应商和客户开展工作。

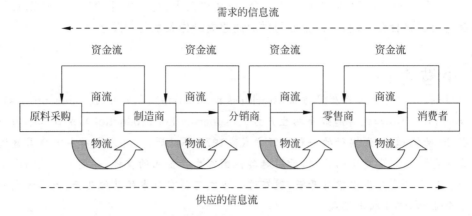

图 1-1　网状结构的供应链

第二节　供应链与供应链管理

杰克·韦尔奇曾说过,如果在供应链运作上不具备竞争优势,那么,干脆就不要竞争。英国著名物流专家马丁·克里斯托弗(Martin Christopher)讲过这样的话:"市场上只有供应链而没有企业,真正的竞争不是企业与企业之间的竞争,而是供应链与供应链之间的竞争。"供应链已经成为企业的生命线,只有对供应链进行不断地优化整合,才能使企业在当今市场竞争中立于不败之地。

一、供应链的概念

供应链(supply chain)的思想源于物流(logistics),原指军方的后勤补给活动。随着商业的发展,便逐渐推广应用到商业活动上。流通系统最终目的在于满足消费者,将流通所讨论的范围扩大,把企业上下游成员纳入整合范围,就发展成为了供应链。

例如,一个顾客走进沃尔玛零售店去购买雀巢奶粉,供应链始于顾客对奶粉的需求,顾客首先就会访问沃尔玛零售商店。沃尔玛的奶粉存货由成品仓库或者分销商用卡车通过第三方供应。雀巢公司为分销商供货,雀巢的制造工厂从各种供应商那里购进原材料,这些供应商可能由更低层的供应商供货。这一供应链如图 1-2 所示,图中箭头反映实体产品流动的方向。

但是,供应链的概念经历了一个发展过程。早期的观点认为供应链是制造企业中的一个内部过程,是指将采购的原材料和收到的零部件,通过生产的转换与销售等过程传递到企业用户的一个过程,传统的供应链概念局限于企业的内部操作,注重企业的自身利益目标。

随着企业经营的进一步发展,供应链的概念范围扩大到了与其他企业的联系,扩大到供应链的外部环境,偏向于定义它为一个通过链中不同企业的制造、组装、分销、零售等过程将原材料转换成产品到最终用户的转换过程,它是更大范围、更为系统的概念。

第一次提出供应链概念的是 John B. Houlihan(1985),他指出供应链(supply chain)是一个涉及多个企业的整体系统,从而引起了人们对上下游企业之间的合作与协调问题

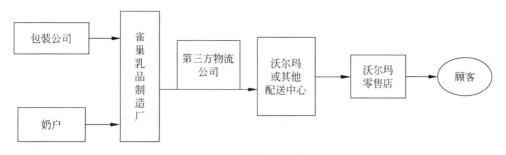

图 1-2　雀巢奶粉供应链

的关注。现代供应链的概念更加注重围绕核心企业的网链关系。如核心企业与供应商、供应商的供应商乃至一切前向的关系,与用户、用户的用户及一切后向的关系。此时供应链的概念形成一个网链的概念。

　　美国供应链协会认为:供应链是目前国际上广泛使用的一个术语,涉及从供应商的供应商到顾客的顾客最终产品生产与交付的一切努力。供应链管理包括贯穿于整个渠道来管理供应与需求、原材料与零部件采购、制造与装配、仓储与存货跟踪、订单录入与管理、分销以及向顾客交货。

　　我国《物流术语》GB/T 18354—2006(2007 年 5 月 1 日起实行)中对供应链的定义是:供应链(supply chain)是生产及流通过程中,涉及将产品或服务提供给最终用户活动的上游与下游组织所形成的网链结构。

　　通过上述的分析,可以给出一个供应链比较确切的定义:供应链是围绕核心企业,通过对信息流、物流、资金流的控制,从采购原材料开始、制成中间产品以及最终产品,最后由销售网络把产品送到消费者手中的将供应商、制造商、分销商、零售商直到最终用户连成一个整体的网链结构和模式。它是一个范围更广的企业结构模式,包含所有加盟的节点企业,从原材料的供应开始,经过链中不同企业的制造加工、组装、分销等过程直到最终用户,如图 1-3 所示。

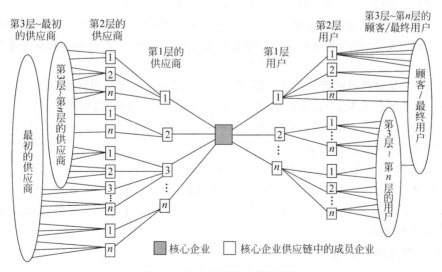

图 1-3　供应链系统的分层结构

这个概念强调了供应链的战略伙伴关系,从形式上看,客户在购买商品,但实质上客户是在购买能带来效益的价值。各种物料在供应链上移动,是一个不断采用高新技术增加其技术含量或附加值的增值过程。

二、供应链的特征

从供应链的结构模型可以看出,供应链是一个网链结构,由围绕核心企业的供应商、供应商的供应商和用户、用户的用户组成。一个企业是一个节点,节点企业和节点企业之间是一种需求与供应关系。供应链主要具有以下特征。

(一)复杂性

因为供应链节点企业组成的跨度(层次)不同,供应链往往由多个、多类型甚至多国企业构成,所以供应链结构模式比一般单个企业的结构模式更为复杂,如图 1-4 所示的供应链涵盖了整个物流(从供应商到最终用户的采购、制造、分销、零售等职能)领域过程。各企业在法律上都是独立的,它们之间形成了基于供应、生产和销售的多级复杂交易关系,在经济利益上不可避免地存在着冲突和矛盾。

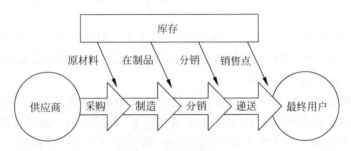

图 1-4 供应链管理的结构

(二)动态性

供应链管理因企业战略和适应市场需求变化的需要,其中节点企业需要动态地更新,这就使供应链具有明显的动态性。同时,供应链成员之间的关系是合作与竞争,一旦成员企业经济实力发生改变,其在网络中的地位也随之发生变化,从而造成成员间关系的动态变化。

例如:当某种物料或产品供应短缺同时价格上涨时,一家公司就会发现与这样地供应商建立联盟比较有利,可以保证短缺物品地持续供应。这种联盟对双方都有利,对供应商来说,它们得到了新的市场并导致新的、未来产品地销售机会;对采购方来说,它们得到了长期地供货及稳定的价格。

此后,当新的竞争者生产这种短缺的产品或者需求下降时,供应商对采购方来说或许就不再有价值。采购方反而会发现与其他潜在的供应商磋商会带来更大的利益,这样它会决定与原有供应商取消联盟关系。由此可以看出,供应链是经常变动的,因此会给有效管理带来很多问题。

(三)面向用户需求

供应链的形成、存在、重构,都是基于一定的市场需求而发生的,并且在供应链的运作过程中,用户的需求拉动是供应链中信息流、产品/服务流、资金流运作的驱动源,因此供应链也称为需求链。

(四)交叉性

节点企业可以是这个供应链的成员,同时又是另一个供应链的成员,众多的供应链形成交叉结构,增加了协调管理的难度。

(五)层次性

各企业在供应链中的地位不同,其作用也各不相同。按照企业在供应链中地位的重要性的不同。各节点企业可以分为核心主体企业、非核心主体企业和非主体企业。主体企业一般是行业中实力较强的企业,它拥有决定性资源,在供应链管理中起主导作用,它的进入和退出直接影响供应链的存在状态。

在一个供应链中,居于中心位置的是核心主体企业,它是供应链业务运作的关键,它不仅推动整个供应链运作,为客户提供最大化的附加值,而且能够帮助供应链上的其他企业参与到新的市场中。

供应链是一个范围更广泛的企业结构模式,它包含所有加盟的节点企业,从原材料的供应开始,经过链中各种企业的加工制造、组装、分销等过程直到最终用户。它不仅是一条连接供应商到用户的物料链、信息链、资金链,而且是一条增值链,物料在供应链上因加工、包装、运输等过程而增加其价值,给相关企业都带来效益。

三、供应链管理的概念

供应链管理(supply chain management,SCM)是一种全新的管理思想,于 20 世纪 80 年代末被提出。供应链管理就是企业对供应链的流程进行计划、组织、协调和控制,以优化整条供应链,目的是将客户需要的产品通过物流到达客户,整个过程要尽量降低供应链的成本。

供应链管理对企业资源管理的影响,可以说是一种资源配置的创新。供应链中的每个节点企业在网络中扮演着不同的角色,它们既相互合作、谋求共同的收益,同时在经济利益上又相互独立,存在一定的冲突。处于同一供应链中的企业在分工基础上相互依赖,通过资源共享,优势互补,结成伙伴关系或战略联盟,谋求整体利益最大化,而在利益分割中又互相矛盾和冲突。

供应链管理体现是集成的系统管理思想和方法。正如全球供应链论坛所描述的:"为消费者带来有价值的产品、服务以及信息,从源头供应商到最终消费者的集成业务流程。"供应链管理把供应链上的各个节点企业作为一个不可分割的整体,通过对节点企业的相关运营活动进行同步化、集成化管理,整合它们的竞争能力和资源,从而形成较强的竞争力,为客户提供最大价值。

四、供应链管理的目标

供应链管理的目标是供应链整体价值最大化。供应链管理所产生的价值是最终产品对顾客的价值与顾客需求满足所付出的供应链成本之间的差额。供应链管理使节点企业在分工基础上密切合作,通过外包非核心业务、资源共享和协调整个供应链,不仅可以降低成本、减少社会库存,使企业竞争力增强,而且通过信息网络、组织网络实现生产与销售的有效连接和物流、信息流、资金流的合理流动,使社会资源得到优化配置。

供应链管理的整体目标是使整个供应链的资源得到最佳配置,为供应链企业赢得竞争优势和提高收益率,为客户创造价值。供应链管理强调以客户为中心,即做到将适当的产品或服务(right product or service)按照合适的状态与包装(right condition and packaging),以准确的数量(right quantity)和合理的成本(right cost),在恰当的时间(right time)送到指定地方(right place)的确定客户(right customer)手中。

因此,最好的供应链管理不是将财务指标作为最重要的考核标准,而是密切注视产品进入市场的时间、库存水平和市场份额这一类情况。以客户满意为目标的供应链管理必将带来供应链中各环节的改革和优化,因此,供应链管理的作用就是在提高客户满意度的同时实现销售的增长(市场份额的增加)、成本的降低以及固定资产和流动资产更加有效的运用,从而全面提高企业的市场竞争实力。

五、供应链管理的特征

(一)以满足客户需求为根本出发点

任何一个供应链的目的都是满足客户的需求,并在满足顾客需求的过程中为自己创造利润。在供应链管理中,顾客服务目标优先于其他目标,以顾客满意为最高目标。供应链管理必须以最终客户需求为中心,把客户服务作为管理的出发点,并贯穿供应链的全过程,把改善客户服务质量、实现客户满意作为实现利润、创造竞争优势的根本手段。

(二)以共同的价值观为战略基础

供应链管理首先解决的是供应链伙伴之间信息的可靠性问题。如何管理和分配信息取决于供应链成员之间对业务过程一体化的共识程度。供应链管理是在供应链伙伴间形成一种相互信任、相互依赖、互惠互利和共同发展的价值观和依赖关系。供应链战略需要供应链上的企业从整个供应链系统出发,实现供应链信息的共享,加快供应链信息传递,减少相关操作,简化相关环节,提高供应链的效率,降低供应链成本,在保证合作伙伴合理利润的基础上,提升企业竞争能力和盈利能力,实现合作伙伴间的双赢。

(三)以提升供应链竞争能力为主要竞争方式

在供应链中,企业不能仅仅依靠自己的资源来参与市场竞争,而要通过与供应链参与各方进行跨部门、跨职能和跨企业的合作,建立共同利益的合作伙伴关系,实现多赢。供应链管理是跨企业的贸易伙伴之间密切合作、共享利益和共担风险;同时,信息时代的到来使信息资源的获得更具有开放性,这就迫使企业间要打破原有界限,寻求建立一种超越企业界限的新的合作关系。

因此,加强企业间的合作已成必然趋势,供应链管理的出现迎合了这种趋势,顺应了新的竞争环境的需要,改变了企业的竞争方式,将企业之间的竞争转变为供应链之间的竞争。

（四）以广泛应用信息技术为主要手段

信息流的管理对供应链的效益与效率是一个关键的因素。信息技术在供应链管理中的广泛应用，大大减少了供应链运行中的不增值活动，提高了供应链的运作绩效。

供应链管理应用网络技术和信息技术，重新组织和安排业务流程，进行集成化管理，实现信息共享。只有通过集成化管理，供应链才能实现动态平衡，才能进行协调、同步、和谐运作。

（五）以物流的一体化管理为突破口

供应链管理把从供应商开始到最终消费者的物流活动作为一个整体进行统一管理，始终从整体和全局上把握物流的各项活动，使整个供应链的库存水平最低，实现供应链整体物流最优化。

物流一体化管理能最大限度地发挥企业能力，降低库存水平，从而降低供应链的总成本，因此要实现供应链管理的整体目标，为客户创造价值，为供应链企业赢得竞争优势和提高收益率，供应链管理必须以物流的一体化为突破口。

（六）以非核心业务外包为主要经营策略

供应链管理是在自己的"核心业务"基础上，通过协作的方式来整合外部资源以获得最佳的总体运营效益，除了核心业务以外，几乎每件事都可能是"外源的"，即从公司外部资源整合。企业通过非核心业务外包可以优化各种资源，既可提高企业的核心竞争能力，又可参与供应链，依靠建立完善的供应链管理体系，充分发挥供应链上合作伙伴的资源和优势。

案例分析

供应链管理在互联网时代将回归客户导向的本质

复杂问题简单解决，让我们回归到供应链管理的本质：以最低的总成本满足客户的需求。满足客户需求是目标，"协同、库存和战略"都不是供应链管理的目标，那为何不直奔目标而去呢？大家会反问，难道我们没有直奔目标吗？没有。可以说90%的企业根本拿不到客户的真实需求，或者说忽略了。

他们拿到的是销售的需求，销售的需求等于客户的需求吗？当然不等于，销售与客户之间也存在因不信任而不协同的问题，销售往往会放大需求或者自己创造客户需求（例如客户要求25号交付，销售告诉制造20号，甚至自动缺省为N天后交付，被省去的这5天或X天时间，对制造意味着什么呢？）。

就算有些公司有专业的订单中心，并且可以直接接触客户，但是仍然不能挖掘或引导出客户真实需求，或者可以说有些客户由于自身计划体系的缺失，自己也无法有效管理或了解自己的需求。

由于缺失这个真实的客户需求，我们的"协同""库存"和"战略"都是基于我们自己的假想敌。更何况，我们大多数企业没有订单中心，或者说订单中心是无法直接接触客户。他们还没有建立这个意识。

如果说在工业化时代,我们还有些借口说真实的客户需求由于技术障碍难以获得,那在互联网打破一切障碍的今天,是否还是难以倾听客户的声音? 英文的供应链需求管理中有一个单词"Customer Demand Sensing"翻译较好的是"客户需求探知",也就是说客户需求的获得需要一个"探知"过程。但今天有多少企业愿意花时间去"探知"客户需求? 我们在一番简单地猜测后就忙于后端的制造了。在互联网模式下,企业需要重新思考与客户打交道的方式,不仅仅在流通领域,也包括制造领域。

如果我们可以获得真实的客户需求,基于互联网的跨界思维,产销协同将变成供应链与客户的直接协同,为什么不呢? 如果我们可以获得真实的客户需求,基于互联网的大数据思维,我们可以将基于历史库存为导向的计划策略变成基于客户未来需求驱动的计划策略,一些企业已经实现。

如果我们可以获得真实的客户需求,基于互联网的用户思维,我们为何不直接听命于最高指挥者——客户,而要听命于我们的管理战略呢? 在今天这样一个"变革"时代,唯有客户的需求是我们不变的追求,也是每一个企业管理者的追求,而这个时代也再次为企业提供了这个可能。

（资料来源：中国物流与采购网）

思考题：互联网时代的供应链管理给你的生活带来了哪些影响？

技能训练

一、简答题

1. 供应链管理的研究包括什么？

2. 供应链管理的基本特征有哪些？

3. 请画出供应链的网状结构模型。

二、论述题

1. 简述传统的"纵向一体化"管理模式的弊端。

2. 论述供应链管理是如何发展而来的？

三、实训题

▲情景设置

你是某大学大二学生,经过一段时间的考察,发现学生对水果的消费需求十分巨大,因此请你在学校开一家水果店。

▲操作步骤

1. 怎样打开市场？

2. 怎样构建你的供应链？

第二章

供应链管理的战略问题

【学习目标】

• 理解并区分供应链的类型；
• 掌握并熟练选择外包业务。

【技能目标】

• 学会运用理论知识分析企业的供应链类型；
• 根据物流企业实际情况，选择合适的业务进行外包。

 开篇案例

"工业 4.0"时代家电制造企业如何做好供应链管理？

导读：在互联网时代，传统的家电制造业将难以为继，大规模生产的推式供应链时代将宣告终结，会逐渐进入拉式供应链的新时代，追求个性化、定制化。大数据结合其他先进技术，重构传统价值链，确保产品交付能够更好地满足消费者的个性化需求。

在 2014 年 11 月的时候，青岛海尔冰箱事业部就忙于一个关于供应商分级管理的项目实施。这意味将来海尔采购将以配套为主，为下一步的模块化制作作准备，同时，这也是为"工业 4.0"战略作基石。

由德国率先提出的"工业 4.0"概念，是以智能制造为主导的第四次工业革命，或革命性的生产方法。该战略旨在通过充分利用信息通信技术和网络空间虚拟系统—信息物理系统相结合的手段，将制造业向智能化转型，分为三大主题，分别是智能工厂、智能生产、智能物流。

对消费者而言，"工业 4.0"就是一个将生产原料、智能工厂、物流配送、消费者全部编织在一起的大网，消费者只需用手机下单，网络就会自动将订单和个性化要求发送给智能工厂，由其采购原料、设计并生产，再通过网络配送直接交付给消费者。最终价值在于提高生产效率同时降低生产成本。

案例导学

身处风口，各大家电厂商在直面"产业结构互联网化"的 2015，加速思维"触网"。

2015 年年初，TCL、创维、康佳、夏普、先锋领导人接连造访南京，与苏宁董事长张近东"密谋"变革。

凑近看，其实不难发现：2015 年家电供应链"大佬"们的战略协同，被一改常态的放在了春节以前，不仅时间上比往年提早了一个月而且节奏明显加快。

打破信息壁垒，利用平台商的大数据资源，利用"工业 4.0"概念经营"极致单品"，是供应链深度合作的下一站出口，是满足客户个性化、定制化必经之路。

第一节　供应链的类型分析

由于供应链对提升企业竞争力的明显优势,使它在企业经营中扮演的作用越来越重要,供应链已经形成了一系列具有明显特点的模式与结构。随着研究角度与着眼点的不断变化,人们对供应链管理问题认识逐步深入。从不同角度出发,根据不同的标准,可以将供应链划分成不同的类型。

一、根据供应链容量与用户需求的关系划分

根据供应链容量与用户的需求的关系可将供应链划分为平衡的供应链和倾斜的供应链。一个供应链具有一定的、相对稳定的设备容量和生产能力(所有节点企业能力的综合,包括供应商、制造商、分销商、零售商等),但用户需求处于不断变化的过程中,当供应链的生产能力能和用户需求平衡时,供应链处于平衡状态,这种供应链被称为平衡供应链。

平衡供应链可以实现各主要职能(低采购成本、规模效益、低运输成本、产品多样化和资金运转快)之间的平滑。当市场变化加剧,造成供应链成本增加、库存增加、浪费增加等现象时,企业不是在最优状态下运作,供应链则处于倾斜状态,称为倾斜供应链,如图2-1所示。

平衡的供应链可以实现各主要职能(采购/低采购成本、生产/规模效益、分销/低运输成本、市场/产品多样化和财务/资金运转快)之间的均衡。

图 2-1　平衡供应链与倾斜供应链

二、根据供应链的功能模式划分

根据供应链的功能模式(物理功能和市场中介功能)可以把供应链划分为两种:有效性供应链(efficient supply chain)和反应性供应链(responsive supply chain)。

有效性供应链主要体现供应链的物理功能,即以最低的成本将原材料转化成零部件、半成品、产品,以及在供应链中的运输等;反应性供应链主要体现供应链的市场中介的功能,即把产品分配到满足用户需求的市场,对未预知的需求做出快速反应等。

有效性供应链注重成本,反应性供应链关注反应速度,两种类型供应链的比较具体如表2-1所示。

表 2-1   两种类型的供应链的比较表

	市场反应性供应链	物理有效性供应链
基本目标	尽可能快速反应不可预测的需求,来使缺货、降价、废弃库存达到最小化	以最低的成本供应可预测的需求
制造核心	配置多余的缓冲库存	保持高的平均利用率
库存政策	部署好零部件和成品的缓冲库存	产生高输入而使整个链的库存最小化
提前期	大量投资以缩短提前期	在不增加成本的前提下,尽可能短的提前期
选择供应商的方法	以速度、柔性和质量为中心	以成本和质量为核心
产品设计策略	用模型设计以尽可能地减少产品差别	最大化绩效和最小化成本

三、根据供应链驱动力的来源划分

根据供应链驱动力的来源可将供应链分为推动式(push)和拉动式(pull)。推动式的供应链以制造商为核心,产品生产出来后从分销商逐级推向客户,分销商和零售商处于被动接受的地位,各个企业之间的集成度较低,通常采用提高安全库存量的办法应付需求变动。因此,整个供应链上的库存量较高,对需求变动的响应能力较差。这种运作方式适用于产品或是市场变动较小、供应链管理初期阶段。

拉动式供应链的驱动力产生于最终客户,整个供应链的集成度较高,信息交换迅速,可以有效地降低库存,并可以根据客户的需求实现定制化服务,为客户提供更大的价值。

采取这种运作方式的供应链系统库存量较低,响应市场的速度快。但这种模式对供应链上的企业要求较高,对供应链运作的技术基础要求也较高。拉动式供应链适用于供大于求、客户需求不断变化的市场环境。这两种模式的示意,如图 2-2 所示。

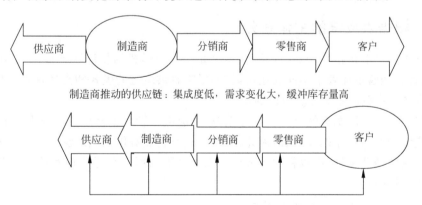

制造商推动的供应链:集成度低,需求变化大,缓冲库存量高

客户牵动的需求链:集成度高,数据交换迅速,缓冲库存量低,反应快

图 2-2   推动式供应链与拉动式供应链

四、根据供应链的网络结构划分

根据供应链的网络结构不同,可以将供应链划分为发散型供应链(V 型供应链)、汇

聚型供应链(A 型供应链)和介于两者之间的 T 型供应链。

V 型供应链是具有分散型网络结构的供应链。这种供应链以大批量物料存在方式为基础,相对于供应商,中间产品生产商拥有更多的客户,从而形成发散状的网络结构。

例如,石油、化工、造纸和纺织等企业,原料经过中间产品的生产和转换,成为工业原材料,这些企业产生种类繁多的产品,满足众多下游客户的需求,从而形成了 V 型供应链。

A 型供应链是指具有会聚型结构的供应链。它在结构上与分散型供应链相反,其突出特点是:供应链上的核心企业拥有大量供应商而面向数量较少的最终客户。整个链条自上而下呈现出不断收缩的汇聚状态。

例如,汽车业、航空业或机械制造业等行业的供应链都属于这种类型,其核心生产企业或装配企业需要从大量的供应商手中采购大量种类繁多的物料或零部件,然后生产或组装成较少数量的产品。

由于这些行业在产品的制造过程中使用大量的零部件,而产品寿命周期长,市场相对稳定,会使零部件的库存占用大量资金。因此,其供应链一般要加强供应商和制造商之间的密切合作,共同控制库存量,以降低供应链总成本。

T 型供应链。这种供应链介于 A 型和 V 型之间,它存在于接近最终客户的行业,如医药保健品、电子产品和食品、饮料等。T 型供应链涉及的产品种类繁多,管理上一般采取多点控制方法,如生产地的选择,促销活动的开展地区和时机以及对分销成本的控制等,因此这种供应链的管理相对复杂。

由于该供应链(食品、服装和医药等行业的供应链)所提供的产品寿命期短,市场环境变化迅速,市场变动非常频繁,因此供应链必须适应这种市场要求,在及时掌握市场信息的基础上,尽可能准确估计市场需求的变化趋势,根据市场的变化,及时做出反应,抓住市场机遇,合理安排生产和供应,保证连续的生产过程能够动态地适应不断变化的市场。

五、根据供应链的主体划分

经营主体一般包括生产商、批发商、零售商和各种形式的物流服务提供商,不同的供应链中,各种经营主体处于不同的地位,它们影响着供应链的模式和类型首先解释什么是供应链主体:核心企业即是供应链的主体。

任何一个供应链都必然有一个核心企业,供应链的管理主要靠核心企业运作,核心企业是供应链中产品运作的领导者,因此,可以把核心企业看作是供应链的主体。根据供应链核心企业的经营主体,可以将供应链分为以生产商、批发商、零售商和第三方物流商为主体的供应链模式。

(一)以生产商为主体的供应链

这种模式主要产生于中间商实力还比较小或生产企业的实力比较强大的情况下,其主要原因是生产内部资源的挖掘空间已相当小,同时企业产品的销售渠道又难以控制。在这种情况下,生产企业往往会建立自己的销售渠道或严格控制原有的渠道成员,后者就形成了生产企业为主导的供应链。

这种供应链是在生产为导向的大背景下出现的,其结构相对复杂。图 2-3 是这种模式结构的示意图。

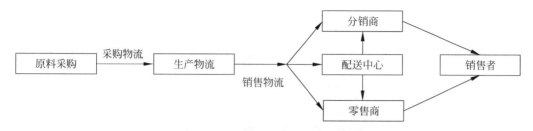

图 2-3　以生产商为主体的供应链结构

（二）以批发商为主体的供应链

批发商在供应链结构中一般执行配送功能，其供应链结构取决于产品的特征、生产商所选择的渠道、消费者的购买渠道和批发商的营销策略。图 2-4 表示了消费品批发商的供应链结构的形式和变化。在所显示的 4 种结构中，对消费者来说最典型的是批发商—零售商—消费者结构，绝大多数批量生产的消费品都是这样到达市场的。

图 2-5 所示是工业品批发商的供应链结构。在工业品市场中，绝大多数产品都是直接从生产者手中转移到消费者手中的，批发商往往只处理供应品，替换零件和小批量项目的订货。

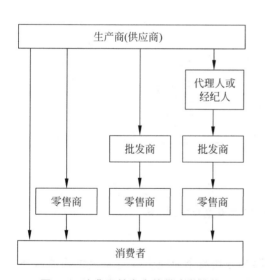

图 2-4　消费品批发商的供应链结构

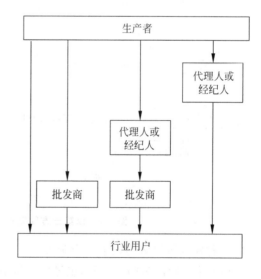

图 2-5　工业品批发商的供应链结构

（三）以零售商为主体的供应链

这种模式是在以需求为导向、产品市场从卖方市场转变为买方市场的大背景下产生的，由于消费者的力量日益强大，制造企业又远离消费者，无法及时、正确地了解消费者的需求，而零售商特别是享有强大的品牌优势的零售商，由于贴近消费者，实力强大，可以通过自己的品牌优势来建立一个以自己为中心的供应链。

沃尔玛就是这种模式的典型案例，这种模式的结构如图 2-6 所示。

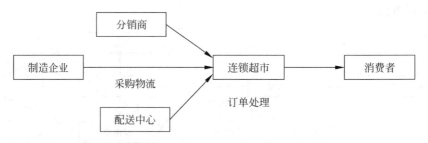

图 2-6　以零售商为主体的供应链结构

(四) 以第三方物流供应商为主体的供应链

第三方物流企业在参与供应链管理的过程中,与供应链其他成员之间的合作不断加深,而将业务延伸出物流领域,并成为对整个供应链运作质量的真正控制者。这样就形成了以第三方物流供应商为主体的供应链模式,其结构如图 2-7 所示。

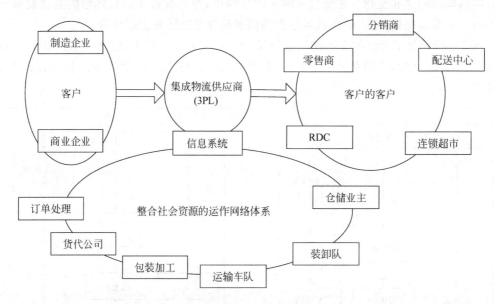

图 2-7　以第三方物流供应商为主体的供应链结构

这种模式可以分为以下三个阶段。

(1) 第一阶段为初级阶段,主导供应链的第三方物流企业完全或主要提供物流服务,并依靠物流服务来赢得消费者。这是最基本的模式,也是供应链形成的初级阶段。

(2) 第二阶段为发展阶段,主导供应链的第三方物流企业既提供物流服务又提供供应链整合方案。它不再处于被动地位,而是借助自己特色服务的核心地位优势积极主动地组织和管理整个供应链,是在第一阶段的基础上不断发展起来的。

(3) 第三阶段为成熟阶段,主导供应链的第三方物流企业专门提供供应链整合方案。公司通过运用各种先进的理论和信息技术,最大限度地发挥供应链的整合优势,实现供应链的无缝连接。在这一阶段真正实现了虚拟企业,也被称为第四方物流主导的供应链模式。

第二节　企业核心竞争力与业务外包

供应链管理强点企业把主要精力放在关键业务（核心竞争力）上，充分发挥其优势，同时与全球范围内合适的企业建立战略合作关系，企业中非核心业务由合作企业完成，即业务外包（outsourcing）。实施供应链管理的企业可以通过业务外包，获得比单纯业务内包（insourcing）更显著的竞争优势。

一、企业核心竞争力的概念与特征

核心竞争力的概念最早是由普拉哈默德和哈默（Prahalad C. K. 和 Hamel G.）一文中提出的他们将核心竞争力定义为"能使公司为客户带来特别利益的一类独有的技能和有机结合多种技术流派的只是核心竞争力的主要来源"。

此后，一批企业理论和企业战略研究人员提出必须重新认识和分析企业。他们把研究的视角投向了企业拥有的特殊能力：企业核心竞争力。通过对许多大公司的研究分析得出：企业核心竞争力是企业在市场竞争中建立竞争优势的基础，是企业成本的关键。

（一）企业核心竞争力的概念

核心竞争力（core competence）是企业借以在市场竞争中取得并扩大优势的决定性力量，它具有使一项或多项业务达到竞争领域一流水平的能力，是企业可持续竞争优势和新事业发展的源泉。核心竞争力的载体是企业整体，而不是企业的某个部门、某个行业领域。

核心竞争力是企业内生的，而不是外生的，通过内部积累性学习形成，体现在业务流程和活动的管理中，而且能够帮助在竞争中的企业制定出占优策略。

核心竞争力理论认为：企业应当明确自身的核心业务和优势，对于不是自己核心业务但对核心竞争力起到很大作用的某些业务，企业应该把该项业务外包给最专业的公司，使企业把更多的人、才、物资源投到核心业务上，提高核心竞争力。

企业核心竞争力的表现形式多种多样，这些不同形式的核心能力，存在于人、组织、环境、资产/设备等不同的载体之中。由于信息、专长、能力等在本质上仍是企业组织内部的知识，而组织独特的价值观和文化属于组织的特有资源，所以，企业的核心竞争力本质是企业特有的知识和资源。

例如，微软公司的知识管理，戴尔公司的直销模式、丰田公司的精益生产、波音公司的技术创新、海尔公司的客户服务，都使他们在本行业及相关行业的竞争中立于不败之地。

（二）企业核心竞争力的特征

核心竞争力是企业的特殊能力，具有如下特征。

1. 价值优越性

核心竞争力是企业独特的竞争能力，应当有利于企业效率的提高，能够使企业在创造价值和降低成本方面比竞争对手更优秀。同时，它也给消费者带来独特的价值和利益。

以海尔和格兰仕为例，两者同属电器企业，海尔的核心竞争力是其五星级的销售和服务体系,而格兰仕的核心竞争力则是它的低成本和规模优势。

当用户注重购买方便和售后服务时,就会倾向于购买海尔电器,而当价廉物美成为首要选择是,就会倾向于格兰仕。

2. 异质性

异质性,又称独特性。一个企业拥有的核心竞争力应该是独一无二的,即其他企业所不具备的(至少暂时不具备),这是企业成功的关键因素。核心竞争力的异质性决定了企业之间的异质性和效率差异性。例如,本田公司的核心竞争力之一是引擎、牵引动力技术,而 Intel 在芯片研制技术方面具有强大的核心竞争力。

3. 难模仿性

一个企业的核心竞争力是在长期的生产经营活动过程中积累形成的,深深打上了企业特殊组成、特殊经历的烙印,其他企业难以模仿。丰田公司的精益生产方式使其能够提供满足多样化客户需求、价廉物美的汽车,而竞争对手难以模仿,这使丰田公司在汽车行业保持了 20 多年的竞争优势。

4. 不可交易性

合作竞争力与特定的企业相生相伴,虽然可以为人们所感受到,但无法像其他生产要素一样通过市场交易进行买卖。例如,联想虽然收购了 IBM 的微机和笔记本电脑业务,但却无法购买到 IBM 的品牌价值与客户服务等核心竞争力。

5. 难替代性

核心竞争力必须是难以被替代的,它应该没有战略性的等价物。所谓战略性等价物是指如果两种不同的资源或竞争力可以分别用于实施同一种战略,那么着两种资源或竞争力在战略上讲就是等价的。通常来说,一项竞争力越是来源于知识与技能的结合,就越难找到战略上的替代物。

6. 延展性

企业能够从核心竞争力衍生出一系列的新产品和新服务以满足客户的需求。企业的核心竞争力包含着一项或几项核心技术,这些核心技术相互配合形成一个或多个核心产品,再由核心产品衍生出一系列的最终产品。例如,日本夏普公司的液晶显示技术使其在笔记本电脑、袖珍计算器、大屏幕显像技术等领域都具有竞争优势。

北京大学张维迎教授认为企业核心竞争力具有"偷不去,买不来,拆不开,带不走,溜不掉"等特点。

"偷不去"是指别人模仿你很困难,如你拥有的自主知识产权——品牌、文化。

"买不来"是指这些资源不能从市场上获得。

"拆不开"是指企业的资源、能力具有互补性,分开就不值钱,合起来才值钱。

"带不走"是指资源的组织性,拥有身价高的人才并不意味着有核心竞争力,整合企业所有资源形成的竞争力,才是企业的核心竞争力。

"溜不掉"是指提高企业的持久竞争力,即企业及企业家需要不断创造新的竞争力。

企业核心竞争力与一般的企业核心竞争力是有区别的。只有企业在资源、知识、技术等方面具有一定的优势,就都可以具有竞争力。然而,核心竞争力的形成又依赖于企业所拥有的各种竞争力,企业核心竞争力构建的过程就是以企业一般竞争力为基础,并对其进行整合,使其上升为更高级的竞争力的过程。

所以,核心竞争力的形成要经历企业内部资源、知识、技术等的积累和整合。

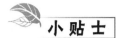

北京大学张维迎教授认定:"有些企业的核心竞争力是与生俱来的。""例如比尔·盖茨从一开始就是微软的核心竞争力。"柳传志也就是联想的核心竞争力。

二、企业核心竞争力的识别与培育

供应链节点企业在供应链管理环境下要想在竞争中获得竞争优势,就必须在供应链中具有独特的核心竞争力。企业必须在诊断分析的基础上找到企业的核心竞争力所在,并通过不断培育使之得到持续发展。

(一)企业核心竞争力的识别

企业应根据核心竞争力的特征以及与行业内其他企业的比较,识别出自己的核心竞争力。首先从外部环境开始,分析企业在一定的市场环境下是否有核心产品;其次对企业进行核心竞争力分析。分析的主要内容包括:支持企业核心产品和主营业务的技术优势和专长是什么,这种技术和专长的难度、先进性和独特性如何,企业是否能够巩固和发展自己的专长,能为企业带来何种竞争优势,竞争力强度如何。

企业核心竞争力的独特性和持久性在很大程度上由它存在的基础来决定。一般来说,那些具有高技术难度或内化与企业整个组织体系、建立在系统学习经验基础上的专长,比建立在一般技术难度或个别技术骨干基础上的专长,具有显著的独特性。

为了使企业具有长久的竞争优势,企业必须不断保护和发展自己的核心竞争力,包括对现有核心竞争力的关注和对新的核心竞争力的培育。对企业核心竞争力的诊断和分析,还涉及企业发展核心竞争力的能力分析,主要包括企业对现有技术和专长的保护与发展、对新技术信息及市场变化趋势的追踪与分析、高层领导的进取精神与预见能力等。

(二)企业核心竞争力的培育

企业核心竞争力的培育过程是一个动态过程,应着手从以下三个方面入手。

1. 锁定目标

要想培育独特的核心竞争力,企业必须明确自身努力的方向和目标。核心竞争力的形成所花的代价较大,会影响企业较长时期的经营运作,因此,企业在选择核心竞争力培养方向时都较慎重,常常将目标锁定在最能影响行业发展前景的领域,以使企业掌握更大的竞争主动权。

2. 集中资源

将资源集中于企业选定的一项或某几项目标业务领域,以发挥最大的资源效用,增强特定的竞争优势,形成核心竞争力。在市场竞争日益激烈、创新成本与风险越来越大的当今时代,任何一个企业很难在所有业务活动中都成为世界上最杰出的。

事实上,相对于复杂多变的外部环境而言,任何企业的资源都是有限的。只有将资源集中起来,形成合力,才有可能在目标领域取得突破,建立和谐竞争力。

3．动态学习

坚持动态持续地学习、提高知识技能的积累和储备,是培育和增强和谐竞争力的关键。企业员工及组织所拥有的知识技能是重要的无形资产,是核心竞争力中的主要因素。企业的核心竞争力并非一成不变,或是永远存在的,就像企业的职工有走有来一样,核心竞争力也会新陈代谢。品牌知名度需要企业的实力来维护,技术需要不断创新,只有这样才能维持和增强企业的核心竞争力。

三、供应链环境下的业务外包及原因

供应链管理注重的是企业核心竞争力,强调根据企业的自身特点,专门从事某一领域、某一专门业务,在某一点形成自己的核心竞争力,这必然要求企业将其他非核心竞争力业务外包给其他企业,即所谓的业务外包。

(一)业务外包的内涵

业务外包(outsourcing),也称资源外取,是指企业整合利用其外部最优秀的专业化资源,从而达到降低成本、提高效率、充分发挥自身核心竞争力和增强企业对环境的迅速应变能力的一种管理模式。企业为获得比单纯利用内部资源更多的竞争优势,将其非核心业务交由合作企业完成。

业务外包是近几年发展起来的一种新的经营策略,是以长期合同的形式,将企业的一部分业务交由外部业务提供者(合作伙伴)去完成,以便企业集中资源于经过仔细挑选的、少数具有竞争力的核心业务,也即把多家公司的优秀人才集中起来为我所用,其结果是使现代商业机构发生了根本的变化。

企业内向配置的核心业务与外向配置的业务紧密相连,形成一个关系网络(即供应链)。集中在那些使他们真正区别于竞争对手的技能和知识,并与这些合作伙伴保持紧密的合作关系。

(二)业务外包的原因

业务外包推崇的理念是,如果供应链上的某一环节不是世界上最好的,如果这又不是我们的核心竞争优势,如果这种活动不至于与客户分开,那么可以把它外包给世界上最好的专业公司去做。

也就是说,首先确定企业的核心竞争力,并把企业内部的智能和资源集中在那些有核心竞争优势的活动上;其次将剩余的其他企业活动外包给最好的专业公司。

供应链环境下的资源配置决策是一个增值的决策过程,如果企业能以更低的成本获得比自制更高价值的资源,那么企业就选择业务外包。促使企业实施业务外包的原因有以下几点:

1．降低和控制成本,节约资本资金

许多外部业务提供者都拥有比企业更有效、更便宜地完成业务的技术和知识。他们可以实现规模效益,并且愿意通过这种方式获利。企业通过向它们外包业务,能够以更低的成本获得产品、零部件或服务,同时避免在设备、技术、研究开发上的巨型投资。

例如,几乎所有名牌电子消费品的生产都外包给了富士康,据说 iPhone 在中国的组

装厂共雇用员工 23 万人,这 23 万工人中大约四分之一住在工厂宿舍内,也就是说有近 6 万人生活、工作在同一个工厂。

"富士康"城里的很多人、一周要工作 6 天,每天 12 小时,而他们每日的薪水还不到 17 美元,成本的节约使外包业务得以盛行。

2. 使用企业不再拥有的资源

如果企业没有完成业务所需的资源(包括所需资金、技术、设备),而且不能盈利时,企业也会将业务外包。这是企业临时外包的原因之一,但是企业必须同时进行成本/利润分析,确认在长期情况下这种外包是否有利,并由此决定是否采取外包策略。

美国 Altera 公司与英特尔(Intel)公司的合作就是通过业务外包利用资源的最好例证。Altera 公司是一个高密 CMOS 逻辑设备的领头企业。当时它有一个新的产品设想,但是没有其中硅片的生产能力,而作为其竞争者的英特尔公司能生产。

因此,它们达成一个协议:英特尔公司为 Altera 公司生产这种硅片,而 Altera 公司授权的竞争优势,Altera 获得了英特尔公司的生产能力,而英特尔公司获得了 Altera 新产品的相关利益。

3. 加速重构优势的形式

企业重构需要花费企业很多的视角,并且获得效益也要很长的时间,而业务外包可以利用其他公司的生产技术,让新产品迅速进入市场,因此业务外包是企业重构的重要策略,可以帮助企业很快解决业务方面的重构问题。

例如,IBM 在 20 世纪 90 年代末就将部件分包出去制造,它们向销售商提供只有一个空架子的机器,让销售商在接到订单之后再进行组装。部件制造业务外包使 IBM 能够将主要资源和精力用于发展客户服务,形成了 IBM 独特的竞争优势和灵活的重构能力。

4. 分担风险

企业可以通过外向资源配置分散由政府、经济、市场、财务等因素产生的风险,实行业务外包的公司出现财务麻烦的可能性仅为没有实行业务外包公司的三分之一。企业本身的资源。能力是有限的,通过资源外向配置,与外部的合作伙伴分担风险,企业可以变得更有柔性,更能适应变化的外部环境。

例如,现在的汽车制造商在开发一个新车型时,往往要求供应商同步进行主要零部件的开发并承担相应的开发费用,这样既能够大大减少汽车制造商的开发投入,又能使以前漫长的新产品开发周期大大缩短,可以有效地降低汽车制造商的新产品开发风险与市场风险。

5. 剥离企业难以掌控的辅助业务

企业可以将在内部运行效益不高的业务职能外包,把原来自己做不好的辅助业务交给提供商去做,目的是让更专业的人做得更好。

例如,企业把自己原来管理不好的物流委托给专业化的第三方物流公司,使公司管理层有更多的时间和精力,将更多的资源投入核心业务上。

而在辅助业务管理上,作为业务承揽方的外部专业化公司,对其承揽项目的服务等级、成本构成、质量检测等有着明确的标准和承诺,这样公司就可根据合同的履行情况实行对辅助业务的质量控制,实现预期目标。

(三) 业务外包的问题

成功的业务外包策略可以帮助企业降低成本、提高业务能力、改善质量、提高利润率和生产率。但是同时它也会遇到一些问题。

1. 可能会增加企业责任外移

首先,业务外包一般可以减少企业对业务的控制,但它同时会增加企业责任外移的可能性。企业必须不断监控外部企业的行为并与之建立稳定长期的联系。例如,制药企业对业务外包采取的是较为审慎的态度。

正如葛兰素威康公司(glaxo welcome)负责策划的副总裁曼尼·席尔瓦(Manny Silva)所指出的那样,"如果你将业务分包出去的话,主管部门和其他机构会更加密切地注意你。他们的假设是,你在设法减少成本,可能会降低产品的可靠性和安全性"。结果,一些大的制药公司只让外部公司分包服务甚至灌装和包装之类的业务,而坚持自己进行生产。因为质量出了差错断送的不仅仅是销售。

2. 技术问题

越来越多的企业将部分业务转移到不发达国家,以获得廉价劳动力以降低成本。企业必须确认自己在这些地方并没有与当地水平偏差太大,并且必须确认企业的招聘工作在当地公众反应是否消极。公众的反应对于企业的业务、成本、销售有很大影响。

3. 员工担心失去工作的问题

随着许多业务外包,企业部分职工会担心失去工作。如果他们知道自己的工作被外包只是时间问题,就可能会使剩下职工的职业道德和业绩下降,因为他们会失去对企业的信心,失去努力工作的动力和敬业精神,导致更低的业绩水平和生产率。

四、外包业务的选择与常见类型

(一) 外包业务的选择

企业在选择外包业务时,应该基于核心竞争力分析和交易成本,综合考虑以下问题:

1. 业务的专用性程度

如果该业务为本企业专用,则通常会存在着高昂的市场交易成本,这不仅会提高企业自身的成本,还将影响到整条供应链的效益,因此外包这样的业务是得不偿失的。专用性较低的业务,因市场规模大,交易成本较低,而成为企业考虑进行外包的首选。

2. 业务的战略重要性程度

在某些情况下,即使一些专用性业务交易成本较低,但其对企业在供应链中的生存起着至关重要的作用,这些业务也不宜外包。因此,必须深刻了解业务的战略重要性。

例如,当惠普中国公司接到客户订单后,由于定制化产品的技术要求与生产管理难度高,往往将具有定制需求的计算机留给自己生产,而将通用的计算机外包给华硕、富士康等代工企业生产。

惠普选择这种外包业务方式,一方面能够有效地控制定制化产品的成本和质量;另一方面也能保持核心竞争力。当这些定制化产品逐步成熟且需求形成规模时,即转化成为通用产品,其生产则由内部转为外包。

3．是否是企业竞争优势的核心部分

从这一角度来讲，那些对企业很热心竞争力贡献不大，不影响企业参与供应链合作与竞争的业务是被外包出去的首选。但同时应看到，在企业动态发展的过程中，如果某些业务的竞争力对企业的战略重要性作用越来越大，甚至成为企业的核心竞争力，那么它们也应该由外包变为内部资源利用。

例如，全球领先的企业管理软件商 SAP 与商务智能软件商 Business Objects、数据库供应商 Sybase 一直是战略合作伙伴，Business Objects 的商务智能软件与 SAP 的 ERP 软件相互配合，Sybase 帮助 SAP 为其 CRM 和销售团队自动化应用系统添加移动性功能。

但随着商务智能和移动商务业务的重要性日渐突显，SAP 于 2007 年 10 月斥资 68 亿美元收购了 Business Objects，将其商务智能产品融入 SAP 的整个解决方案中；又于 2010 年 5 月斥资 58 亿美元收购了 Sybase，从而拥有了适合移动互联网应用的数据库技术。SAP 认为，移动商务软件未来的市场规模将数十倍于桌面端管理软件，特别是在以中国和印度为代表的新兴市场。

4．能否与供应商形成强强联合

企业进行业务外包的目的不单是降低成本，而且还是与供应商形成具有竞争力的供应链。

因此在业务外包后，企业应通过加强组织内外部的管理来更好地参与到供应链中，与供应链中的合作伙伴共同采取最优价格策略来达到供应链整体利润最优，实现双赢的目标，并且借助信息技术与电子商务等手段发掘企业之间新型的关系管理方法，通过与合作伙伴之间交易成本和核心竞争力的互补与促进来推动供应链整体的发展。

（二）外包业务的常见类型

1．生产业务外包

在竞争日益激烈和多变的市场中企业为了降低成本，常常将生产业务外包到劳动力水平较低的国家。目前越来越多拥有名牌产品或商标的企业不再拥有自己的生产厂房和设备不再在生产过程中扮演过多的角色。

例如，著名的计算机网络公司 Cisco 现在没有任何生产能力，其产品均由东南亚的制造商完成；著名的运动鞋制造商 Nike 公司也不设工厂，所有产品的生产由分散在世界各地的 40 多家合同制造商来完成然后贴上 Nike 的商标就行了。

2．物流业务外包

物流外包不仅仅降低了企业的整体运作成本，更重要的是使买卖过程摆脱了物流过程的束缚。企业摆脱了现存操作系统和操作能力的束缚，使供应链能够在一夜之间提供前所未有的服务。现在许多公司开始将自己的货物或产品的存储和配送外包给专业性的货物配送公司来完成。

例如，惠普公司在美国的 11 家工厂原来各自除了自己的进货和产品的存储和分配工作，供应路线混乱，协调复杂，经常造成运输车辆空驶，效率低下。1993 年惠普将上述业务外包给专业从事货物配送的赖德综合物流服务公司(Ryder Integrated Logistics)，精简了自己的仓库和卡车运输业务。

后者把工厂的物流工作统一起来,结果在1994年惠普公司原材料运送到仓库所需的费用就比过去减少了10%以上。由于降低成本的效果显著,外包仓储配送近年来在制造企业中也成为一种时尚,整个物流服务行业也因需求渐旺而到发展。

3. 研究与开发外包

虽然研究与开发(R&D)是企业的核心业务,但也成为外包的对象。许多企业在设有自己的研发部门和保持相当的研发力量的前提下,为了弥补自己开发能力的不足,有选择地和相关研究院所、大专院校建立合作关系。将重大技术项目"外包"给他们攻关。另外,企业也可以到科研机构购买先进的但尚未产业化的技术。

例如美国微波通信公司(MCI)认识到自己不可能总是站在整个技术的前沿,因为它支付不起也不可能把最好的天才都吸引到自己麾下。然而,它已经建立起众多的外部关系并且从中确定了技术最好的一个,使MCI从技术外包中获得的开发项目20多倍于本机构的开发项目。

4. 信息服务外包

以前,各公司都是自己设计网络、购置硬件和软件,然后再由各供应商分别提供服务,将这些东西拼凑起来。由于这项业务专业性强,技术要求高,所以实施起来难度大,且很难达到先进、合理的要求,成本也是比较高的。

随着互联网的逐步普及,大量的基于Web的解决方案不断涌现,这使远程的应用方案成为可能。因此,许多企业已经成为普遍将信息系统业务外包给应用服务提供商(ASP),由其管理并提供用户所需要的信息服务。

例如,1988年,柯达公司宣布将其所有的信息系统职能外包给IBM和DEC等公司,自此以后许多大公司纷纷效仿,信息系统业务外包在国际上蔚然成风各大系统解决方案供应商也针对这种需求提供这方面的服务。

5. 其他业务外包

例如,战略策划、咨询与诊断、物业管理、法律、会计、金融、人力资源管理与培训等。

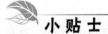

小贴士

业务外包主要有以下三个特点。

一是外包偏向于后台业务。新经济时代,市场瞬息万变,企业生存的基本准则就是能及时获取终端信息,随市而变。为了把握终端市场,把准市场脉搏,许多企业对前台业务,都是亲力而为,强化服务,而将后台业务,离市场较远的业务外包出去。

二是外包偏向于机械性业务。信息社会,产品的生命周期缩短、品种增加、批量减小,顾客对产品的交货周期、价格和质量的要求也越来越高。在这种背景下,满足个性化需求,已成为企业重中之重。为此,企业要将机械性、重复性的业务,通过数字化、软件化外包出去。

三是外包业务偏向于非现场业务。企业的重要业务需要现场作业,必须由企业自身完成,对于那些非现场的或者以网络为平台的业务,可实施外包。企业可以通过互联网,与合作伙伴之间应用信息技术实现彼此的资料互换、信息共享。

五、供应链战略的匹配

任何企业要获得成功,其供应链战略和竞争战略一定要相互匹配。战略匹配意味着竞争战略和供应链战略要有共同目标。共同目标是指竞争战略所要满足的"客户至上"理念和供应链战略旨在建立的供应链能力之间的一致性。战略匹配问题是贯穿供应链战略的重中之重。

(一)供应链战略匹配的要点

供应链战略强调企业内部所有职能战略之间的密切联系,其成败与以下因素密切相关。

1. 竞争战略和职能战略的匹配

竞争战略要和所有的职能战略相互匹配以形成协调统一的总体战略。任何一个职能战略必须支持其他的职能战略,帮助企业实现竞争战略目标。

例如,戴尔的竞争战略是以合理价位提供多种定制化的产品。与竞争战略相匹配,戴尔的新产品开战略强调面向大规模定制的产品设计。即设计产品平台及采用通用的零部件,使戴尔可以针对客户订单快速组装出个性化的产品。

为了在提供个性化配置的同时保持低库存,戴尔的供应商和物流服务商的响应性就至关重要。例如,物流服务商有能力把戴尔的计算机和索尼的显示器快速组合在一起,戴尔公司就不用持有索尼显示器的库存。

2. 流程与资源的有效配置

企业的不同职能部门必须合适地配置本部门的流程及资源以能够成功执行战略。一家公司可能因为缺乏战略匹配而失败,也有可能因为其整体供应链的设计、流程和资源没有能力支持所期望的战略匹配而失败。例如,一个公司的营销部门正在宣传公司能够快速地供应很多不同的产品,而物流部门却把降低运输成本作为目标。

在这种情况下,物流部门会把很多个订单组合起来运输或者用相对便宜但较慢的运输方式,以节约成本,但这却延缓了订单执行的速度,使公司无法成功实施快速响应客户的战略。

3. 整体供应链的协调一致

整体供应链战略的设计和各阶段的作用必须协调一致,以支持供应链战略。例如,沃尔玛和宝洁为了实施快速响应的供应链战略,沃尔玛总部、沃尔玛的连锁店、宝洁总部和宝洁的配送中心之间协调一致,建立了实时信息共享机制,构筑 JIT 自动订发货系统,由宝洁的配送中心向沃尔玛的连锁店进行持续的补货就像一个企业一样同步。

(二)供应链战略匹配的步骤

企业要赢得供应链与竞争战略之间的匹配,必须保证其供应链能力能够支持其满足目标客户群的需求。赢得这种战略匹配有三个基本步骤。

1. 理解客户和供应链的不确定性

首先一家公司必须理解美国目标客户群的需求以及在满足这些需求的过程中,供应链所面临的不确定性。理解这些需求可以帮助企业决定满足需求的成本和服务要求,理解供应链的不确定性可以帮助公司确定供应链必须面对的需求量变化、中断和延迟等不可预知性。

一个企业可能面临常规订货和紧急订货两种不同的需求。常规订货一般订货量较大且需求稳定客户也愿意等待较长的响应时间，但要求的价格低；而紧急订货则订货量较小且需求不稳定，客户要求及时响应并愿意支付较高的价格。

例如，一个集成线路板供应商，它的客户包括两类不同类型计算机制造商。

一种是像戴尔一样的按订单生产的计算机制造商，需要当天交货。在这种情况下供应商或者需要建立库存或者需要制订灵活的生产计划来为戴尔某天可能的任何需求做好准备。

预测误差和供应商库存将很高，鉴于以上因素，边际收益可能很高。

另一计算机制造商生产品种单一的计算机，并且提前确定要生产的计算机的数量和品种。这样的信息给力供应商很长的额交货期，降低了预测误差和库存。这样，该供应商从第二个制造商那里获得的边际收益会很小。

在考虑需求不确定性的同时，供应链能力所带来的不确定性也是需要特别重视的问题。例如，当一种新型元件引进到计算机产业时，生产工艺的优质率会很低并且经常停产。结果，公司按预订计划交货就会有困难最终造成计算机制造商的隐含供应不确定性增加。

随着生产技术的成熟和产出率的改善并能够按预订计划执行，使供应链的不确定性降低。供应链的不确定性也受产品所处生命周期的影响。因为新产品的设计和生产工艺仍在不断改进，所以新引进产品的供应不确定性较高。相反，成熟产品供应不确定性较低。

2. 理解供应链能力

理解了公司面临的不确定性后，下一步的工作是建立一个供应链战略，使企业在面临不确定性时，能最好地满足其设定的需求目标。供应链有很多种形式，每一种都根据不同的工作要求设计。企业必须了解它的供应链在哪方面表现卓越。

如果一个供应链的客户需求的不确定性越高，则其需要供应链的响应性越强。供应链响应性包括：对大幅度变动的需求量的响应、满足短期交货、经营品种繁多的产品、生产由高度创新性的产品、满足高服务水平、处理供应不确定性。一个供应链具备这些能力越多，其响应性越强。

例如，日本 7-Eleven 便利店清晨补充早餐，中午补充午餐，下午补充完成其结果是所供应的产品花色品种在不到一天的时间内就产生变化。7-Eleven 对订单的响应速度极快，门店经理发出的补货订单在 12 小时内就能收到供货。

然而，响应性的获得是要付出成本的。如要想对大幅度变动的需求量作出响应就必须提高生产能力。这将增加成本。相反，有效性供应链会通过降低几种响应性来降低成本。例如，麦德龙的现购自运仓储式商场以大包装商品为专业客户提供自选商品、现金支付和自己提货的批发业务，其供应链是利用标准化的供应链管理流程保证稳定性高的产品质量和提货能力，并且通过大批量供应与销售效率和降低成本。

3. 赢得战略匹配

在理解客户需求和供应链不确定性以及供应链能力之后,接下来就是选择设计什么类型的供应链。供应链响应性和效率与需求不确定性和允许成本的匹配关系,如图 2-8 所示,包括需求不确定性高和允许成本高的匹配响应性供应链;需求不确定性低和允许成本低的匹配有效性供应链。更多的供应链面临的需求不确定性和允许成本介于高和低之间寻求平衡。

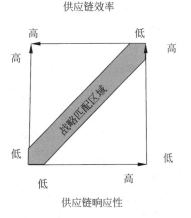

图 2-8 供应链类型的匹配

要想获得完整地战略匹配,企业要保证所有职能部门维持一贯的可以支持竞争战略的各种战略。所有职能战略都要支持竞争战略的目标。所有供应链内的下一级战略,如制造、库存和采购,都要与供应链的响应性水平保持一致。

赢得战略匹配的下一步是给供应链不同环节分配不同的角色,以保证适度的响应性和效率水平。通过调整供应链各个环节的作用供应链可以获得指定水平的响应性。增加供应链某一环节的响应性,可以使其他环节致力于提高效率。

各种作用的最佳组合取决于每个环节可以利用和不确定性水平获得预定水平的响应性。合作伙伴面对不同的不确定性水平,必须设计不同的公司战略和职能战略以支持各自的响应性。

如果供应链运行出色的方面与期望的客户需求仍然存在不匹配的地方,公司要么需要重新配置供应链以支持竞争战略,要么需要调整竞争战略。

（三）战略匹配中的核心企业和非核心企业

在供应链中,企业的角色不同,其战略匹配的方式也不同,供应链战略需要与核心企业的竞争战略相匹配;非核心企业的战略需要与供应链战略相匹配。

1. 核心企业的战略匹配

供应链的构建必须符合核心企业战略的要求。供应链管理强调合作企业整体最优,整体最优的标准由核心企业制定所以供应链应该符合核心企业的战略要求。合作伙伴的选择标准就是看是否符合核心企业的战略,供应链内的信息控制、物流规划、资金流动等要在核心企业总体战略的指导下设计。

核心企业应根据自身的核心竞争力制定供应链战略。首先分析规划核心竞争力,确定核心竞争力的提高与维护战略;其次制定供应链战略。供应链战略应解决以下问题:

（1）供应链的战略展望,指明供应链建设前进的目的地,从而提出一个长期的发展方向,清晰地描绘出供应链的未来前景;

（2）建立目标体系,将展望转化成供应链要达到的具体业绩标准;

（3）制定战略、达到期望的效果;

（4）高效、有效地实施和执行选择的具体战略;

（5）评价供应链的经营业绩,调整战略展望、发展方向以及对战略的执行。

2. 非核心企业的战略匹配

中小企业由于其在规模、管理、市场控制能力等方面较弱,以自身为主建设供应链的可能性很小,所以应纳入先进的供应链体系。

在制定加入供应链的选择战略时,应考虑以下问题。

(1)供应链的形象是否与本企业一致?

(2)最终产品的市场寿命周期与规模,确定本企业的投入与退出成本。

(3)双方信用机制是否建立?确定合理的支付方式与货物运输方式。

(4)双方信息沟通方法如何建立于运行?是否采用 EOS(电子订货系统)?可否获得最终产品的销售信息?以决定本企业的物流方式。

(5)物流与配送能否满足要求?特别是小批量、多批次与柔性化产品的配送经济效益分析。

(6)供应链的稳定性。稳定性既决定于供应链产品,又决定于供应链核心企业领导层的管理方式与理念,稳定的供应链能为中小企业提供更好的发展机会。

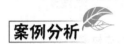

打破外包仓储,打造仓储新模式——云仓储

电商物流发展至今,现在主要有外包物流和自营物流两种形式,它们对应的仓储物流形式分别是外包仓储物流形式和自建仓储物流形式。所谓外包仓储物流,就是租借现有的社会资源进行商品存储以及配送。自建仓储物流就是电商企业出资构建自有仓储物流网络体系并自行运营管理。

外包仓储模式存在的问题

正因为是外包,服务质量都取决于所依靠的合作伙伴,而网购是一个全国范围的活动,所以需要一个完整的仓储服务体系,如果外包则需要选择大量的合作伙伴和仓储网点。

近年来,节假日促销所引发的爆仓现象十分普遍,这充分说明外包服务在运营上的不足,不能及时发出商品,这一方面会引起客户抱怨;另一方面会影响业务量和市场份额的快速增长。而且,随着仓储行业的复兴,企业面临着一库难求的局面,这样便导致仓库租金大涨,给企业带来了一大笔费用。

另外,由于外包仓储的配货效率不能保证,企业资金不能快速回笼,这严重冲击着企业的资金链,威胁着企业能否正常发展,而且低效的配送不利于客户良好的购物体验,导致客户不满,进而有损电商企业的品牌。

自建仓储模式存在的问题

自建仓储物流的成本过高,风险极大,一旦决策失误将使企业陷入十分危险的境地,甚至面临破产,这种局面一旦发生相信大多数企业都难以应对。

自建仓储体系除了投资自建场地、设施、设备外,还需要组建相关的配送、包装团队等,要想在全国范围内拥有自己的仓储中心,这不仅是资金问题,而且是一个漫长的过程,所以难度非常大。

另外,电商企业自建仓储,自己去做原本未接触过的业务,毕竟不是专业出身,难免会遇到一些问题,再加上一个作业效率极高的仓储不仅需要一个先进的又与自己业务相匹配的信息系统,还需要专业的人员去操作。总之,自建仓储的风险甚多。

云仓储模式的构想

不论是自建还是外包,都不能充分利用社会资源,产生规模经济,让本来就不太充足的资源更加紧张。基于此,能否设想一种模式,既有兼容外包的优点,又可以达到自建的效果,还能避免这两种模式的缺点呢?

本着这种设想,市场上出现了云仓储模式,这种模式的出发点正是兼容两种模式的优势,同时又可以减少自建时的高成本风险及外包时服务差的情况。通过集结社会资源,把社会看成一个大系统,形成订单规模,然后走规模经济之路。可见,云仓储模式大有发展前景。

思考题:云仓储模式有哪些优势?

技能训练

一、简答题

1. 供应链的分类?
2. 如何选择外包业务?
3. 供应链战略匹配的步骤?

二、论述题

1. 试论述平衡式供应链和倾斜式供应链的区别。
2. 简述集成化供应链管理的实施步骤。

三、实训题

▲情景设置

随着电子商务、网上购物的快速兴起,社会上对物流快递业务的需求十分巨大,因此你在当地创办了一家物流快递公司,主要从事同城快递的配送,由于价格低廉、服务态度好,公司承揽了很多业务,出现了快递车辆不够用的困境,需要将部分业务外包。

▲操作步骤

1. 你会选择将哪些业务外包?
2. 三个月后评估外包结果

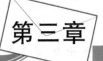

第三章

供应链的构建与优化

【学习目标】
- 理解供应链管理的组织架构模型,掌握供应链构建设计策略;
- 掌握供应链设计的两个模型。

【技能目标】
- 学会运用供应链构建方法分析供应链的优劣;
- 根据供应链优化原则,评价企业供应链构建。

思科电子商务供应链

Internet 不断地改变和优化着商业的运作流程,然而其潜力还远远没有得到发挥,在线交易、网络出版物、内外部沟通等仅仅是 Internet 应用的初级阶段。面对 Internet,如何保持低成本、高质量的产品和服务,如何建立客户忠诚与新兴的网络公司竞争,如何依赖千里之外的供应商和合作伙伴进行全球化竞争等,是每个企业必须回答的问题。

思科的供应链管理是一个很好的答案。思科能够创造史无前例的发展速度,正是得益于它的基于全球电子商务的供应链管理模式(简称思科电子商务 SCM 模式)。下面介绍这一供应链管理模式。

1. 思科电子商务 SCM 模式

基于全球电子商务的供应链管理模式是思科在其电子商务战略中提出的一种供应链管理模式,它利用 Internet 超越时空的能力,将思科与其供应链上的每个成员——遍布全球的潜在客户、现有客户、合作伙伴、供应商及雇员紧密连接在一起,融合为一个共同服务于思科客户的网络扩展企业(Internet extended enterprise),它消除了旧的企业边界和地理限制,大大提高了与上述成员之间的商务交易、信息共享、沟通等的效率和效果,因而能有效管理并增进与供应链上各成员之间的关系,形成一种基于 internet 的、开放的、动态的合作环境。

在这种商务模式中,借助思科提供的信息和集成商务系统,客户可与思科进行高效低成本的在线沟通、在线交易,并获得实时的在线服务及技术支持;供应链的其他成员则由于可安全地共享关键的商务信息而提高商务运作效率,加快客户反应速度;思科本身则能以更低的成本为客户提供更好的产品和服务,提高客户满意度,赢得客户忠诚,并与所有成员建立长期的双赢合作关系,取得持续竞争优势。

2. 思科电子商务 SCM 模式的支撑系统

(1) 思科连接在线(Cisco connect online,CCO)网站。CCO 是世界上最大的商务网站,是思科利用全球电子商务实施供应链管理的桥头堡,每天网上交易额达 2 300 万美元,客户、渠道伙伴、增值服务商利用 CCO 可完成如下功能:在线下单、搜索产品价格信息、检查发货时间与状态、检索发票信息、获得在线服务与技术支持等。全世界约 15 万注册用户,每个用户平均每月访问 1.5 次。通过 CCO 网站,公司 70% 的技术问题可以在线解决,75% 的订单在线完成。

(2)思科网络商务订购与支持综合系统。该系统是思科供应链管理全球电子商务模式的灵魂,正是有了这一系统,CCO 网站才得以向客户、渠道伙伴、增值服务商提供种种服务功能。

3. 思科电子商务 SCM 模式的功能

网络实现了思科与它现有客户、潜在客户、合作伙伴、供应商和内部员工之间的无缝连接,使它有能力完成供应链管理的各项功能。

4. 思科实施电子商务 SCM 模式的成果

以 1998 年为例,通过实施供应链管理,思科每天的在线交易额超过 2 300 万美元,75% 的年销售额由网上完成;55% 的产品外包给供应伙伴完成(这些产品直接发送到客户,从订购到执行完全不需思科插手);每年节约成本 7 500 万美元以上;销售额从 1995 年的 20 亿美元上升到 1998 年的 85 亿美元。

案例导学

思科基于全球电子商务的供应链管理取得了巨大的成效

① 客户满意度从 1996 年的 3.4 提升到 1998 年的 4.2(5 分制)。

② 成本每年节省 7 500 万美元,其中材料成本节省 2 400 万美元,人力资源费用节省 5 100 万美元。

③ 库存水平降低 45%。

④ 新产品上市周期缩短 25%(由此增加收入 1 亿美元)。

⑤ 生产规模在管理成本几乎没有增加的情况下,提高到原来的 3 倍。

⑥ 客户响应速度加快,订货周期由 6~8 周缩短为 1~3 周。

思科之所以取得如此巨大的成就,关键在于成功的供应链体系的构建与管理。本章就来研究一下如何构建供应链体系及优化问题。

第一节　供应链构建的体系框架

供应链构建(spply chain configuration)包括供应链管理组织机制的建立,管理流程的设计与优化、物流网络的建立、合作伙伴的选择、信息支持体系的选择等诸多内容,为叙述方便起见,本书后面简称为供应链构建。供应链构建是一个庞大而复杂的工程,也是十分重要的管理内容。

关于供应链构建的理论体系与实践范畴,目前学术界和企业界都还没有统一的认识,但已引起很多人的关注,从事这方面的研究与实践的人越来越多。本书综合相关研究与实践的成果,给出了一个供应链构建体系总体模型,如图 3-1 所示。

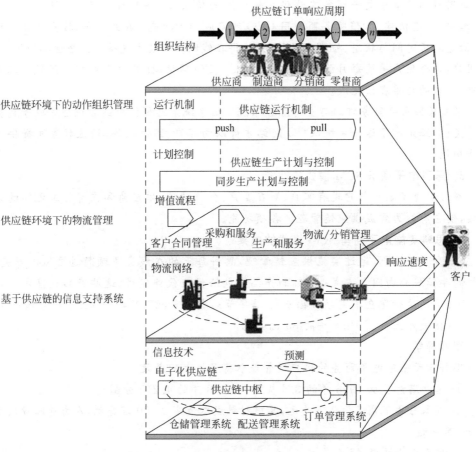

图 3-1　供应链管理体系构建总体模型

一、供应链管理的组织架构模型

供应链的构建必须同时考虑本企业和合作伙伴之间的管理关系,形成合理的组织关系以支持整个供应链的业务流程。

因此,在进行供应链设计时,首先,需要考虑的内容就是供应链上企业的主客体关系。根据核心企业在供应链中的作用,恰当设计出主客体的权利与义务。其次,就是完整组织设计,支持主客体关系的运作。

二、供应链环境下的运作组织与管理

供应链能够取得单个企业所无法达到的效益,关键之一在于它动员和协调了整个产品设计、制造与销售过程的资源。但是这并不是说只要将所有企业"捏合"到一起就可以达到这一目标。

其中核心问题就是能否将所有企业的生产过程实现同步运作,最大限度地减少由于不协调而生产的停顿、等待、过量生产或者缺货等方面的问题。因此,供应链构建的问题之一是如何构造适应供应链环境的生产计划与控制系统。

完成这一过程需要考虑的主要内容包括：

首先是供应链环境的生产计划与控制模式，主要涉及基于供应链响应周期的资源配置优化决策，基于成本和提前期的供应链延迟点决策，面向同步制造的供应链流程重构等。

其次是与同步生产组织匹配的库存控制模式，如何应用诸如自动补货系统（AS/RS）、供应商管理库存（VMI）、接驳转运、虚拟仓储、提前期与安全库存管理等各种技术，实现整个供应链的生产与库存控制目标。

 小贴士

供应链优化即"在有约束条件或资源有限的情况下的决策方案"，它主要有整体优化和局部优化两种类型。整体优化是从大量方案中找出最优方案，然而，实际情况下可能没有最优方案或者没有方法来检测所得方案是否最优，因此有必要进行局部优化；局部优化是在大量类似方案中找出最优方案，此法取决于方案的最初解，最初方案不同，优化结果也不同。

优化问题由决策变量、目标函数和约束条件组成。决策变量是需要做的决策，物流中有如下决策变量：何时、何地从供应商中订购原材料；何时生产；何时把产品交给客户、交多少。

目标函数是经济上或其他方面所要达到的目标，物流中有如下目标函数：利润最大；供应链成本最低、生命周期最短；客户服务质量最高；延误最短；产量最大；满足所有客户需求等。

约束条件是变量必须满足的条件，物流中有下列约束条件：供应商生产材料、零件的能力；生产线每天工作的时间、负荷；配送中心的处理收据等能力。

三、供应链环境下的物流管理

与同步制造相呼应的是供应链管理下的物流组织模式。它的目标是如何寻找最佳的物流管理模式，使整个供应链上的物流管理能够准确响应各种需求（包括来自客户的需求和合作伙伴的需求等），真正体现出物流是"第三利润源泉"的本质。

为此，在构建供应链时，必须考虑物流网络的优化、配送中心的选择、运输路线的优化、物流作业方法的选择与优化等方面的内容，充分应用各种支持物流运作管理决策的技术与方法。

四、基于供应链的信息支持系统

对供应链的管理离不开信息技术的支持，因此，在设计供应链时一定要注意如何将信息融入整个系统中来。这方面的内容已有很多论著，此处不多言。

 小贴士

自动补货系统（automatic replenishment programs，ARP）是一种利用销售信息、订

单经由 EDI 连接合作伙伴的观念,合作伙伴之间必须有良好的互动关系,并且利用电子信息交换等方式提供信息给上下游。

也就是说,ARP 是一种库存管理方案,是以掌控销售信息和库存量作为市场需求预测和库存补货的解决方法,由销售信息得到消费需求信息,供应商可以更有效的计划、更快速的反映市场变化和用户需求,因此 ARP 可以用来作为降低库存量、改善库存周转,进而维持库存量的最佳化,而且供应商与批发商以分享重要信息双方都可以改变需求预测、补货计划、促销管理和运输装载计划等。

第二节　供应链的结构模型

一、供应链拓扑结构模型

(一)供应链的模型Ⅰ:静态链状模型

综合供应链的定义和结构模型,不难得出这样一个简单的供应链模型,如图 3-2 所示,称其为模型Ⅰ。模型Ⅰ清楚地表明产品的最初来源是自然界,如矿山、油田、橡胶园等,最终去向是用户。

产品因用户需求而生产,最终被用户所消费。产品从自然界到用户经历了供应商、制造商和分销商三级传递,并在传递过程中完成产品加工、产品装配形成等转换过程。被用户消费掉的最终产品仍回到自然界,完成物质循环(见图 3-2 中的虚线)。

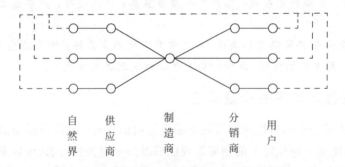

图 3-2　模型Ⅰ:静态链状模型

(二)供应链的模型Ⅱ:动态链状模型

模型Ⅰ只是一个静态模型,表明供应链的基本组成和轮廓概貌。进一步地,可以提出供应链的模型Ⅱ,如图 3-3 所示。模型Ⅱ是对模型Ⅰ的进一步抽象,它把商家都抽象成一个个的点,称为节点,并用字母或数字表示。节点以一定的方式和顺序联结成一串,构成一条供应链。

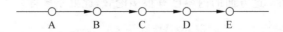

图 3-3　模型Ⅱ:动态链状模型

在模型Ⅱ中,若假定 C 为制造商,则 B 为供应商,D 为分销商;同样,若假定 B 为制造商,则 A 为供应商,C 为分销商。在模型Ⅱ中,产品的最初来源(自然界)、最终去向(用户)以及产品的物质循环过程都被隐含抽象掉了。

从供应链研究便利的角度来讲,把自然界和用户放在模型中没有太大的作用。模型Ⅱ着力于供应链中间过程的动态研究,它是一个动态的链状模型。

1. 供应链的方向

在供应链上除了流动着物流(产品流)和信息流外,还存在着资金流。物流的方向一般都是从供应商流向制造商,再流向分销商。在特殊情况下(如产品退货),产品在供应链上的流向与上述方向相反。但由于产品退货属非正常情况,退货的产品也非本书严格定义的产品,所以本书将不予以考虑。

本书依照物流的方向来定义供应链的方向,以确定供应商、制造商和分销商之间的顺序关系。模型Ⅱ中的箭头方向即表示供应链的物流方向。

2. 供应链的级

在模型Ⅱ中,定义 C 为制造商时,可以相应地认为 B 为一级供应商,A 为二级供应商,而且还可以定义三级供应商、四级供应商……同样,可以认为 D 为一级分销商,E 为二级分销商,并定义三级分销商,四级分销商……一般地讲,一个企业应尽可能考虑多级供应商或分销商,这样有利于从整体上了解供应链的运行状态。

(三)供应链的模型Ⅲ:网状模型

事实上,在模型Ⅱ中,供应商可能不止一家,而是有 B_1、B_2……n 家,分销商也可能有 D_1、D_2……m 家。动态地考虑,C 也可能有 C_1、C_2……k 家,这样模型Ⅱ就转变为一个网状模型,及供应链的模型Ⅲ,如图 3-4 所示。

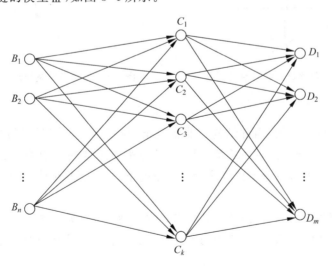

图 3-4　模型Ⅲ:网状模型

网状模型更能说明现实世界中产品的复杂供应关系。在理论上,网状模型可以涵盖世界上所有厂家,把所有厂家都看作其上面的一个节点,并认为这节点存在着联系。当然,这些联系有强有弱,而且在不断地变化着。通常,一个厂家仅与有限个厂家相联系,但这不影响我们对供应链模型的理论设定。网状模型对供应关系的描述性很强,适合于对供应关系的宏观把握。

1. 入点和出点

在网状模型中,物流作有向流动,从一个节点流向另一个节点。这些物流从某些节点补充流入,从某些节点分流流出。我们把这些物流进入的节点称为入点,把物流流出的节点称为出点。入点相当于矿山、油田、橡胶园等原始材料提供商,出点相当于用户。图 3-5 中 A 节点为入点,F 节点为出点。

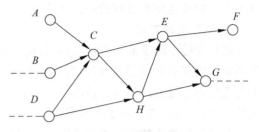

图 3-5　入点和出点

对于有的厂家即为入点又为出点的情况,出于对网状表达的简化,将代表这个厂家的节点一分为二,变成两个节点:一个为入点;另一个为出点,并用实线将其框起来。如图 3-6 所示,A_1 为入点,A_2 为出点。

同样,对于有的厂家对另一厂家既为供应商又为分销商的情况,也可将这个厂家一分为二,甚至一分为三或更多,变成两个或多个节点:一个节点表示供应商;另一个节点表示分销商,也用实线将其框起来。如图 3-7 所示,B_1 是 C 的供应商,B_2 是 C 的分销商。

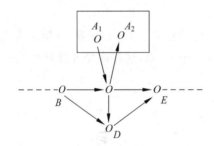

图 3-6　包含出点和入点的厂家

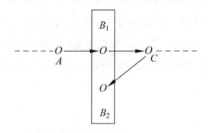

图 3-7　包含供应商和分销商的厂家

2. 子网

有些厂家规模非常大,内部结构也非常复杂,与其他厂家相联系的只是其中一个部门,而且内部也存在着产品供应关系,用一个节点来表示这些复杂关系显然不行,这就需要将表示这个厂家的节点分解成很多相互联系的小节点,这些小节点构成一个网,称为子网,如图 3-8 所示。

在引入子网概念后,研究图 3-8 中 C 与 D 的联系时,只需考虑 C_3 与 D 的联系,而不需要考虑 C_3 与 D 的联系,这就简化了无所谓的研究。子网模型对企业集团是很好的描述。

3. 虚拟企业

借助以上对子网模型过程的描述,可以把供应链网上为了完成共同目标、通力合作并实现各自利益的这样一些厂家形象地看成是一个厂家,这就是虚拟企业,如图 3-9 所示。虚拟企业的节点用虚线框起来。

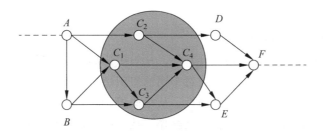

图 3-8　子网模型

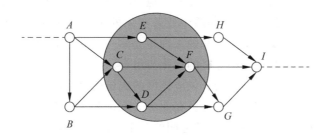

图 3-9　虚拟企业的网状模型

虚拟企业是在经济交往中,一些独立企业为了共同的利益和目标在一定的时间内结成的相互协作的利益共同体。虚拟企业组建和存在的目的就是获取相互协作而产生的效益,一旦这个目的已完成或利益不存在,虚拟企业即不复存在。

二、供应链网模型

在产品生命周期不断缩短、企业之间的合作日益复杂以及顾客的要求更加严格的今天,市场驱动原料或零部件供应商、产品制造商和分销商组织起来,形成了供应—生产—销售的供应链。实际上,供应链中的供应商常常为多家,分销商也有多个。

供应商、制造商和分销商在战略、任务、资源和能力方面相互依赖,构成了较复杂的供应—生产—销售网,这就是供应链网。我们说供应链实质上应该是一个网链结构。供应链网的一般结构如图 3-10 所示。

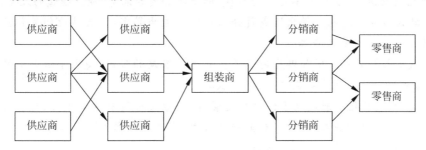

图 3-10　供应链网的一般模型

供应链网是由一系列自主程度不同的业务实体所构成的网络,这些实体之间互为上下游企业。而且,可以专门对供应链网进行分类,研究在供应链网中对订货完成过程的管理。

（一）供应链网的结构特性

第一，供应链网的结构具有层次性特征。从组织边界的角度看，虽然每个企业务实体都是供应链网的成员，但是它们可以通过不同的组织边界体现出来。

第二，供应链网的结构表现为双向性。从横向看，使用某一共同资源（如原材料、半成品或成品）的实体之间既相互竞争又相互合作。从纵向看，供应链网的结构就是供应链结构，反映从原材料供应商到制造商、分销商及顾客的物流、信息流和资金流的过程。

第三，供应链网的结构呈多级性。随着供应、生产和销售关系复杂化，供应链网的成员越来越多。如果把供应链网中相邻两个业务实体的关系看作供应—购买关系，那么这种关系是多级的，而且涉及的供应商和购买商也是多个。供应链网的多级结构增加了供应链管理的困难，同时又有利于供应链的优化与组合。

第四，供应链网的结构是动态的。供应链网的成员通过物流和信息流而联结起来，它们之间的关系是不确定的，其中某一成员在业务方面的稍微调整都会引起供应链网结构的变动。而且，供应链成员之间、供应链之间的关系也由于顾客需求的变化而经常作出适应性的调整。

第五，供应链网具有跨地区的特性。供应链网中的业务实体超越了空间的限制，在业务上紧密合作，共同加速物流和信息流，创造了更多的供应链效益。最终，世界各地的供应商、制造商和分销商被联结成一体，形成全球供应链网（global supply chain network，GSCN）。

供应链管理的特性

供应链管理在企业中的应用，将使大量的客户集中化、更短的产品寿命周期、更快的周转、成本降低、产品的国际化。

（1）协同整合。所有供应链参与者（包括供货商、配销商、生产商、零售商等）彼此资源共享与信息交流，减少信息不对称的程度，降低不必要的浪费，提升经营的效率。

（2）非核心业务外包。供应链成员分工与核心能力界定，同时彼此间的作业与经营流程依各成员的核心能力分工。

（3）减少长鞭效应。增加供应链成员彼此之间互动的程度，使上下游企业的资源得以连结，做到实时反映顾客的需求、市场的状况。

（4）实时、最佳化。通过电子化供应链管理，企业整合所有组装中心、厂区营运情况的全球实时信息，做出正确决策，并借此模拟情境，快速反映客户需求以达到98%的订单在3天内交货，降低全球库存的成本及风险。

（二）供应链网结构分析的现实意义

（1）明确了供应链网的概念，有助于人们加深理解供应链的内涵和外延。供应链网强调的是供应链的网状结构，使人们能够从宏观和微观两方面正确认识供应链和供应链管理的本质。

（2）对于供应链网结构特性的分析有助于企业制定恰当的供应链构建策略。例如，企业可以对供应链网进行层次区分，确定主干供应链和分支供应链，建立起最具有竞争力的供应链网。另外，从供应链网的多级性特征来看，企业又可以对供应链进行等级排列，对供应商进一步细分，进而制定出具体的营销组合策略。世界著名的耐克公司之所以取得全球化经营的成功，关键在于它分析了公司供应链网的多级结构，有效地运用了供应商多级细分策略。

实践表明，对供应链网的分层和分级是十分重要的。同时，供应链网结构的动态性特点指导企业建立供应链适时修正战略，跨地区性特点提醒企业密切注意国际惯例和各国文化、法律的差异。

（3）供应链网结构研究能够区分不同行业的供应链网，为企业建立合适的供应链网提供了参与。企业应该根据自身的行业特点、业务规模和业务流程来选择最佳的供应链网。

（4）供应链网结构研究分析了不同行业供应链网管理的主要问题，有利于改进供应链管理。尤其是，供应链网结构研究强调供应链网成员的共同目标和改进重点，为企业提高管理水平指明了方向。

三、供应链环境下的物流管理

与同步制造相呼应的是供应链管理下的物流组织模式。它的目标是如何寻找最佳的物流管理模式，使整个供应链上的物流管理能够准确响应各种需求（包括来自客户的需求和合作伙伴的需求等），真正体现出物流是"第三利润源泉"的本质。

为此，在构建供应链时，必须考虑物流网络的优化、配送中心的选择、运输路线的优化、物流作业方法的选择与优化等方面的内容，充分应用各种支持物流运作管理决策的技术与方法。

（一）供应链管理下的物流环境

企业竞争环境的变化导致企业管理模式的转变，供应链管理思想就是在新的竞争环境下出现的。新的竞争环境体现了企业竞争优势要素的改变。在 20 世纪 70 年代以前，成本是主要的竞争优势，而 20 世纪 80 年代则是质量，20 世纪 90 年代是交货时间，即所谓基于时间的竞争，到 21 世纪初，这种竞争优势就会转移到所谓的敏捷性上来。

在这种环境下，企业的竞争就表现在如何以最快速度响应市场要求，满足不断变化的多样化需求。即企业必须能在实时的需求信息下，快速组织生产资源，把产品送到用户手中，并提高产品的用户满意度。在剧烈的市场竞争中，企业都感到一种资源饥渴的无奈，传统的单一企业竞争模式已经很难使企业在市场竞争中保持绝对的竞争优势。

信息时代的到来，进一步加深了企业竞争的压力，信息资源的开放性，打破了企业的界限，建立了一种超越企业界限的新的合作关系，为创造新的竞争优势提供了有利的条件。因此，供应链管理的出现迎合了这种趋势，顺应了新的竞争环境的需要，使企业从资源的约束中解放出来，创造出新的竞争优势。

供应链管理实质上是一个扩展企业概念，扩展企业的基本原理和思想体现在几个方面：

(1)横向思维(战略联盟);(2)核心能力;(3)资源扩展/共享;(4)群件与工作流(团队管理);(5)竞争性合作;(6)同步化运作;(7)用户驱动。这几个方面的特点不可避免地影响到物流环境。

(二)供应链管理环境下物流管理的特点

物流环境的改变使物流管理出现了以下的新特征。

1. 信息化

从原材料供应商到商品最终消费者,整个流通过程都要保障信息的透明度和沟通的畅通无阻,供给和需求信息、储存信息,运输信息、货物实时状态信息等各种必要的信息都要及时有效地传播,而且更重要的是,现代信息化技术为此提供了物质基础保证,至少在技术条件下能够达到这个要求。

供应链管理环境下的物流管理既有现实的需求又有技术的实现条件,所以相比于传统的物流,这一特点就显得更加明显和重要。

2. 系统化

物流活动在所涉及的范围和环节更广更多了,通常认为,供应链包括物流、信息流和资金流的同步运行。一方面,物流本身是一个系统有着独立运行的规律;另一方面,物流又从属于更大的系统——供应链系统,要在更大的系统中开展运作。供应链环境下的物流活动更加强调系统性。

3. 合作化

供应链上各个组成部分,包括供应商、采购商、生产商、分销商等经营主体,要彼此紧密合作。共同作为供应链上的组成部分,需要保持稳定性和长久性,而这种稳定性和长久性必然要求供应链中的各企业保持良好的合作关系。

4. 便捷化

既然作为一个长期合作的整体,就会要求每一个成员之间的合作渠道最优化、服务便捷化,及时供货、快速响应,以最大限度的提高供应链的运作效率和降低彼此的交易成本。

四、基于供应链的信息支持系统

对供应链的管理离不开信息技术的支持,因此,在设计供应链时一定要注意如何将信息融入整个系统中来。这方面的内容已有很多论著,此处不多言。

第三节　供应链构建设计策略

一、基于产品的供应链设计策略

从投资的角度考虑供应链的设计问题,美国的费舍尔(L. Fisher)教授提出了供应链的设计要以产品为中心的观点。供应链的设计首先要明白用户对企业产品的需求是什么,因为产品生命周期、需求预测、产品多样性、提前期和服务的市场标准等都是影响供应链设计的重要问题。

供应链的构件必须与产品特性一致,这就是所谓基于产品的供应链设计策略

（product-based supply chain design，PBSCD）。

（一）产品类型

不同的产品类型对设计供应链有不同的要求。如前所述，人们将产品分为高边际利润、不稳定需求的创新型产品和边际利润低、需求稳定的功能型产品，供应链构建时就应该考虑这方面的问题。

从前面几章的介绍可以看出，功能型产品一般用于满足用户的基本需求，变化很少，具有稳定的、可预测的需求和较长的生命周期，但它们的边际利润较低。为了获得比较高的边际利润，许多企业在产品式样或技术上革新以刺激消费者购买，从而使产品成为创新型的，这种创新型产品的需求一般不可预测，生命周期也较短。正因为这两种产品的不同，才需要有不同类型的供应链去满足不同的管理需求。

（二）基于产品的供应链设计步骤

第一步是分析市场竞争环境。目的在于找到针对哪些产品进行市场开发供应链才有效，为此，必须知道现在的产品需求是什么，产品的类型和特征是什么。分析市场特征的过程要向卖主、用户和竞争者进行调查，提出诸如"用户想要什么""他们在市场中的分量有多大"之类的问题，以确认用户的需求和因卖主、用户、竞争者产生的压力。这一步骤的输出是每一产品按重要性排列的市场特征。同时对于市场的不确定性要有分析和评价。

第二步是分析企业现状。主要分析企业供需管理的现状（如果企业已经有供应链管理，则分析供应链的现状），这一个步骤的目的不在于评价供应链设计策略的重要性和合适性，而是着重于研究供应链开发的方向，分析、找到、总结企业存在的问题及其影响供应链设计的阻力等因素。

第三步是提出供应链设计项目。

第四步是建立供应链设计目标。主要目标在于获得高用户服务水平和低库存投资、低单位成本两个目标之间的平衡（这两个目标往往有冲突），同时还应包括以下目标。

（1）进入新市场。

（2）开发新产品。

（3）开发新销售渠道。

（4）提高用户满意程度。

（5）降低成本。

（6）通过降低库存提高工作效率等。

第五步是分析供应链的组成，提出供应链组成的基本框架。供应链中的成员组成分析主要包括制造工厂、设备、工艺和供应商、制造商、分销商、零售商及用户的选择及其定位，以及确定选择与评价的标准。

第六步是分析和评价可能性。这不仅仅是某种策略或改善技术，也是开发和实现供应链管理的第一步。它在可行性分析的基础上，结合本企业的实际情况为开发供应链提出技术选择建议和支持。这也是一个决策的过程，如果认为方案可行，就可以进行下面的设计；如果不可行，就要重新设计。

第七步是设计和生产新的供应链，主要解决以下问题：

(1) 供应链的成员组成(供应商、设备、工厂、分销中心的选择与定位、计划与控制)。

(2) 原材料的来源问题(包括供应商、流量、价格、运输等问题)。

(3) 生产过程设计(需求预测、生产什么产品、生产能力、供应给哪些分销中心、价格、生产计划、生产作业计划和跟踪控制、库存管理等问题)。

(4) 分销任务与能力设计(产品服务于哪些市场、运输、价格等问题)。

(5) 信息管理系统设计。

(6) 物流管理系统设计等。

在供应链设计中,要广泛用到许多工具和技术,包括归纳法、动态规划、流程图、模拟和设计软件等。

第八步是检验供应链。供应链设计完成以后,应通过一定的方法、技术进行测试检验或试运行,如果不行,返回第四步进行重新设计。如果没有什么问题,就可实施供应链管理了。

二、基于多代理的集成供应链设计思想和方法

(一)基于多代理的集成供应链模式

随着计算机、网络等信息技术的发展,供应链除了具有由人、组织简单组成的实体特征外,也逐渐演变为以信息处理为核心、以计算机网络为工具的人—信息—组织集成的超智能体。

基于多代理集成的供应链模式(见图 3-11),是涵盖两个世界的三维集成模式,即实体世界的人—人、组织—组织集成和软件环境世界的信息集成(横向集成),以及实体与软件环境世界的人—机集成(纵向集成)。

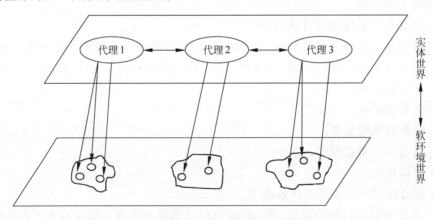

图 3-11 基于多代理的集成供应链模式

(二)动态建模基本思想

可以采用多种理论方法指导动态建模。基本流程为多为系统分析—业务流程重构—建模—精细化/集成—协调/控制,在建模中并行工程思想贯穿于整个过程,如图 3-12 所示。

(三)建模方法

用于基于多代理集成供应链的建模方法主要有基于信息流的建模方法、基于过程优

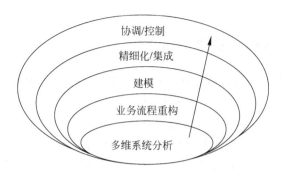

图 3-12　动态建模思想

化的建模方法、基于案例分析的建模方法以及基于商业规划的建模几种方法。

　　过程优化思想在业务流程重构(business process reengineering,BPR)建模中得到应用,并且 BPR 支持工具被称为 BPR 研究的重要内容。过程优化最关键的就是过程诊断,即过程存在问题识别。识别现有过程存在的问题可采用基于神经网络的企业过程诊断法、基于物元理论系统诊断法以及变化矩阵法。集成动态建模过程如图 3-13 所示。

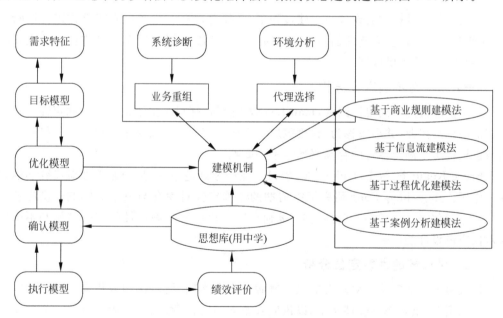

图 3-13　集成动态建模过程

　　物元分析理论是解决矛盾问题的规律和方法,是系统科学、思维科学和数学的交叉学科。物元分析理论是我国学者、广东工学院蔡文副教授所创立的新学科。1983 年他在《科学探索学报》上发表了论文《可拓集合和不相容问题》,标志着物元分析的诞生。

　　物元分析引起国内外许多专家、教授、学者的兴趣和关注。物元分析是专门研究如何处理难题的人脑思维的一种模型,因此,它将参与人工智能及与人工智能相关的学科,也参与诸如军事决策、经济计划、企业管理、过程控制等这些大量出现不相容问题的部门中去。

三、在产品开发的初期设计供应链

在一些高科技型企业,如惠普公司(HP),产品设计被认为是供应链管理的一个重要因素。众多的学者也提出了为供应链管理设计产品(desing for supply chain management, DFSCM)的概念。与基于产品的供应链设计策略不同,DFSCM 的目的在于设计产品和工艺已使供应链相关的成本和业务能得到有效的管理。

大量的实践经验告诉人们,供应链中生产和产品流通的总成本最终决定于产品的设计。因此,必须在产品开发设计的早期就开始同时考虑供应链的设计问题,以获得最大化的潜在利益。

第四节　供应链构建设计与优化方法

一、供应链分析诊断技术

在进行供应链构建的设计与重建过程中,必须对现有的企业供应链模式进行诊断分析,在此基础上进行供应链的创新技术。通过系统诊断分析找到企业目前存在的主要问题,为新系统设计提供依据。

(一)供应链不确定性分析

对于供应链的不确定性因素,Hau Lee 做了分析,探讨了由于信息的不确定性导致的供应链的信息扭曲,并形象称为"长鞭效应",剖析了产生这一现象的原因和应对措施。黄培清也探讨了不确定性对库存和服务水平的影响。

Bruce Kogut & NalinKulatilaka 探讨了在全球制造中,提高企业柔性对应变不确定性的作用。Jing-sheng Song 研究了提前期的不确定性对库存与成本的影响。供应链的设计或重建都需要考虑不确定性问题,要研究减少供应链不确定性的有效措施和不确定性对供应链设计的影响。

(二)供应链的性能定位分析

供应链的性能定位是对现有的供应链做一个全面的评价,比如订货周期、预测精度、库存占用资金、供货率等管理水平,以供应链企业间的协调性、用户满意度等。如果用一个综合指数来评价供应链的性能定位,可以用这样一个公式表示:

$$供应链综合性能指数 = 价值增值率 × 用户满意度$$

可以通过对用户满意度的测定结合供应链的价值增率来确定供应链的管理水平,为供应链的重构提供参考。

(三)供应链的诊断方法

诊断方法是一个值得研究的课题,目前还没有一个普遍适用的企业诊断方法。随着企业改革的发展,企业诊断已成为许多企业策划必不可少的内容,国外许多企业都高薪聘请企业咨询专家为企业诊断,国内对企业诊断问题的研究也逐渐热起来。

企业诊断不同于传统的可行性研究报告,它是企业从特定的需要出发,为企业的改造或改革提供科学的理论与实际相结合的分析,提供战略性的建议和改进措施。

目前诊断方法主要有:

(1)定位分析法。定位分析是比较好的系统化比较分析方法。

(2)AHP法。AHP是广泛采用的多目标综合评价方法,并且可以结合模糊数学,产生定性和定量相结合的分析。

另外还包括神经网络、专家系统法、物元模型法、熵模型法等。

这些方法都已比较成熟,读者可以找相关专著学习,本书不再赘述。

二、供应链构建的设计方法与工具

(一)网络图形法

供应链设计问题有几种考虑方式:一是单纯从物流通道建设的角度设计供应链;二是从供应链定位(supply chain location)的角度选择在哪个地方寻找供应商、在哪个地方建设一个加工厂、在哪个地方设立一个分销地点等。设计所采用的工具主要是图形法(如用网络图表示),直观地反映供应链的结构特性。在具体的设计中可以借助计算机辅助设计等手段进行网络图的绘制。

(二)数学模型法

数学模型法是研究经济问题普遍采用的方法。把供应链作为一个经济系统问题来描述,可以通过建立数学模型来描述其经济数量特征。最常用的数学模型是系统动力学模型和经济控制论模型。特别是系统动力学模型更适合供应链问题的描述。

系统动力学最初的应用也是从工业企业管理问题开始的,它是基于系统理论、控制理论、组织理论、信息论和计算机仿真技术的系统分析与模拟方法。系统动力学模型能很好地反映供应链的经济特征。

(三)计算机仿真分析法

利用计算机仿真技术,将实际供应链构建问题根据不同的仿真软件要求,先进行模型化,在按照仿真软件的要求进行仿真运行,最后对结果进行分析。计算机仿真技术已经非常成熟,这里就不多做介绍了。

(四)CIMS-OSA框架法

CIMS-OSA是由欧盟ESPRIT研制的CIM开放体系结构,它的建模框架基于一个继承模型的四个建模视图:功能视图、信息视图、资源视图和组织视图。

CIMS-OSA标准委员会建立了关于企业业务过程的框架,这个框架将企业的业务过程划分为三个方面:管理过程、生产过程和支持过程。可以利用这个框架建立基于供应链管理的企业参考模型,特别是组织视图和信息视图,对供应链的设计和优化很有帮助。

三、供应链设计的两个模型

(一)螺旋循环设计模型

Lawson(1980)在研究设计及设计过程的特征时,认为设计行为有如下特征:(1)设计目标及设计要求是很难清楚描述的；(2)设计是一个无止境的过程；(3)设计总有缺陷；(4)设计与人的判断价值有关；(5)设计问题的解决与问题的出现同时存在；(6)不存在最优设计方案；(7)设计的目的是为了实施。从设计的行为特征来看，系统设计过程是一个开放性的过程，是一个螺旋上升的过程。

在软件开发过程中 Gane & Sarson(1979)就建立了一个螺旋设计模型，Boehm(1988)将其发展为螺旋循环设计模型，Kidd(1994)将它移植到敏捷企业设计中。供应链的设计过程其实也是一个螺旋设计过程，同样可以采用相关的理论。

(二)组织元模型

1. 供应链建模或设计

供应链的每一个节点都是以信息处理为中心、以计算机网络为工具的人、信息和组织的集成体，用 Agent 来描述。Agent 有狭义的和广义的定义。

从狭义来讲，Agent 是指一个智能体(或代理)，一般是一个软件或信息系统，我们称为软件世界的智能体。但从广义来讲，Agent 是指分布在独立的相互合作的网络中的成员。宏观上，它就像加盟供应链的"代理商"，基于多 Agent 集成的供需合作机制，指的也是基于这层意义上的代理机制。组织元模型也就是 Agent 模型。

供应链建模或设计最为重要的就是组织元的确定。在供应链结构中要区分上游组织元和下游组织元，因为这两种组织元的功能不同，因而其评价的标准不同。

如可以用 AHP 法对组织元进行评价，基本框架如图 3-14 所示。

通过评价模型对组织元的评价，优选出满意的 Agent 组织元。

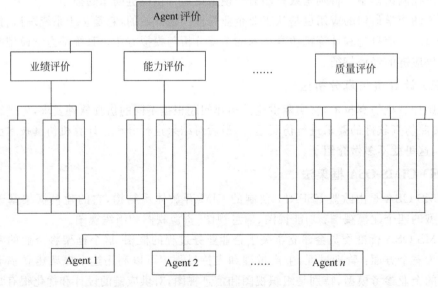

图 3-14　组织元评价

2. 流程的合理性布置

在选定组织元之后，生产组织方式是哪个采用团队的工作方式，业务流程的重组也是必须的工作。为实现最简捷的流程及时间最短的单元组合，需要建立一个流程分析模型。

3. 任务协调与匹配

选定组织元和流程之后,就要对企业的资源从供应链的整体进行合理配置,特别是保持企业内部和企业之间的综合平衡。首先是委托实现机制的建立;其次是采用面向对象的 QFD(产品质量更能配置)和制造决策、MRPⅡ及作业计划的制订等。

四、供应链的重构与优化

为了提高现有供应链运行的绩效,适应市场的变化,增加市场的竞争力,需要对企业的供应链进行优化与重构。通过供应链的重构获得更加精细的、敏捷的、柔性的企业竞争优势。

Hau lee 等人对供应链的重构偏重于销售链(下游供应链)的重构研究,提出了一些重构的策略,如供应商管理库存(VMI)、延迟制造(postponement)等。Towill 也对供应链的重构进行了研究,提出了关于供应链重构的方法模型。这里提出如图 3-15 所示的供应链重构模型。

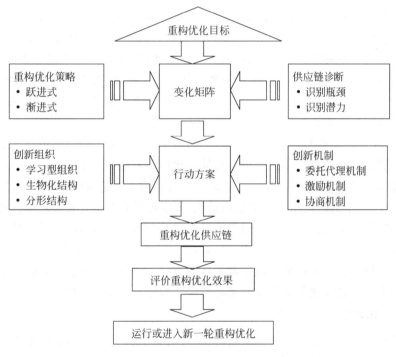

图 3-15　供应链重构模型

供应链的重构优化,首先应明确重构的目标,如缩短订货周期、提高服务水平、降低运费、降低库存水平、增加生产透明性等。明确了重构的目标后进行企业的诊断和重构策略的研究。需要强调的是,必须根据企业诊断的结果来选择重构策略是跃进的还是渐进的。但无论如何,重构的结果都应获得价值增值和用户满意度的显著提高,这是事实供应链管理始终坚持的一条原则和主体约束条件。

变化矩阵是重构目标和现有供应链的转换过程,确立变化矩阵后可以事实行动方案,如改进生产系统、人员的调整、机构的改革等。行动方案从创新组织和创新机制两方面进行。

五、供应链重构和优化的基本原则

供应链优化有很多方法思路,这些方法思路结合具体行业企业又有不同的表现形式,有没有一些通用的基本的思路呢? 正如大千世界虽然丰富,但还是有一些基本运行原则,比如物质决定意识,从量变到质变等。

供应链虽然复杂,也有一些基本的优化逻辑,遵从这些基本逻辑,就可以找到优化之路。目前我们先归纳两个基本优化思路:一是分类管理;二是时间管理。

(一)分类管理

供应链是复杂的,为此需要分类以便管理。如把采购物料分为原材料、辅助材料和备品备件、把供应商分为一级二级三级;把产品分为不同的系列,把客户分为直销商和经销商,市场分为中心城市和农村市场等。不同的类别有不同的特征,采取与不同类别特征相适应的策略可以实现对供应链的优化。

分类作为供应链优化的基本逻辑,它如何引导我们优化供应链呢?

首先,要分析分类的合理性。这需要对供应链管理的每一个环节:如需求、生产、采购、物流、计划等各个环节进行详细分析,从实际业务运作的需要,审视分类的合理性,可以参考各种管理模型,也可以参考各种业务最佳实践。比如,就快速消费品的渠道划分来说:简单的划分可以分为传统渠道和现代商超;详细的划分可以细致到路边小店,可口可乐就把路边的修车店作为一个单独的渠道。

其次,在明确分类的基础上,分析针对不同类别是否采取了合适的策略。显然分类越细致,采取的策略就更具有针对性,更为有效。比如把路边修车店作为一个渠道,这个渠道显然有独自的特征,针对这个渠道采取的策略肯定与商场超市的策略不一致。

最后,各个环节的最优不是供应链的最优,要实现供应链优化还必须确保各个环节分类策略的匹配性。比如新增了一个销售渠道类别,它有新的特征,我是否有相应的物流类别去支撑这个销售渠道。在快速消费品行业,针对经销商的物流服务可以全外包,针对市内超市这个渠道很多企业采取了自主做配送的方式。显然,针对不同的销售渠道有不同的物流业务类别。物流业务分类以及策略与渠道的分配是相适应的。

(二)时间管理

分类是供应链优化的一个基本原则,就是要对供应链上各个环节的业务要素进行分类,根据各个类别分别采取最合适的策略,从而实现供应链优化。采用该原则,关键在于选择合适的分类方法以及针对每一个类别制定合适的策略,同时,确保供应链上下游以及各个环节之间分类的匹配。现在我们来谈论供应链优化的另外一个基本原则——时间管理。

供应链管理的核心就是时间管理,对于时尚类的产品时间管理非常重要:比如计算机类、服装类产品,DELL 在 PC 行业最低的库存天数是其获得竞争优势的关键。对于一些非时尚类的产品:诸如大众消费品,时间管理也是非常重要的。

时间管理为什么重要? 供应链管理有两个目标:提升客户服务水平以及降低运作成

本,这两个方面目标常常是互相矛盾的,即要提高服务水平,是以成本升高为代价;而降低成本,往往会带来服务水平的下降。时间对两个方面目标都有着重要的影响:对于服务水平,最重要的是对市场需求的响应速度,即对需求的响应时间;对于成本来说,时间的延长会导致各种运作成本的升高,例如存储成本、产品滞销的损失等。加强时间管理,可以实现在服务水平与运作成本两个方面的同时优化。

 小 贴 士

甘特图(Gantt chart)又叫横道图、条状图(Bar chart)。以提出者亨利·L.甘特先生的名字命名。

甘特图内在思想简单,即以图示的方式通过活动列表和时间刻度形象地表示出任何特定项目的活动顺序与持续时间。基本是一条线条图,横轴表示时间,纵轴表示活动(项目),线条表示在整个期间计划和实际的活动完成情况。它直观地表明任务计划在什么时候进行,及实际进展与计划要求的对比。管理者由此可便利地弄清一项任务(项目)还剩下哪些工作要做,并可评估工作进度。

甘特图是基于作业排序的目的,将活动与时间联系起来的最早尝试之一。该图能帮助企业描述对诸如工作中心、超时工作等资源的使用图。当用于负荷时,甘特图可以显示几个部门、机器或设备的运行和闲置情况。

这表示该系统有关工作负荷状况,这样可使管理人员了解何种调整是恰当的。例如,当某一工作中心处于超负荷状态时,则低负荷工作中心的员工可临时转移到该工作中心以增加其劳动力,或者在制品存货可在不同工作中心进行加工,则高负荷工作中心的部分工作可移到低负荷工作中心完成,多功能的设备也可在各中心之间转移。

但甘特负荷图有一些重要的局限性,它不能解释生产变动,如意料不到的机器故障及人工错误所形成的返工等。甘特排程图可用于检查工作完成进度。它表明哪件工作如期完成,哪件工作提前完成或延期完成。在实践中还可发现甘特图的多种用途。

 **案例分析**

宝洁优化材料供应

根据通常的对库存的管理方法,宝洁也对采购的材料按照 ABC 方法分类:其中 A 类品种占总数 5%~20%;资金占 60%~70%;C 类品种占总数 60%~70%;资金占<15%;B 类介于二者之间。单纯的 ABC 分类还不足以找到最优的采购策略,还需要进一步细分。

根据不同的分类结果,采取了相应的策略:

对于价值低,用量大、占用存储空间不大的材料,在供应链中时间减少的机会很少,这类材料占生产材料的 80%,它们适合采用供应商管理库存(VMI)的方式来下达采购订单和管理库存。

效果:节省材料的下单和采购成本;实际的材料采购提前期只是检测周期,库存由30 天减少到 0 天。

对于价值不高、用量大且占用存储空间很大的材料适合采用压缩供应链时间的方法来管理材料供应。

效果：结合对存储过程和运输过程的改变以及延迟时间和检测时间减少,总体提前期最后减少了18天(四分之一的提前期);材料库存从30天减少到20天,库存价值每个月减少了2万美元。

全面合作：帮助供应商改进生产技术,宝洁与供应商一起优化物料结构,协调供应商与宝洁的生产计划,宝洁雇用第三方物流代替客户自有的物流。

效果：供货周期从原来的7天减少到2天,可靠性从88%增加到97%,成本则下降11%。

从宝洁的例子可以看出,分类要与供应链运作的具体情况相适应;详细分类并采取有针对性的策略可以实现显著的优化供应链。当你对供应链整体优化方法无解的时候,不妨先对你的业务详细分类,分类可以引导你找到优化方法。

思考题：保洁公司的采购优化思路是什么(见图3-16)?

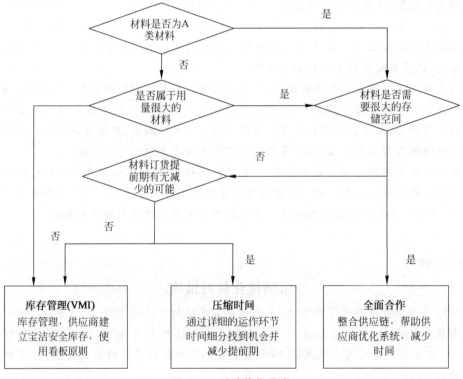

图3-16　采购优化思路

技能训练

一、简答题

1. 供应链构建的原则?

2. 供应链设计的步骤?

3. 集成动态建模的过程?

4. 供应链构建的设计方法?

二、论述题

1. 试阐述构建供应链的方法和步骤?

2. 供应链重构和优化的基本原则?

三、实训题

网上搜索海尔供应链发展,总结其优化供应链的方法和关键所在。

第四章

供应链合作伙伴选择

【学习目标】
- 理解供应链合作伙伴的核心,掌握供应链合作伙伴关系的演变过程;
- 掌握供应链合作伙伴的选择标准与原则。

【技能目标】
- 学会运用供应链合作伙伴评价方法分析合作伙伴;
- 能够区分供应链关系和传统的供应商关系。

沃尔玛与宝洁经典的供应链合作

宝洁与沃尔玛在过去几十年创造了零售供应链经典合作。

沃尔玛与宝洁都是从小镇起家,经过几个世纪的发展,发展成为全球最大的零售商与快速消费品制造商。宝洁于 1985 年进入中国,沃尔玛于 1996 年进入中国。宝洁最近的一次收购行动是在去年收购了吉列,而沃尔玛最近的一次收购行动是在英国收购了一个叫阿斯达的零售商。宝洁与沃尔玛的总部均在美国。

回溯至 1987—1988 年,宝洁与沃尔玛的合作也都只停留在一些杂事或是对销售价格进行争论。两家企业的沟通还停留在宝洁的销售与沃尔玛的采购之间的买卖关系。两家企业还都只关注自己内部的业务。但是到了 20 世纪 90 年代末,沃尔玛总裁山姆·沃尔顿与宝洁总裁皮特·切特进行了一次友好的独木舟野营活动,一切都发生了改变。

时至今日两家企业间的合作,已经由单点对单点的沟通即采购与销售的对话转变成多点对多点的对话,比如总裁与总裁之间的对话,物流经理与物流经理的对话,甚至是信息部与信息部之间的对话。这样两个公司便在更广和更深的层面上进行了合作。

合作是要建立共同的职责,而建立这样共同职责要注重几个方面,比如着远于长期的合作关系,整个系统与系统的合作,一切以消费者和购物者为中心,对数据进行分享等。

沃尔玛创始人山姆,沃尔顿就沟通上有段经典的论述,他说要:"尽可能的与你的伙伴和合伙人进行沟通与分享,他们知道得越多,他们理解的就越多,他们理解的越多,他们关注的就越多"。宝洁与沃尔玛合作方式的改变,其结果是两家公司共同的销售与利润的增加,两家公司成本共同的减少,最后是两家公司最后都分享了信息。

案例导学

宝洁与沃尔玛合作方式的改变导致了两家公司关系发生了改变。这种改变主要体现在首先是过去采购与销售单点对单点的对话转变成多点对多点的对话。

其次是进行了数据分享,使用同样的数据可以使双方就某一件事以相同的数据为参考,最终比较容易达成一致。再次是宝洁积极参与沃尔玛店面运营并联合一些本地的供应商积极参与沃尔玛店面的运营,使沃尔玛店面整体的面貌发生了改变。

最后是沃尔玛与宝洁更加关注长远的合作,比如加强两个公司间人员的培训,把合作的层面提高到公司的层面而不是停留在个人的层面。而事实上两家公司的合作已经超越了两家公司的本身,更多的合作是关注双方共同的生意特区。

合作是永无止境的,但是宝洁与沃尔玛也都面临着巨大的挑战,比如维护和改进现有的关系,给全球化带来的挑战,驱动供应链的创新,行业标准的开发以及行业标准的采纳。

第一节　供应链合作伙伴关系概述

经济全球化的大背景下,企业所处的竞争环境已经发生了根本性改变,复杂多变的个性化市场需求对传统的企业竞争关系提出严峻的挑战。企业单枪匹马、独闯江湖的时代已经结束,当今的竞争已经由"点"和"点"的竞争变成了"链"与"链"的竞争。

而供应链管理的理念是把位于供应链上的原材料零部件供应商、制造商、分销商、零售商、物流服务提供商和用户看作一个集成组织,通过链上各企业间的合作与分工,共同促进整个链上物流、信息流和资金流的合理流动和优化,提高整体竞争能力。

其核心思想是供应链节点企业集中精力做自己的核心业务,而把非核心的业务外包给其他企业,从而做到供应链所有企业都专注各自擅长的业务,这样就能够给整个供应链链条创造更高的价值,减小总体库存,降低总成本和快速响应客户要求。这就要求供应链中企业建立合作关系,加强企业间的协调经营,共同营造供应链整体竞争优势。

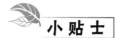

有人和上帝讨论天堂和地狱的问题。上帝对他说:"来吧!我让你看看什么是地狱。"他们走进一个房间。一群人围着一大锅肉汤,但每个人看上去一脸饿相,瘦骨伶仃。他们每个人都有一只可以够到锅里的汤勺,但汤勺的柄比他们的手臂还长,自己没法把汤送进嘴里。有肉汤喝不到肚子。只能望"汤"兴叹,无可奈何。

"来吧!我再让你看看天堂。"上帝把这个人领到另一个房间。这里的一切和刚才那个房间没什么不同,一锅汤、一群人、一样的长柄汤勺,但大家都身宽体胖,正在快乐地歌唱着幸福。"为什么?"这个人不解地问,"为什么地狱的人喝不到肉汤,而天堂的人却能喝到?"上帝微笑着说:"很简单,在这儿,他们都会喂别人喝。"

这个故事并不复杂,却蕴含了深刻的社会哲理和强烈的警示意义。同样的条件,同样的设备,为什么一些人把它变成了天堂而另一些人却经营成了地狱?关键就在于,你是选择共同幸福还是独霸利益。

一、供应链合作伙伴关系的含义

(一)供应链合作伙伴关系的含义

供应链合作伙伴关系(supply chain partnership,SCP)一般是指:在供应链内部两个或两个以上独立的成员之间形成的一种协调关系,以保证实现某个特定的目标或效益 (Maloni Benton)。对于某个具体企业而言,它既包括企业与上游供应商的关系,企业与下游客户的关系,同时也包括企业和第三方物流的关系。

从以上定义来看,对于供应链合作伙伴关系的理解要把握以下几点。

首先,供应链合作伙伴之间是长期稳定的合作,强调高度信任和战略合作,而不单是操作层面的合作。因此,相互信任的重要性是不言而喻的。它是构建和维系供应链合作伙伴关系的基础,是伙伴间稳定合作的必要保障。

其次,合作伙伴之间彼此交换的不仅是有形的物质,还包括研发、信息、物流以及技术、生产、管理等方面的相互支持和帮助。供应链合作伙伴之间,不只注重物品的供求及价格问题,更要注重合作后服务水平的提高。因此它意味着合作方要在新产品、新技术的共同研发和数据与信息的共享等做出共同努力。

最后,供应链合作伙伴关系建立的目的是双赢(Win-Win)。企业以追求利润为经营目的,参与到供应链中的根本目的也是提高企业自身利润。因此,建立合作伙伴关系要保证合作双方的利益,甚至是合作各方的共同利益,这样才能激发企业合作的积极性。

供应链合作伙伴关系的建立和管理直接影响着供应链的稳定和整体竞争能力的提高。建立供应链合作伙伴关系可以提高合作双方共享信息水平,减少不确定性,降低整个供应链产品的库存总量,降低成本,提高整个供应链的运作绩效,从而实现"双赢"和"共赢"的目的。因此,供应链合作伙伴关系的建立是供应链管理的基础与核心,没有稳定和坚实的合作关系就无法实现供应链的正常运作,也就谈不上供应链的管理了。

但供应链合作伙伴关系的潜在效益往往不会在建立之初马上显现出来,而是要在建立后三年左右甚至更长时间才能转化成实际利润或效益。因此企业只有着眼于供应链管理的整体竞争优势的提高和长期的市场战略,才能从供应链的合作伙伴关系中获得更大效益。

(二)供应链合作伙伴关系的演变过程

可以讲,供应链在物物交换之时就已存在,随着社会形态的变化和经济的发展,供应链的作用日益凸现,开始逐渐被人们所认识。时至今日,供应链已经引起了全世界的关注。从这个角度来说,供应链上的企业关系也就有了漫长的演变过程,可以大致将这个过程划分为以下三个阶段。

1. 传统关系

20世纪70年代前,企业之间是以传统的产品买卖为特征的短期合同关系。这种关系是基于价格的博弈关系,企业之间基本上是处于讨价还价的竞争状态,因此这一阶段更准确地讲,企业之间是竞争关系。在买方市场下,买方可以在卖方之间引起价格的竞争并在卖方之间分配采购数量来对卖方加以控制。而在卖方市场下,卖方利用有限的产品来控制买方。

2. 物流关系

20世纪七八十年代,随着竞争环境和管理技术的不断变化,供应链上企业关系发生了变化,即由传统关系转变为物流关系。在此阶段,企业之间的关系以加强基于产品质量和服务的物流关系为特征,将物料从供应链上游到下游的转换过程进行集成,注重服务的质量和可靠性,在产品质量、柔性、准时等方面对供应商的要求较高。

在此演变过程中，JIT 和 TQM 等管理思想起了催化剂的作用。为了达到准时化生产，要求企业各部门之间、企业之间的沟通与合作更为方便、透明，因此从技术上要求伙伴之间在信息共享、协同作业、并行工程方面相互沟通和协作，这种伙伴关系都是建立在技术层面上的，以物流关系为纽带。

3. 合作伙伴关系

随着竞争的日益激烈，竞争日益表现为供应链与供应链之间的竞争，这就产生了基于战略联盟的伙伴关系的企业模型。到了这一阶段，供应链上的企业之间在信息共享、服务支持、并行工程、群体决策等方面合作，强调基于时间（time-based）和基于价值（value-based）的供应链管理，体现了供应链上各节点企业之间的资源集成与优化。

从产品的研发、生产、配送、交付等整个供应环节实现企业之间的协作，企业之间进行流程优化、业务重组，这是一种最高级别的企业关系模式。随着动态联盟、虚拟制造等思想的应用，企业之间的这种强强联合的伙伴关系更加紧密。

基于这种伙伴关系，市场竞争的策略就是基于时间的竞争和价值链的价值让渡系统管理，或基于价值的供应链管理。

供应链合作伙伴关系演进过程如图 4-1 所示。

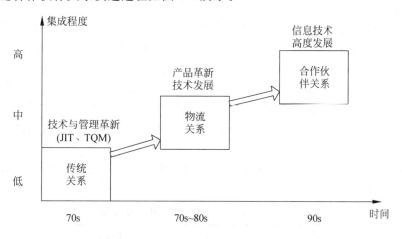

图 4-1 供应链合作伙伴关系演进过程

什么是战略合作伙伴？

辞海说：战略是"对战争全局的筹划与指导。是依据国际、国内形势和敌对双方政治、经济、军事、科学技术、地理等因素确定的。

战略解决的主要问题是：对战争的发生、发展及其特点、规律的分析与判断，战略方针、任务、方向和作战形式的确定，武装力量的建设和使用，武器装备和军需物资的生产，战略资源的开发、储备和利用，国防工程设施，战略后方建设，战争动员，以及照顾战争全局各方面、各阶段之间的关系等。或泛指重大的、带全局性或决定全局的谋划。

（三）供应链合作伙伴关系与传统供应商关系的区别

通过以上内容的介绍,可以看出供应链合作伙伴关系与传统供应商关系是有着很大差别的。

首先,传统的供应商关系大多局限于制造商与供应商,制造商与分销商、零售商之间;而供应链上的合作伙伴不仅有供应商与制造商,且分销商、零售商、终端客户甚至第三方物流企业都属于供应链的组成部分。因此从关系对象上就存在数量上的区别。

其次,企业之间关系也有极大不同,传统供应商关系是建立在买卖基础上的短期或者临时的合同关系,因此双方的主要精力都集中在价格的竞争上;而供应链合作伙伴关系则是建立在长期合作基础上的互相支持,互相扶助以取得双赢局面的关系。

从双方的交换对象上看,传统供应商关系下,双方只是进行有形商品的交换;而供应链合作关系下,双方不仅限于物质的交换,更重要的是信息、服务、研发、技术以及物流等方面的交换。

传统关系下,企业对于供应商的选择标准主要是集中在价格上,在此基础上企业才考虑供货质量和时间的问题;而在供应链合作关系下企业选择供应商除了要考虑价格和供货质量外,还要考虑多种因素包括供应商的供货能力、经营业绩、发展潜力等,以保证与供应商的长期稳定合作。

从供应商数量来看,传统关系下企业供应商数量较多,更换频繁,稳定性差;供应链合作关系下,企业会选择少数甚至是唯一的供应商以建立长期合作,具有较强的稳定性。当然也要认识到单一供应源对于企业是存在这较大风险的。

传统关系下,企业与供应商之间信息不对称,双方都会为了各自的利益隐瞒部分信息;供应链合作关系下,企业之间信息共享程度较高。传统关系下质量控制发生在事后,企业只能通过到货验收掌握;供应链合作关系下企业可以全程参与和监控供应商研发和生产,从而保证质量。

除了以上方面外,供应链合作伙伴关系与传统供应商关系还有在其他方面的区别,详情如表 4-1 所示。

表 4-1　传统供应商关系与供应链合作伙伴关系的区别

比较要素	传统企业关系	供应链合作关系
相互交换的主体	物料	物料、服务、技术等核心资源
供应商选择标准	价格,投标	多标准评估(交货的质量、准时性、可靠性、服务等)
稳定性	变化频繁	长期、稳定、互信
合同性质	单一	开放的长期合同
供应批量	小	大
供应商数量	多	少
供应商规模	小	大
供应商定位	当地	无界限(国内和国外)
信息交流	信息专用、严格保密	信息共享
技术支持	不提供	提供
质量控制	输入检验控制	制造商的标准管理和供应商的全面质量管理
选择范围	投标评估	广泛评估可增值的供应商

二、供应链合作伙伴关系建立的动力

供应链合作伙伴关系建立的动力是指驱动企业寻找合作伙伴构建供应链的内在和外在因素,归根结底,主要在于企业对不断变化的市场需求响应和竞争应对。

满足市场需求是企业获得利润的源泉。市场需求在不断发生变化,因此响应日益复杂化的市场需求是企业建立合作伙伴关系的直接动力之一。而企业要想生存并不断壮大就必须具备应对竞争的能力。

在愈演愈烈的竞争中要获得一席之地,企业必须具有自己的核心竞争力。为了提升自身的核心竞争力,企业趋向于外包非核心业务,这必然推动企业寻求合作伙伴。

(一)市场需求的变化

市场需求是企业经营活动的驱动源。企业一切经营活动的目的都是为了满足市场需求。而当市场需求变得越来越多样化、复杂化、个性化时,企业就需要在最短的时间内响应市场需求,这样才能提高自身的竞争力并赢得顾客。

而要想更快更好的满足市场需求,企业也必须选择恰当的合作伙伴,并通过与合作伙伴的战略合作、信息共享为满足市场需求而共同努力。

市场需求的变化表现为顾客期望的不断提高。具体表现在以下几个方面。

1. 个性化的产品设计

买方市场的到来,使顾客需求水平不断提高。顾客不再满足产品功能的简单实现,而是越来越注重差别化、个性化的产品。个性化的产品设计由顾客直接确定最终产品的特征,根据顾客的要求修正产品设计。根据顾客的需求量身定做已经成为企业争得市场份额的有效途径之一,但同时它也对企业的柔性化生产提出了更高的要求。

2. 广阔的产品选择范围

顾客购买商品时希望有更大的选择余地、有更多的比较,以便从中选择到最能满足自己需求的产品。为赢得市场,企业必须努力增加产品研发力度,不断推出新的产品,以满足顾客的需求。但随着科学技术的进步,产品差异化的优势越来越难以持续,这为企业的生产带来了越来越大的压力。

3. 优异的质量和可靠性

产品的质量和可靠性是产品的最基本要求。如今顾客对于产品的质量和可靠性的关注程度已经越来越高。而质量和可靠性的提高也是一个系统工程,要从原料的选择、产品的设计、生产工艺以及质量检查等多个环节入手来实现,因此需要供应链上各个环节企业的努力。

4. 快速满足顾客要求

在产品差异化越来越难以持续的今天,快速满足顾客的要求也是赢得市场的最佳方式之一。快捷的反应可以使顾客对产品或服务印象深刻、提高满意度,从而实现差别化。快速响应不但可以更好地满足市场需求,而且可以降低企业投资风险、提高竞争优势,因此为企业带来的好处是显而易见的。但这也要求企业的产品研发设计、生产技术、物流管理等多方面都具备较高水平。

5. 高水平的顾客服务

顾客服务是为了满足供应链最终顾客的需求,满足渠道中各成员所有的订单条款、所有的运输、所有的货物、所有的托运、所有的产品维修控制等各项活动的需求,同时获得来自下游企业必要的信息。

顾客在购买商品时,通常不仅注重产品自身,更注重与产品相关的服务,如售前服务、售中服务和售后服务等。因此高水平的顾客服务是提高顾客忠诚度的重要手段。这同样也对企业提出了更高的要求。

市场需求的不断变化为企业经营活动带来了越来越大的压力和挑战,因此也推动了企业寻求合作伙伴来共同化解这些压力和挑战,更好地满足顾客。

(二)应对竞争

企业要应对竞争并在竞争中取胜,必不可少的一件法宝就是核心竞争力。而要强化核心竞争力,企业必须将有限的资源和精力投入核心业务上,对于非核心业务,企业就需要选择外包。因此,应对竞争这一动力、就进一步分解为核心竞争力的提升和业务外包。

1. 核心竞争力的培育和提升

核心竞争力是建立在企业核心资源的基础之上的企业技术、产品、管理、文化的综合优势在市场上的反应。核心竞争力是一个组织内部具有的一系列互补的技能和知识的结合,既有一项或多项业务达到竞争领域一流水平的能力、又为顾客提供某种特殊的利益。它是企业所独有的,且不易被其他企业模仿的一种能力或优势。

在竞争日益激烈的今天,企业核心竞争力的培育和提升是取得竞争胜利的保证,是企业借以在市场竞争中取得并扩大优势的决定性力量。

核心竞争力具有价值优越性、难替代性、差异性、可延伸性等特点。比如索尼数码产品设计创新能力,宝洁、百事可乐的品牌管理及促销能力,丰田的精益生产能力,戴尔的定制化产品提供能力等都是核心竞争力。

与其他企业建立合作伙伴关系是保持核心竞争力的有效手段,企业的非核心业务由合作伙伴来完成,那么企业就能将有限的资源集中在自身核心竞争力的培养上。因此供应链伙伴关系既是保持和增强自身核心竞争力的需要,也是企业在其他领域利用其他企业核心竞争力从而提高竞争实力的途径。

提升核心竞争力是目标,而实现此目标的手段就是将企业的非核心业务外包,因此外包与核心竞争力的提升是分不开的。它也是建立合作伙伴关系的间接动力。

2. 业务外包

业务外包是指企业专注于核心竞争力的构建,而将非核心业务外包给其他企业,企业要强化自身的核心竞争力,就必然要将自己有限的资源投入核心优势上,而将不擅长的业务外包出去。因为业务外包可以帮助企业集中优势资源,从而以更低的成本、更快的速度满足顾客。

外包是一种长期的、战略的、相互渗透的、互惠互利的业务委托和合约执行方式,可以借助合作方的专业化和规模效应降低企业成本、提高产品和服务质量、增加企业柔性以及有效提升核心竞争力。

在实施业务外包活动中,确定核心竞争力是至关重要的。因为在没有认清什么是自身的核心竞争优势之前,从外包中获得利润几乎是不可能的。核心竞争力首先取决于知识,而不是产品。企业可采取的具体外包形式包括以下几种:

(1)研发外包

所谓的研发外包就是将企业价值链上研究开发这一个环节外包给外部做研发更优秀的企业、科研组织或学校去完成,以达到合理利用资源、增强企业竞争力的目的。采用研发外包的方式可以分担风险、节约成本、缩短研发周期,使产品快速上市占得先机。但即使实现研发外包的企业,也应该设有自己的研发部门和保持相当的研发力量。因为外包企业要保持其技术优势,必须具备持续创新能力。

(2)生产外包

生产外包一般是企业将生产环节安排到劳动力水平较低的国家,以提高生产环节的效率。许多国际性的大企业都将自己的资源专注在新产品的开发、设计和销售上,而将生产及生产过程的相关研究外包给其他的合同生产企业。如耐克专注于产品研发设计环节,而生产环节则大多外包给全球劳动力成本较低的国家(如中国、印度等)的企业。

(3)物流外包

所谓物流外包,即制造或销售等企业为集中资源、节省管理费用、增强核心竞争力,将其物流业务以合同的方式委托给专业的物流公司(第三方物流,3PL)运作。

物流外包不仅降低了企业的整体运作成本,更重要的是使买卖过程摆脱了物流过程的束缚,企业摆脱了现存操作模式和操作能力的束缚,使供应链能够在一夜之间提供前所未有的服务。

(4)应用服务外包

应用服务外包(ASP)是通过网络向委托方提供应用软件的租赁、外包服务的一种外包形式,委托方只需付出少量的租用成本就可以进行数字化管理,并获得ASP厂商的专业技术支持。许多企业已经普遍将信息系统业务在规定的服务水平基础上外包给应用服务提供商,由其管理并提供用户所需的信息服务。

三、建立供应链合作关系的制约因素

在内在、外在动力的驱使下,企业开始构建供应链并选择恰当的企业与之建立合作伙伴关系,但在此过程中,还会受到许多因素的制约和影响。

(一)最高管理层态度

最高管理层的态度在很大程度上决定了供应链合作关系的建立。首先合作双方的最高层领导要认同合作伙伴关系建立的必要性,重视合作程度对于维持供应链稳定性的作用,并有意愿在深层次上进行长期密切合作,建立共同发展、实现"双赢"的战略伙伴关系。其次只有最高层领导赞同合作伙伴,企业之间才能保持良好的沟通,建立相互信任的关系,从而建立稳定、长期、良好的合作关系。

(二)企业战略和文化

战略是企业的神经,文化是企业的灵魂,两者是供应链合作伙伴关系建立过程中不可忽视的因素。企业结构和文化的冲突和矛盾会最终导致合作关系的破裂。因此要了解合作伙伴的企业战略和文化,解决社会、文化和态度之间的障碍,并适当地改变企业的结构和文化,在合作伙伴之间建立统一的运作模式或体制,解决业务流程和结构上存在的障碍。

(三) 合作伙伴能力和兼容性

在选择合作伙伴时,总成本和利润的分配、文化兼容性、财务稳定性、合作伙伴的能力和定位、自然地理位置分布、管理的兼容性等方面都是需要参考的因素,只有在以上方面满足企业要求,才能够保证合作关系的建立。

(四) 信任

在供应链战略合作关系建立的实质阶段,相互之间的信任是最关键的,它是维护供应链合作伙伴关系的基础。信任是供应链合作伙伴在理性分析基础上对合作方的肯定、认同和信赖,也是供应链合作伙伴关系成功的基础和关键。合作伙伴之间的相互信任能够使双方实现真正意义上的信息共享,利用他们互补的优势和技能减少交易成本,迅速适应市场的变化。

四、供应链合作伙伴关系建立的意义

供应链合作伙伴关系的建立是供应链构建,以及供应链管理的重要基础,具有重大意义。

(一) 减少不确定因素,降低库存

企业的生产环境中到处充斥着不确定因素,这些因素使企业的经营和管理难度加大。建立供应链合作伙伴关系,可以实现需求与供给信息的共享,能使许多不确定性因素明确,从而减少或消除供需关系上的不确定因素,进一步加强供应链的协调性。

不确定性的减少可以缓解供应链上需求变异放大现象,从而降低各环节的库存水平,进而降低供应链的总体成本。

(二) 加强企业的核心竞争力

企业的资源和精力是有限的,因此随着社会分工的不断细化,企业必须将自己有限的资源和精力集中在核心业务上。以战略合作关系为基础的供应链,能使企业将资源集中在核心业务上,而将非核心业务外包给以此为核心业务的合作伙伴,从而使供应链上的各企业都集中力量于自身的核心竞争优势,充分发挥"强强联合"的整体优势,提高供应链整体的竞争实力。

(三) 快速响应市场

一方面,需求与供应信息的有效共享,可以使供应链上的企业迅速开展新产品的设计和制造,甚至一些环节企业可以实现并行作业,从而使新产品响应市场的时间明显缩短;另一方面,供应链上各企业都集中资源于自身的核心业务,因此,实现了优势互补,从而提高供应链整体响应能力和响应速度。

(四) 用户满意度增加

在产品设计过程中,通过销售环节企业的信息,制造商可以更准确地把握市场需求,

从而研发设计出更符合市场需求的产品。在制造过程,供应商及时、准确、高质量的供应可以缩短生产周期,提高产品质量,从而以优质的产品更快地响应市场。

通过供应链上企业的同心协力,顾客对产品的反馈信息可以及时在企业间共享并得到解决,因此使售后服务得到保证。产品和服务质量的提高,必然增加用户满意度。

第二节 供应链合作伙伴的选择标准与原则

一、供应链合作伙伴的类型

供应链的构建主体即合作伙伴选择的主动方通常是由供应链上的核心企业来扮演。核心企业可能是制造企业或零售企业。

根据企业对供应链的增值能力和影响能力,可以把供应链合作伙伴关系划分为 4 种类型:普通合作伙伴、有影响力的合作伙伴、竞争性/技术性合作伙伴和战略性合作伙伴,如图 4-2 所示。

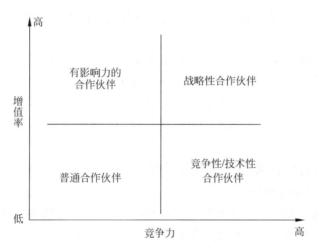

图 4-2　供应链合作伙伴类型

纵轴代表的是合作伙伴在供应链中增值的作用,对于一个合作伙伴来说,如果他不能对增值作出贡献,他对供应链的其他企业就没有吸引力。横轴代表某个合作伙伴与其他合作伙伴之间的区别,主要是设计能力、特殊工艺能力、柔性、项目管理能力等方面的竞争力的区别。

在实际运作中,企业应根据不同的目标选择不同类型的合作伙伴。对于长期需求而言,要求合作伙伴能保持较高的竞争力和增值率,因此最好选择战略性合作伙伴;对于短期或某一短暂市场需求而言,只需选择普通合作伙伴即可,以保证成本最小化;对于中期需求而言,可根据竞争力和增值率对供应链的重要程度的不同,选择不同类型的合作伙伴(有影响力的或竞争性/技术性的合作伙伴)。

二、供应链合作伙伴选择的标准

随着市场需求不确定性的增强,合作各方尽可能削弱需求不确定性的影响和风险。

因此供应链合作伙伴的选择已不仅限于企业之间的交易价格本身的考虑,还有很多方面值得双方关注,比如,制造商总是期望他的供应商完善服务,搞好技术创新,实现产品的优化设计等。

(一) 供应链合作伙伴选择的基本因素

在选择合作伙伴时首先必须考虑以下三个最基本的因素。

1. 成本

企业选择合作伙伴的一个关键的目的是要降低成本,因此企业要对各备选合作伙伴的成本进行核算,以保证降低成本、增强利润,即实现供应链总成本最小化,实现多赢的战略目标。这要求伙伴之间具有良好的信任关系,从而降低连接成本。

2. 核心竞争力

企业寻找合作伙伴的根本原因是要集中资源培养和提升自身的核心竞争力,同时将自己的非核心业务外包给擅长做这些业务的企业,从而实现优势互补,提升整条供应链的竞争力。因此这就要求合作伙伴必须拥有各自的核心竞争力,同时这种核心竞争力又是企业实施供应链管理所需要的。这是建立合作伙伴关系的必要条件。

3. 价值观

价值观和战略思想是企业一切经营活动的灵魂和导向,合作企业与企业拥有一致的价值观和战略思想,才可能建立合作伙伴关系。比如当企业注重的是顾客的服务质量,那么它与单纯追求低成本的供应商就无法实现合作。

以上三个因素是建立合作伙伴关系的前提条件。只有满足这三条,才有建立合作伙伴关系的必要和可能。

(二) 供应链合作伙伴选择的其他因素

1. 工艺与技术的连贯性

合作伙伴与企业间生产工艺和技术要具有连贯性,这样才能保证供应链合作伙伴关系的建立和维系。因为如果合作伙伴与企业在工艺与技术方面存在较大的差异和断层,必然会制约合作后企业先进技术的引进和运用,最终影响供应链的整体运作。

2. 企业的业绩和经营状况

合作伙伴的业绩和经营状况可以反映其综合能力和整体运作情况,而且在一定程度上还可以反映出企业的发展潜力和前景,因此是企业的重要参考因素。通过对合作伙伴的业绩和经营状况的了解,企业可以了解合作伙伴的整体运作情况。

3. 信息交流与共享

供应链管理的有效实施是以信息及时、准确的传递甚至是共享为基础的。因此为了保证供应链上信息的有效传递,在选择合作伙伴时,还要确认其是否有信息交流和共享的意愿,以及是否具备相应的信息技术和设备等以满足供应链上信息的有效交流和共享。

4. 响应速度

企业面对的市场环境在不断发生变化,而供应链管理的一个主要目标就是把握快速变化的市场机会,因此要求各个企业具有较高的敏捷性,要求对来自供应链核心企业或其他伙伴企业的服务请求具有一定的快速反应能力,从而提高整个链条的反应能力和响应速度。

5. 风险性

由于供应链自身的结构特征就决定了供应链的运营要比单个企业的经营具有更高的风险性。例如市场风险依旧存在,只不过在个体伙伴之间得到了重新分配,因为伙伴企业面临不同的组织结构、技术标准、企业文化和管理观念,所以必须认真考虑如何通过伙伴的选择,尽量回避或减少供应链整体运行风险。

6. 合作伙伴数量与质量

合作伙伴的越多,企业管理难度越大,相应的管理成本也越高,而且不利于合作的稳定性和长期性。因此合作伙伴的选择要注重质量而非数量。尽量选择少数优秀的合作伙伴并建立稳定长期合作,这样可以保证供应链的整体水平。但也要注意避免某一环节上只有一个合作伙伴,因为如果某一环节只有单一供应源,一旦合作伙伴出现问题,那么整条供应链都可能会中断甚至破裂。

三、供应链合作伙伴的评价与选择

自 20 世纪 80 年代末供应链管理兴起,"合作""共赢"的思想受到越来越多企业的关注。而随着供应链协同管理的兴起,合作伙伴关系成为新的重点,对合作伙伴的选择更因其在构建供应链时的重要性与现实性成为重中之重。

选择适当的合作伙伴是供应链管理成功运营的关键环节。合作伙伴不当,供应链就无法正常运作,这不仅会降低企业的利润,还会使企业失去与其他企业合作的机会,从而无形中抑制了企业竞争力的提高。

因此,企业必须建立有效的评估体系,从管理水平、生产研发能力、合作诚意、产品的交货时间、质量、售后服务和产品价格等方面全面对合作企业进行考核,选择真正具有合作诚意、能够与企业实现优势互补的合作伙伴。

(一) 供应链合作伙伴选择的方法

供应链合作伙伴选择方法可以分为定性方法、定量方法、定性与定量相结合三大类。

1. 定性方法

定性方法的基本原理是根据以往的经验和与合作伙伴的关系进行主观判断。这类方法简单易行。费用低,但易产生逆向选择,仅适用于备选者不多时对次要合作伙伴的选择。具体方法主要包括以下几种。

(1) 直观判断法

直观判断法是选择供应链合作伙伴最简单的方法。一般用于企业非关键性合作伙伴的选择。它是根据征询和调查所得的资料并结合分析判断,对合作伙伴进行分析、评价的一种方法。这种方法主要是倾听和采纳经验丰富的采购人员的意见,或者直接由采购人员凭借经验做出判断。

(2) 招标法

当订购数量大,合作伙伴竞争激励时,通常采用招标法选择合作伙伴。招标法是招标方公开或向若干备选对象发出招标信息,投标方按照招标条件、要求提供相关资料参加竞标,最终由招标方做出决定,选择最能满足自己要求的企业并签订合同或协议,作为合作伙伴。

招标法可以是公开招标,也可以是指定竞级招标。公开招标对投标者的资格不与限制;指定竞标则由企业预先选择若干个可能的合作伙伴,再进行竞标和决标。招标方法竞争性强,企业能在更广泛的范围内选择适当的合作伙伴,以获得供应条件有利的、便宜而适用的物资。

但招标法手续较繁杂,时间长,不能适用紧急订购的需要,而且招标法订购机动性差,有时订购者对投标者了解不够,双方未能充分协商,造成货不对路或不能按时到货。

(3) 协商法

协商法是企业选择几家比较有利的备选对象,再分别同他们进行协商,最终确定适当的合作伙伴。协商法选择范围相对较小,因此可能选择的合作伙伴不是最优秀的。但与招标法相比,协商法之下,供需双方可以进行充分协商,在质量、交货期、售后服务等方面可以较有保障。

但由于选择范围有限,不一定能得到价格最合理、供应条件最有利的供应来源。因此适用于时间紧迫。投标单位少、竞争程度小。物资规格和技术条件复杂的条件。

2. 定量方法

由于单一的定性方法缺少科学依据因此局限性较大,而定量方法的应用则可以提高合作伙伴的合理性和有效性。定量方法主要包括以下几种。

(1) 采购成本比较法

采购成本一般包括售价、采购费用、运输费用等支出。采购成本比较法是通过计算分析与各个备选对象的采购成本,最终选择成本最低的作为合作伙伴。当备选对象的质量、供货期等方面条件基本相当时,比较适合选用这种方法。

(2) ABC 成本法

20 世纪 90 年代中期产生了基于活动的成本法(activity based costing,ABC),基本思想是通过计算备选合作伙伴的总成本选择最佳者。

鲁德霍夫(Rood Hooft)和科林斯(Jozef Konings)在 1996 年提出基于活动成本(Activity Based Costing Approach)分析法,通过计算合作伙伴的总成本来选择合作伙伴,他们提出的总成本模型为

$$S_i^B = (P_i - P_{\min}) \cdot Q + C_j^B \cdot D_{ij}^B$$

式中:S_i^B——第 i 个合作伙伴的成本值;

$\quad P_i$——第 i 个合作伙伴的单位销售价格;

$\quad P_{\min}$——合作伙伴中单位销售价格的最小值;

$\quad Q$——采购量;

$\quad C_j^B$——因企业采购相关活动导致的成本因子 j 的单位成本;

$\quad D_{ij}^B$——因合作伙伴 i 导致的在采购企业内部的成本因子 j 单位成本。

这个成本模型用于分析企业因采购活动而产生的直接和间接的成本的大小,企业将选择成本值最小的合作伙伴。

3. 定性与定量结合的方法

面对客观存在的难以定量化的因素,纯粹的定量方法在实际操作中还存在一定的局限性,因此定性与定量结合的方法更为科学、实用。

（1）层次分析法

层次分析法是一种定性与定量相结合的工具,在许多领域都有应用。20 世纪 70 年代由著名运筹学家赛惕（T. L. Satty）提出。韦伯（Weber）等提出利用层次分析法分别用于合作伙伴的选择,其基本原理是通过对目标、子目标、约束条件、部门等的评价方案,采用两两比较的方法确定判断矩阵,然后把判断矩阵的最大特征相对应的特征向量作为相应的系数,最后综合给出各方案的权重（优先程度）。

由于该方法让评价者对照相对重要性函数表,给出因素两两比较的重要性等级,因而可靠性高、误差小,不足之处是遇到因素众多、规模较大的问题时,该方法容易出现问题,如判断矩阵难以满足一致性要求,往往难于进一步对其分组。

（2）神经网络算法

神经网络算法是 20 世纪 80 年代后期的一种新型学科,可以模拟人脑的某些智能行为,具有自学习、自适应和非线性动态处理等特征。这里将神经网络算法应用于供应链管理环境下合作伙伴的综合评价选择,意在建立更加接近于人类思维模式的定性与定量相结合的综合评价选择模型。

通过对给定样本模式的学习,获取评价专家的知识、经验、主观判断及对目标重要性的倾向,当对合作伙伴做出综合评价时,该方法可再现评价专家的经验、知识和直觉思维,从而实现了定性分析与定量分析的有效结合,也可以较好的保证合作伙伴综合评价结果的客观性。

目前,数据挖掘、智能推理、神经网络、群体决策等更加先进的定性与定量分析相结合的方法被用于合作伙伴选择研究中。

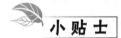

小贴士

数据挖掘是从数据库或数据仓库中发现并提取隐藏在其中的信息的一种新技术。它建立在数据库,尤其是数据仓库基础之上,面向非专业用户,定位于桌面,支持即兴的随机查询。数据挖掘技术能自动分析数据,对它们进行归纳性推理和联想,寻找数据间内在的某些关联。

（二）评价与选择步骤

供应链合作伙伴选择流程如图 4-3 所示,其评价与选择步骤如下所述。

步骤 1：分析市场竞争环境

分析市场竞争环境的目的是了解市场需求从而确认是否有建立合作伙伴关系的必要性。市场需求是企业一切活动的驱动源,因此建立基于信任、合作、开放性交流的供应链长期合作关系,首先要分析市场竞争环境。

通过收集有关顾客的需求、产品的类型和特征以及竞争对手情况等各种市场信息,以确认是否有建立供应链合作关系的必要。

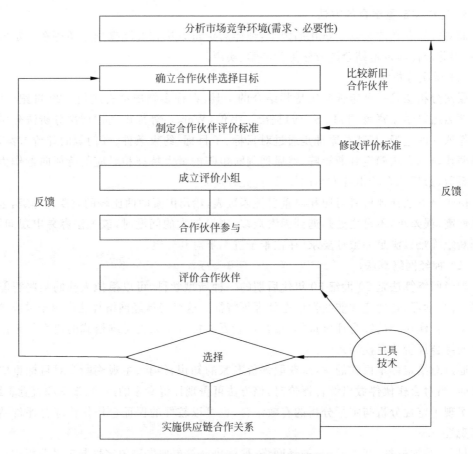

图 4-3　供应链合作伙伴选择流程

如果已建立供应链合作关系,则根据需求的变化确认供应链合作关系变化的必要性,从而确认合作伙伴评价选择的必要性。同时分析现有合作伙伴的现状,分析、总结企业存在的问题。

步骤 2:确立合作伙伴选择目标

企业必须确定合作伙伴评价程序如何实施、信息流程如何运作、谁负责,而且必须建立实质性的切合实际的目标。其中降低成本是主要目标之一,合作伙伴评价、选择不仅是一个简单的评价、选择过程,它本身也是企业自身和企业与企业之间的一次业务流程重构过程,实施得好,它可以带来一系列的利益。

步骤 3:制定合作伙伴评价标准

合作伙伴综合评价的指标体系是企业对合作伙伴进行综合评价的依据和标准,是反映企业本身和环境所构成的复杂系统不同属性的指标,是按隶属关系、层次结构有序组成的集合。

根据相应的原则,建立集成化供应链管理环境下合作伙伴的综合评价指标体系,不同行业、企业、产品需求,不同环境下的合作伙伴评价应是不一样的。但不外乎都涉及合作伙伴的业绩、设备管理、人力资源开发、质量控制、成本控制、技术开发、用户满意度、交货协议等可能影响供应链合作关系的方面。

在评价和选择合作伙伴时，应建立有效、全面的综合评价指标体系。综合评价指标体系的设置应遵循以下原则：

1. 系统全面性原则

评价指标体应能全面系统地反映出合作伙伴目前的综合水平，还应包括企业发展前景的各方面指标。

2. 简明科学性原则

评价指标体系的大小也必须适宜，即指标体系的设置应有一定的科学性。如果指标体系过大，指标层次过多、指标过细，势必将评价者的注意力吸引到细小的问题上；而指标体系过小，指标层次过少、指标过粗，又不能充分反映供应商水平。一般情况下，相对值指标优于绝对值指标，客观评价指标优于主观评价指标。

3. 稳定可比性原则

评价指标体系的设置应具有一定的稳定性，即不会因评价对象、评价时间等变化而发生较大变动，同时还应考虑到易于国内其他指标体系相比较，且所设计的评价指标必须能够在同一企业的不同组织之间进行比较。

4. 灵活可操作性原则

评价指标体系应具有足够的灵活性，以便企业能根据自己的特点以及实际情况，对指标灵活运用。同时还要具有可操作性，即指标可量化，数据的收集和评价指标的计算方法要有明确规定，便于评价的实施。

结合以上原则，还要考虑评价指标必须与企业目标相适应，且每一个评价指标的目的要明确，被评估的组织单位可以控制评价指标，在设计过程中还应与所涉及的人员共同讨论共同设计评价指标。

根据企业研究调查，影响合作伙伴选择的主要因素一般可归纳为4类：企业业绩、业务结构与生产能力、质量系统、企业环境。

步骤4：成立评价小组

企业必须建立一个小组以控制和实施合作伙伴评价。组员以来自采购、质量、生产、过程等与供应链合作关系密切的部门为主，组员必须有团队合作精神、具有一定的专业技能。评价小组必须同时得到制造商和合作伙伴企业最高领导层的支持。

步骤5：合作伙伴参与

一旦企业决定进行合作伙伴评价，评价小组必须与初步选定的合作伙伴取得联系，以确认他们是否愿意与企业建立供应链合作关系，是否有获得更高业绩水平的愿望。企业应尽可能早地让合作伙伴参与到评价的设计过程中来。然而因为企业的力量和资源是有限的，企业只能与少数的、关键的合作伙伴保持紧密合作，所以参与的合作伙伴不能太多。

步骤6：评价合作伙伴

评价合作伙伴的一个主要工作是调查、收集有关合作伙伴的生产运作等全方面的信息。在收集合作伙伴信息的基础上，就可以利用一定的工具和技术方法进行合作伙伴的评价了。

在评价的过程后，有一个决策点，根据一定的技术方法选择合作伙伴，如果选择成功，则可开始实施供应链合作关系,如果没有适合做伙伴可选,则返回步骤 2 重新开始评价选择。

步骤 7:实施供应链合作关系

在实施供应链合作关系的过程中,市场需求将不断变化,可以根据实际情况的需要及时修改合作伙伴的评价标准,或重新开始合作伙伴评价选择。在重新选择伙伴时,应给予旧合作伙伴评价标准,或重新开始合作伙伴评价选择。在重新选择伙伴时,应给予旧合作伙伴以足够的时间适应变化。

(三)建立供应链合作关系注意的问题

在建立合作伙伴关系过程中,要注意以下问题:

1. 选择合作伙伴不只是选择战略性合作伙伴

从上面的介绍中可知,根据在供应链中的增值作用及其竞争实力,合作伙伴分成普通合作伙伴、有影响力的合作伙伴。竞争性合作伙伴和战略性合作伙伴 4 种类型。

供应链战略性合作伙伴的建立,可以降低供应链总成本、降低供应链上的库存水平、增强信息共享水平、改善相互之间的交流、保持战略伙伴相互之间操作的一贯性,最终产生更大的竞争优势,进而实现供应链节点企业的财务状况、质量、产量、交货、用户满意度以及业绩的改善和提高。

因此,许多企业认为只有战略性合作伙伴才是真正的合作伙伴,选择伙伴就是选择战略性合作伙伴。然而,不同的供应链目标需要选择不同类型的合作伙伴,而非一概建立或选择战略性合作伙伴。这是一个需要注意的问题。

2. 并非所有的客户都应该成为合作伙伴

供应链合作伙伴关系对供需双方来说具有重要意义,会形成一个双赢的局面,因而,许多企业会认为应该与所有的客户都建立合作伙伴关系。事实上,有许多看似确实不错的合作伙伴关系,最后获得的成效甚至无法弥补建立合作伙伴关系所花费的成本与精力。换言之,当企业关系只涉及非常单纯的产品服务的传递,或者当基本的运送目标非常标准且固定时,合作伙伴关系的缔结就没有任何意义可言。

毕竟,建立合作伙伴关系是一种高风险的策略,一旦失败将会导致大量的资源、机会与成本的浪费,比传统的供应商关系更加糟糕。因此,企业必须有选择性地运用伙伴关系策略。

3. 合作伙伴不应只包括供应商

在涉及供应链合作伙伴选择的问题时,许多企业只是把供应链的上游企业——供应商列入合作伙伴的范围,而往往忽略了供应链下游企业——分销商或者第三方物流企业。事实上,分销商更贴近用户,更知道用户的喜好,从而能在新产品的需求定义方面提出更为恰当的建议,使产品的设计能做到以用户需求来拉动,而不是传统地将产品推向用户。

而第三方物流企业是企业原材料和产品流通的重要保障,会直接影响到企业的生产和销售。因此,在选择供应链合作伙伴时,切不可忽视分销商的选择问题。不但如此,还要与分销商建立合适的合作伙伴关系,保证企业的产品有畅通的出口,进而确保供应链的成功。

4. 合作伙伴选择不是一种阶段性行为

供应链合作伙伴关系一般都有很好的延续性和扩展性。这就需要企业在进行供应链合作伙伴选择之前就对整个供应链有一个宏观和长期的规划,也就是说要考虑的尽量全面、具体,并要充分照顾到供应链未来的发展以方便合作伙伴关系的升级,这也是企业供应链的可持续发展问题。

因为供应链合作伙伴的选择是一项复杂的系统工程,对于可以进一步合作的伙伴简单地弃之不用,不仅会浪费企业的投资,还会造成时间、人工等资源的巨大浪费。因此,基于时间要求、资源利用和发展要求等因素,企业在进行供应链合作伙伴选择时应当首先做好总体规划,然后在此前提下再分步实施,把那些迫切需要加强合作的合作伙伴关系提前建立起来,把可以迟一步考虑的合作伙伴放在以后再进行接触。

5. 合作伙伴的数量并非越少越好

有些企业在选择供应商时,趋于采用更少甚至单一供应商,以便于更好的管理供应商,与供应商建立长期稳定的供需关系。从理论上说,企业通过减少供应商的数量,一方面可以扩大供应商的供货量,从而使供应商获得规模效益,企业和供应商都可以从低成本中受益;另一方面有利于供需双方形成长期稳定的合作关系,质量更有保证。

但是,采用更少甚至单一供应商,一方面由于发生意外情况、缺乏竞争意识,供应商可能中断供货,进而耽误企业生产;另一方面由于供应商是独立性较强的商业竞争者以及不愿意成为用户的一个原材料库存点,往往使企业选择单一供应商的愿望落空。因此,企业在选择供应商时,不能简单地认为选择越少(甚至单一供应商)的供应商越好,一定要结合双方的情况而定。

案例分析

海尔与国美合作关系发展历程

1. 交易型合作关系阶段

在国美海尔供应链合作关系发展初期,即 1999—2001 年期间,国美一直奉行低价经营策略,而海尔早期则主张"只打价值战,不打价格战"的经营理念,双方关系一度僵化。由于担心价格战会扰乱海尔稳定的价格体系,破坏现有营销网络,失去渠道话语权,海尔的某些区域市场作出了不与国美直接合作的决定,主要借助专卖店、专营商、大商场、批发商以及国外连锁(沃尔玛)等销售渠道。尽管期间也出现了间接合作的情况,即通过专卖店给国美供货,但是缺陷亦非常明显。

随着国美的扩张,海尔迫于市场份额下降的压力,2002 年开始与国美展开合作。从2004 年开始,海尔调整经营策略,空调等产品改走优质平价路线,与国美的合作不断升级。经过双方的广泛接触,2005 年 6 月,国美海尔签订了包括空调、冰箱类应季商品在内的全部 13 大品类,总值高达 6 亿元的采购订单。此举创造了国美电器有史以来与单一上游电器生产厂商一次性签订采购金额的最高记录。

同时,海尔决定依靠其丰富全面的产品线,全方位与国美电器展开深度合作,双方互相承诺开辟供货和结款等诸多方面的"绿色通道"。

例如,海尔方面承诺,在销售旺季出现某一产品品类短缺或物流配送紧张时将首先保证全国国美系统的供货,同时在残次品、滞销品的退换上也将予以优先保证。而国美则承诺将尽量增大在各门店中对海尔产品的推广力度,同时对于厂家最关心的售后结款问题也将优先予以保证。总体来看,尽管该阶段双方已经有了较为广泛的接触,但是合作的广度和深度还比较有限,主要还是依据价格决定合作规模及内容。

2. 协调型合作关系阶段

2006 年,国美和海尔遇到了各自发展的瓶颈期,有进一步深化合作的强大动力。为应对苏宁、百思买及厂商自建渠道的挑战,国美大力整合供应链、改善零供关系。2007 年5 月 11 日,国美宣布募资约 65.5 亿港元,其中 40% 用于改善与供应商的关系,尤其是缩短应付账周期。经过国美与海尔双方就供应链合作关系的磋商,国美与海尔签署的2007 年战略合作协议,订单总金额高达 100 亿元,创造了我国家电发展史上最大规模的厂商一次性合作项目。

与国美一贯对待供应商不同的是,此次与海尔的战略合作,国美承诺将不再向海尔收取合同外的费用及进场费,逐步实现双方交易透明化;海尔承诺将给国美提供更具市场竞争力和高性价比的商品,并大幅拓展合作领域,双方由单纯的产销关系延伸至市场调研、产品研发与制造、供应链价值提升、信息化建设和物流管理等多个系统领域。

同时,海尔将在年内于国美渠道中设立 100 个"海尔旗舰商品展销中心",和 200 个展示海尔整套家电的"海尔电器园"形象店。为了共同研发适合市场需求的产品,双方决定共同成立"国美海尔事业部",该事业部将由双方采购、销售、研发、服务以及财务人员共同组成。

3. 战略型合作伙伴关系阶段

近几年,海尔与国美持续推进战略合作伙伴关系建设,挖掘合作潜力,拓展合作领域。"国美海尔事业部"在组织和运作上日趋成熟,双方通过开放式的信息化无缝对接,专门针对目标消费群体开发个性化和人性化的产品,并通过双方物流体系的整合,实现 B2B、B2C 业务,提升供应链效率。

双方合作内容不仅停留在采与销的业务层面,而是深入共同分析和研究市场,共用研发商品,共同制定市场营销策略,共同制定服务标准,统一服务行为。

这种全新的合作关系不仅有利于消费者,也有利于规范行业竞争,更有利于产业的发展和进步。2010 年 7 月,国美集团与海尔集团签署了一份三年实现 500 亿销售规模的战略合作协议,协议合作内容主要集中在以下四个方面。

(1) 差异化定制产品

合作协议尤其注重双方共同研发个性化商品。协议规定,在双方对消费需求的共同管理下,海尔每年将为国美提供 600 款系列商品,其中差异化商品数量不少于 300 款,并且差异化专供产品将占到双方销售规模的 50%。同时,海尔的制造平台将为国美提供其延伸性 ODM 商品的制造支持。

(2) 高端产品体验店

在双方协议中,国美与海尔将在一二级市场实施个性化的产品与卖场合作。国美集团拥有国内最完善的渠道网络布局,尤其是在一二级市场的优势最明显,将为海尔集团提供最佳的展示与销售平台。国美集团作为海尔集团最大的渠道战略合作伙伴,国美集团将在销售终端全力主推海尔全品类产品,这将有助于国美实现向家电及消费电子综合性、指向性卖场的转变。

（3）深耕三、四级市场

目前,国美集团正采取网络扩张与单店效益提升并举的均衡性发展战略,积极扩大三、四级市场。海尔集团在全国三、四级市场推广的物流网、销售网、服务网的三网合一工程,正在稳步进行。此次合作中,国美与海尔将强化在三、四级市场网络方面的优势互补,例如,海尔在配送方面的优势资源将全面支持国美电器在三、四级市场的网络扩展,而国美目前拥有最强大的全国性采购平台,将选择适合于三、四级市场的商品,丰富海尔销售网络的商品。

（4）提升供需链效率

国美集团与海尔集团还将专门成立两个层级的组织体系,在双方集团总部组成了经营管理团队,关注商品研发、规划、信息平台对接等。在市场终端划分了 60 个区域市场,每个区域 10 人,共计 600 人,共同执行战略合作的实施与推进。同时双方确定了高层的季度互访制度,以确保战略的无障碍推进。

此次合作不仅创造了我国家电业规模最大的合作项目,而且也创造了我国新的商业合作模式。双方的合作不再局限于传统的、一年一度短期的供销双方的利益博弈,双方更注重合作关系的协同性和长期规划,在产品定制、渠道建设,组建经营团队及双方优质资源互补,供应链效率整合等方面展开全面的供需链深度合作,并通过双方的整合最好地服务消费者。

这种合作模式标志着双方传统的供应链合作关系已转变为协同型合作关系,双方致力于打造"利益共同体、命运共同体"的战略伙伴关系。

思考题：对企业而言,良好的供应链合作关系有什么好处?

技能训练

一、简答题

1.传统供应商关系与供应链合作伙伴关系的区别?

2.供应链上的委托代理有何风险?

3.供应链合作伙伴的选择方法?

4.建立供应链合作关系应该注意什么?

二、论述题

1. 供应链合作伙伴选择的方法?

2. 供应链合作伙伴选择应考虑的因素?

三、实训题

认真研究苏宁,写一份供应链合作伙伴的选择报告。

第五章

供应链绩效评价与激励

【学习目标】
- 理解供应链绩效评价的内涵、意义和原则,掌握供应链绩效评价的内容;
- 掌握供应链绩效评价的指标,熟悉供应链绩效评价的一般方法;
- 掌握供应链绩效评价的方法。

【技能目标】
- 学会选取合适的评价指标对供应链企业进行绩效评价。

麦当劳的供应链绩效

麦当劳公司简介

McDonald's Plaza 麦当劳餐厅(McDonald's Corporation)是大型的连锁快餐集团,在世界上大约拥有三万间分店,主要售卖汉堡包、薯条、炸鸡、汽水、冰品、沙拉、水果。麦当劳餐厅遍布在全世界六大洲百余个国家。在很多国家麦当劳代表着一种美国式的生活方式。

麦当劳供应链简介

麦当劳的供应链是三腿凳模式,即公司—专营商—供应商模式。

在采购方面,麦当劳有如下特点:

①独特而专业的设施;②握手协议,信任;③长期双赢的合作关系,风险共担;④严格的产品和服务规范;⑤强注重质量,产品规格和环境审计;⑥分散的供应商结构,区域整合的跨国供应商;⑦分销商是餐厅批发商。

在物流方面,麦当劳有以下特点:

①平均每个餐厅有100个销售项目;②平均每个仓库有400的SKU(集线器:高达1 500);③每个配送中心有200个餐厅,全球平均180个;④送货频率是每周三次,在城市地区更高;⑤每条路线有2~3个中途站;⑥采用第三方物流;⑦通过货运代理集运;⑧与供应链保持长期合作关系,实行风险共担;⑨高品质聚焦(包括冷链,HACCP认证,速效项目)。

麦当劳供应链面临的挑战

①更强地关注新鲜度和质量;②持续进行产品创新;③基于促销的强势客户需求波动;④订单—存货管理;⑤餐厅—直流—供应商—原料供应商;⑥牛鞭效应;⑦同形装配;⑧变革管理中的分散结构。

案例导学

麦当劳创造了一种可持续发展的商业模式,它以快速响应的运营方式,从设计到分销实现了一个系统化的高效流程,最大程度地提高了存货周转和利润率。麦当劳充当整条供应链管理者的角色,麦当劳绝不以任何形式"拥有"任一供应商,以避免利益的冲突,导致立场的不客观以及无法专心经营本业,这些都是麦当劳"供应链管理"中极为重要的核心精神与价值。

麦当劳发展、协调并管理能将产品。系统以及服务加以整合供应网络,以最优的供应网络给予麦当劳所有中心长久的竞争优势。

（资料来源：根据资料整理而成）

第一节　供应链绩效评价概述

一、供应链绩效评价的内涵

（一）供应链绩效

绩效通常是指正在进行的某种活动或者已经结束的某种活动(取得的成绩)。因此,绩效不但可以看作一个过程的表现,也可以看作一个过程产生的结果。

一般来讲,供应链绩效是针对供应链目标而言的供应链整体运作情况,而供应链的运作情况是由供应链上节点企业自身及企业间的合作实现的。因此,供应链绩效既包括了节点企业的运作又包括了节点企业间的合作,以及最终实现的供应链整体的运作业绩和效果。

从价值角度看,供应链绩效可以理解为,供应链各成员通过信息协调和共享,在供应链基础设施、人力资源和技术开发等内外资源的支持下,通过物流管理、生产操作、市场营销、顾客服务、信息开发等活动增加和创造的价值总和。

（二）供应链绩效评价

绩效评价是指运用一定的评价方法、量化指标及评价标准,对既定的绩效目标的实现程度,及为实现这一目标所安排预算的执行结果所进行的综合性评价。因此供应链绩效评价是指围绕供应链的目标,对供应链整体、各环节(尤其是核心企业运营状况以及各环节之间的运营关系等)所进行的事前、事中和事后分析评价。

具体说,评价供应链的绩效,是对整个供应链的整体运行绩效、供应链节点企业、供应链上的节点企业之间的合作关系所做出的评价。

供应链绩效评价指标选择偏重于能够恰当地反映供应链整体运营状况以及上下节点企业之间的运营关系,而不是单独地评价某一供应商的运营情况。为了达到这些目的,供应链的绩效评价一般从三个方面考虑:一是内部绩效度量;二是外部绩效度量;三是供应链综合绩效度量。

（三）供应链绩效评价与企业绩效评价区别

一般来讲,单个企业绩效评价指标的数据来源于财务结果,在时间上略微滞后,不能反映供应链动态运营情况。而且单个企业绩效评价主要评价企业职能部门工作完成情况,不能对企业业务进程进行评价,更不能科学、客观地评价整个供应链的运营情况。另外,单个企业绩效评价指标不能对供应链的业务流程进行实时评价和分析,而是侧重于事后分析。

供应链管理的绩效评价与单个企业的绩效评价有着很大的不同:评价供应链运行绩效的指标,不仅要评价该节点企业的运营绩效,而且还要考虑该节点企业的运营绩效对其上层节点企业或整个供应链的影响等。所以对供应链绩效的界定要求更多地强调企业和合作伙伴之间的沟通协作。

二、供应链绩效评价的意义

评价供应链的实施给企业群体带来的效益,方法之一就是对供应链的运行状况进行必要的度量,并根据度量结果对供应链的运行绩效进行评价。因此,供应链绩效评价主要有以下四个方面的意义。

(1)用于对整个供应链的运行效果做出评价。主要考虑供应链与供应链间的竞争,为供应链在市场中的存在(生存)、组建、运行和撤销的决策提供必要的客观依据。目的是通过绩效评价而获得对整个供应链的运行状况的了解,找出供应链运作方面的不足,及时采取措施予以纠正。

(2)用于对供应链上各个成员企业做出评价。主要考虑供应链对其成员企业的激励,吸引企业加盟,剔除不良企业。

(3)用于对供应链内企业与企业之间的合作关系做出评价。主要考察供应链的上游企业(如供应商)对下游企业(如制造商)提供的产品和服务的质量,从用户满意度的角度评价上、下游企业之间的合作伙伴关系的好坏。

(4)除了对供应链企业运作绩效的评价外,这些指标还可起到对企业激励的作用,包括核心企业对非核心企业的激励,也包括供应商、制造商和销售商之间的相互激励。

总而言之,供应链绩效评价有利于核心企业掌握供应链上节点企业的运行状况,从而对其做出准确的评价,改进、提高供应链运行效率和效益,从而更好地管理和控制整条供应链。

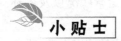

小 贴 士

评价最重要的意图不是为了证明(prove),而是为了改进(improve)。

——斯塔弗尔比姆

三、供应链绩效评价的原则

供应链绩效评价既要体现出供应链上环节企业的运行状况,又要体现企业间合作情况,最终衡量出供应链总体运行情况。其重心还在于供应链企业间的协调、合作、运营管理之上。因此供应链绩效评价应遵循以下原则。

(1)强调供应链的整体绩效。根据系统论的观点,供应链上的每个企业可以看作整个供应链系统中的一个子系统,子系统之间相互关联。因此,研究绩效如何实现优化,必须建立起供应链的个体企业与供应链总体目标之间的关联,确保整条供应链目标的统一。

要强调组织之间的协调、合作、运营管理,而不是基于所有制的控制管理及层次型的纵向集成。

（2）供应链的各个企业之间存在联动关系,在进行供应链绩效评价时,需要从企业供应链管理的业务流模型入手,着重就供应链运作的整体绩效的内外驱动力进行全面的分析,绩效既要能够反映出结果,也需要反映出结果的驱动指标。

（3）供应链绩效是战略执行的结果,因此,要求其与企业战略相一致,反馈战略的执行。绩效评价只是在有规划目标和期望结果的环境中才更加重要,所以,需要有明确的规划和所期望的结果来实现绩效的改善。

（4）供应链战略从单个企业向多个企业协调集成,从市场反应型发展为客户导向型进行运作。因此,绩效评价也要从单方评价扩展到多方评价,从单纯的财务指标拓展到综合指标。

第二节　供应链绩效评价的内容

供应链管理的绩效评价问题实质上对供应链整体运行情况、供应链成员和供应链企业间的合作关系的度量,一般涉及供应链上各企业内部绩效度量、供应链上企业外部合作绩效度量和供应链整体绩效度量三个方面。

一、供应链上企业内部绩效

供应链内部绩效度量主要是对供应链上的企业内部绩效进行度量。它着重将活动和过程同以前的作业和目标比较。内部绩效度量通常有如下指标:客户服务、成本管理、质量、生产率、资产管理等。

（一）客户服务

客户服务包括服务的可得性、服务作业绩效和服务的可靠性。

服务可得性是指当顾客需要产品或服务时,组织所拥有的库存能力或提供服务的能力。服务可得性可以用三个指标进行衡量:缺货频率、供应比率和订货完成率。

缺货频率＝（缺货次数/用户要求次数）×100％

供应比率＝（满足要求数量/用户要求数量）×100％

订单完成比率＝（完成交付给客户的订单数量/客户订单数量）×100％

使用订单完成比率来衡量与产品可得性有关的绩效,是一种比较严格的方法,根据这种评价标准,如果在某个产品线上哪怕仅仅遗漏了一件货物,订单也被看作没有完成。因此,管理中也常常以某个时期内出现的缺货数目和延迟交货的数量作为服务可靠性的评价指标。

服务作业绩效可以通过速度、一致性、灵活性和故障与恢复四个方面来衡量。作业绩效涉及物流活动或服务作业期望完成的时间及活动中可接受的变化因素等。

服务可靠性中的关键因素是各供应商能否提供准确无误的信息。服务过程中意外总有可能发生,顾客通常讨厌意外事件,但如果他们能够事先收到明确的信息,就可以对意外情况做出相应的调整。

（二）成本管理

最直接反映内部绩效的是完成特定的运作目标而发生的实际成本。由于成本绩效经常以每一项职能所花费的总额作为评价指标,因此常常需要对具体的物流职能,如仓储、运输和订单的处理等成本数据进行监控。企业也常常需要对成本占销售额的百分比数或每个单位产品的成本消耗进行监控。

（三）质量

评估质量绩效的方法有很多。较典型的评估指标包括损坏比率,即计算损坏的货物数量占全部货物的数量的比率,还有一些重要的质量绩效指标与信息有关。许多公司特别注重评估他们自己提供信息的能力,即当公司没有出现客户所需的信息情况时,公司自身是否具有提供相关信息的能力。另外如果出现信息不准确的情况,企业也常会对这些情况进行跟踪。

（四）生产率

生产率是一种关系,通常会用一个比率或指数来表示,即货物产量、完成的工作或创造的服务,与用于生产该产品的投入或资源的数量之间的比率。在很多情况下,生产率的评估会有很多困难,比如在一定的时间段内,产量难以衡量,同时所用的投入与产量难以匹配,投入与产出相混淆或类型不断变化,数据难以得到。

（五）资产管理

资产管理的重点是投资在设备和设施上的资本的利用,同时还有投资在库存上的营运资本的利用。如物流设施、设备和库存可以代表一个公司资产的很大部分。设施与设备经常以容量的利用,即总容量的利用比率来进行评估,这种评估方法表明了资本资产投资的有效或无效利用。资产管理同时也关注库存。库存周转比率是最常见的绩效评估方式。

库存周转率＝销售成本/平均存货

二、供应链上企业外部合作绩效

外部绩效度量主要是对供应链上的企业之间运行状况的评估。外部绩效度量的指标主要有客户满意度和实施基准等。

（一）客户满意度

客户作为供应链市场导向和利润来源,成为供应链绩效的主要驱动。客户不断变化的、加强客户化要求和消费的偏好增加了供应链在运作成本上的压力。同时产品的质量、计划的柔性不能有丝毫的下降。客户对产品为自身带来的价值增值或成本节约愈发的注重,使供应链要在链中的每一个环节加以客户理念的作用。

企业内部生成的关于基础服务的所有统计数据,都可以作为衡量客户满意度的内部指标,但是,要量化满意度就要对来自客户的信息进行监控、评估。

典型的满意度评估方法要求企业对客户的期望、需求和客户对企业各方面运作绩效的印象和理解进行仔细的调查。例如,典型的调查会就客户的期望和绩效印象进行评估。

客户的期望和绩效印象包括可用性、信息有效性、订单准确性、问题处理情况等方面。只有通过收集来自客户的数据信息，才能够真正的评估满意度。更进一步说，必须从客户的角度去衡量那些为提升客户成功而付出的努力。

（二）基准评估

基准同样是绩效评估的关键方面，它使管理者了解到一流的经营运作。关于基准的一个关键问题是选择基准评估的对象。许多公司对企业内部设计相似运作的单元的绩效或出于不同地区的运作单元的绩效进行比较，由于从事多种经营的大公司的运作单元经常不知道其他单元中所发生事情，因此内部基准提供了共享信息和改进绩效的渠道。

此外，关于竞争者的绩效信息可以用来判定哪些地方是最需要加以改进的。

三、供应链整体绩效

供应链的绩效包括企业内部、外部绩效，但最终体现供应链综合竞争实力的还是供应链的整体绩效，这就要求供应链的绩效评价能够从总体上度量供应链运作绩效。一般情况下，可以通过以下三方面体现：供应链总运营成本、供应链响应时间、闲置时间。

（一）供应链总运营成本

供应链总运营成本是供应链上所有企业成本的聚合，而不仅是单个企业的成本。具体计算如下：

供应链总成本＝原材料来源成本＋基本产量的初始生产成本＋制造商成本＋分销商成本＋零售商成本

供应链总运营成本越低，反映在供应链产品中的成本也就越低，那么供应链产品的利润率就高，说明供应链的运营越有效率，从而在供应链之间的竞争中越具有竞争力。

（二）供应链响应时间

供应链响应时间可以通过相应需求的时间来计算，即一个企业认识到市场需求的根本性变化，将这一发现内在化，然后重新计划和调整产量来满足该需求所需要的时间。

例如，在汽车制造业中，当发现市场上对运动型汽车的需求较高时，汽车公司往往要花好几年的时间来开发充足的生产量和能力，重新安排供应商关系，并满足消费者的需求。

当考虑到整个供应链（包括从原材料来源到最终分销）需要多长时间才能准备好以面对产品需求波动比预期大很多的情况时，供应链响应时间就显得极其有用。供应链的响应时间标志着供应链的反应速度和响应能力，是决定供应链竞争力的关键因素之一。

（三）闲置时间

闲置时间是另一个用来衡量整体供应链在资产管理方面绩效的指标。库存闲置时间是在供应链中库存闲置不用的天数与库存被有效的利用或配置的天数的一个比率。闲置时间同时也可以用于其他资产的计算，比如运输设备的闲置时间。

第三节　供应链绩效评价指标的选择

反映供应链绩效的评价指标有其自身的特点,其内容比现行的企业评价指标更为广泛,它不仅代替会计数据,同时还提出一些方法来测定供应链的上游企业是否有能力及时满足下游企业或市场的需求。在实际操作上,为了建立能有效评价供应链绩效的指标体系,应遵循如下原则。

(1) 应突出重点,要对关键绩效指标进行重点分析。

(2) 应采用能反映供应链业务流程的绩效指标体系。

(3) 评价指标要能反映整个供应链的运营情况,而不是仅仅反映单个节点企业的运营情况。

(4) 应尽可能采用实时分析与评价的方法,要把绩效度量范围扩大到能反映供应链实时运营的信息上去,因为这要比仅做事后分析有价值得多。

(5) 在衡量供应链绩效时,要采用能反映供应商、制造商及用户之间关系的绩效评价指标,把评价的对象扩大到供应链上的相关企业。

供应链绩效评价指标是基于业务流程的绩效评价指标,应能够恰当的反映供应链整体运营状况以及上下节点企业之间的运营关系。具体指标如下。

一、供应链流程评价指标

对于供应链管理而言,只有相关协作方团结起来共同做出改善的努力,才能产生巨大的协作力量。而这种改善在流程上体现得更为突出。通过基于流程的绩效分析,可以高效的找到流程改进的关键点,并共同做出努力。

供应链的流程评价指标主要反映了供应商的流程响应能力,确定如何在合理的成本下,以高效的方式进行生产。因为产品、服务和市场的分布在业务流程上是分散采购、集中制造,还是集中采购、分散制造,都由所提供的产品和服务所决定,而不同的市场层面也会使业务流程在设置上有相当的差异。供应链绩效所关注的方面也因为流程的差异而有所差异。

该类指标主要包括以下几个方面。

(一) 产销率指标

企业供应链产销率是指一定时期内供应链各节点已销售出去的产品和已生产的产品数量的比值。

该指标可反映供应链各节点在一定时期内的产销经营状况、供应链资源(包括人、财、物、信息等)有效利用程度、供应链库存水平。该指标值越接近1,说明供应链节点的资源利用程度和成品库存越小。

(二) 产需率指标

产需率是指在一定时期内,供应链各节点已生产的产品数(或提供的服务)与其下游节点(或用户)对该产品(或服务)的需求量的比值。其具体分为以下两个指标。

1. 供应链节点企业产需率

该指标反映上下游节点企业之间的供求关系。产需率越接近1,说明上下游节点间的供需关系越协调,准时交货率越高,反之则说明上下游节点间的准时交货率低或综合管理水平较低。

供应链节点企业产需率＝(一定时间内节点企业已生产的产品数量)/(一定时间内上下游节点企业对该产品的需求量)。

2. 供应链核心企业产需率

该指标反映供应链整体生产能力和快速响应市场的能力。若该指标数据大于或等于1,说明供应链整体生产能力较强,能快速响应市场需求,有较强的市场竞争能力。

供应链核心企业产需率＝(一定时间内核心企业生产的产品数量)/(一定时间内客户对该产品的需求量)

(三)产品出产(或服务)循环期指标

供应链产品出产(或服务)循环期是指供应链各节点产品出产(或服务)的出产节拍或出产间隔时间。该指标可反映各节点对其下游节点需求的响应程度。循环期越短,说明该节点对其下游节点的快速响应性越好。

在实际评价中,可以将各节点的循环期总值或循环期最长的节点指标值作为整个供应链的产品出产(或服务)循环期。

(四)供应链总运营成本指标

供应链总运营成本包括供应链通信成本,各物料、在制品、成品库存费用,各节点内外部运输总费用等,反映的是供应链的运营效率。

二、供应链整体绩效评价经济效益评价指标

供应链经济效益评价可采用传统关键性的财务评价指标。当供应链伙伴目标得以实现后,供应链应该取得财务上的成功。经营目标的实现使成本大为降低,提高了边际收益率;现金流得以更好的优化,获得更高的收益和资本回收率。

以下几个方面绩效的提高保证财务上有长期受益,因此整个供应链的财务优化依旧是重中之重。在这里将财务评价的基础建立在现金流的驱动上,把驱动现金流的行为和流程作为主要目标。

1. 供应链成本收益率

该指标由客户的利润除以在此期间使用的供应链的平均资产,它反映了使用其资产的增值性绩效的大小。

2. 现金周转率

这是一个联系供应链的整个流程的关键指标,评价供应链运作过程中现金在原材料、劳动力、在制品、完工产品直至现金的全过程。供应链系统通过先进的信息技术以及产品流集成,协调合作伙伴之间的运作,可以达到更快的现金的周转。

3. 供应链的库存天数

该指标反映了资本在供应链运营中的库存形式的占用天数。它等于某个时期的物

料、在制品、产品库存等形式占用的时间。

4. 客户销售增长以及利润

客户销售增长以及利润表现为主要客户在供应链产品上的年销售收入和利润率增长。这类指标反映了供应链下游在三个主要方面的绩效：客户的销售量按年增长的情况、对于特定客户服务所获的收益随着合作关系的增进而进一步提高的情况、接受服务的技术增加的情况。扩大销售量、增加新的客户都将是新的利润增长点。

三、供应链运作能力评价指标

优秀的客户绩效来自组织的流程决策和运作。供应链内部运作角度就是回答如何经营才能满足或超越客户需求的问题。供应链哲学的本质是将企业内部和企业之间的功能进行集成、共享和协调，达到减少浪费和提高供应链绩效的目的。

由于供应链流程牵涉供应链成员的生产运作，这样的指标就将不同成员的绩效联系成为供应链的整体效果。这一联系使供应链成员企业对于各自的运作有了明确的目标，其所做的改进也将有利于整个供应链的改进。就供应链运作角度而言，实现此目标主要有4个目的：减少提前期、提高响应性、减少单位成本、构成敏捷企业。为此，设计有如下几个指标。

（一）供应链有效提前期率

该指标反映了供应链在完成客户订单过程中有效的增值活动时间在运作总时间中的比率。其中包括供应链响应时间和供应链增值活动总时间两个指标。

供应链响应时间＝客户需求及预测时间＋预测需求信息传递到内部制造部门时间＋采购、制造时间＋制造终结点运输到最终客户的平均提前期（或者订单完成提前期）

供应链增值活动总时间＝供应链运作的相关部门增值活动的时间之和

（二）供应链有效循环期率

该指标体现了减少供应链内部运作的非增值时间和流程浪费的空间的大小。

供应链有效循环期率＝供应链增值活动总时间/供应链响应时间

通常情况下，企业之间的传递空间和时间很大部分为非增值活动所占用，很多资源被大大地浪费了。达到精益的供应链必须保证企业之间的信息共享以及合作机制的完备，以实现流畅的无缝连接，减少无谓的时间和空间的浪费。

（三）库存闲置率

库存闲置率即供应链中库存闲置的时间和库存移动时间的比率。其中闲置时间包含以物料、在制品、产品库存等不同形式在供应链运作中的总停滞和缓冲时间。库存移动时间则是指库存在加工、运输、发运中的总时间。该指标表现了库存在整体运作中时间占用，提供了库存经营效率的提高空间。

（四）供应链生产时间柔性

该指标定义为由市场需求变动导致非计划产量增加一定比例后供应链内部重新组织、计划、生产的时间。

（五）供应链持有成本

供应链持有成本是对物流系统运作的有效性和成本集约性的考察。它包括了采购、库存、质量，以及交货失误等方面的内容。

供应链采购成本的评价包括订货、发运、进货质量控制的总和。

供应链库存成本包括供应链过程中发生的原材料、在制品、完工产品库存成本以及滞销和在途库存成本等。

供应链质量成本是指在运作过程中由于质量问题而导致的成本，包括产品残缺成本、维修成本和质量保证成本。

（六）供应链目标成本达到比率

该指标从单一产品和流程的角度分析其在质量、时间和柔性上的流程改进是否达到预定的目标成本。

四、供应链创新与学习能力评价指标

供应链未来发展性直接关系着供应链的价值。平衡计分法中客户角度和内部运作角度的评价分析了供应链成功的竞争力，但是成功的目标是不断变化的。严峻的市场竞争要求供应链必须不断改进和创新，发觉整合供应链内部和外部的资源，提高现有流程、产品/服务质量和开发新产品的能力。

供应链的改进是一个动态的过程，主要通过四个方面进行：第一，重新设计产品及其流程；第二，通过企业集成对组织间活动有效地调节和整合；第三，持续的改进供应链的信息流管理，使供应链伙伴能够共享决策支持所需要的准确信息；第四，每个供应链都需要随时注意外部市场的潜在威胁和机遇，重新定义核心价值。

（一）专有技术拥有比例

该指标反映企业供应链的核心竞争力。企业核心竞争力的一个重要组成部分是核心产品。指标值越大，说明供应链整体技术水准高，核心竞争力强，其产品不能被竞争对手模仿。

专有技术拥有比例＝（供应链企业群体专利技术拥有数量）/（全行业专利技术拥有的数量）

（二）新产品（服务）收入比率指标

新产品（服务）收入比率是指企业（供应链）在一定时期内由于提供新型产品或服务所获得的收入占总收入的百分比。该指标反映的是企业的产品（服务）研发能力和对新产品的综合营销能力，新产品（服务）收入比率指标值越大，说明企业（供应链）的新产品（服务）设计、开发能力越强，对新产品（服务）的综合营销能力也越强。

（三）员工建议增长率指标

员工建议增长率指标是指一定时期内企业（供应链）员工向公司提交的合理化建议数量与上一评价期相比的增长率。该指标值与企业内民主管理意识、员工的参与意识成正比。从一定程度而言，员工建议增长率指标也是企业（供应链）管理活力强弱的具体体现之一。

(四) 组织之间的共享数据占总数据量的比重

供应链的特点之一就是信息共享,这是维持供应链伙伴关系成功的关键。否则,供应链很难降低重复劳动、减少浪费和成本。信息共享的内容包括需求预测、销售点数据、生产计划、战略方向、客户目标等,以实现组织之间集成。由此可见,重要信息的共享程度体现了一个企业的实际实施供应链管理的程度。

 小贴士

罗伯特·欧文创建了工作绩效评价系统,被称为"现代人事管理之父"。

第四节　供应链绩效评价的一般方法

一、供应链运作参考模型法

供应链运作参考模型(supply chain operations reference Model,SCOR)是由供应链协会(supply chain council,SCC)主持开发的,是一套全面的供应链管理理论,由计划、采购、生产、配送、退货和支持 6 个基本过程组成。它可以描述、分类和评价一个复杂的管理过程,为企业供应链管理提供了一个跨行业的普遍适用的共同标准。

模型通过对供应链流程的分层分析为供应链的改善提供了有效途径,提出了评价指标,包括：交货情况(perfect order fulfillment)、订货满足情况(fill rates)、完美的订货满足情况(perfect order fulfillment)、供应链响应时间(supply chain response time)、生产柔性(production flexibility)、总供应链管理成本(total supply chain management cost)、附加价值生产率(value-added employee productivity)、担保成本和回收处理成本(warranty/return processing costs)、现金流周转时间(cash-to-cash cycle time)、供应周转的库存天数和资产周转率(inventory days of supply、asset turns)等。

目前,该模型已经被世界 500 强中的绝大部分企业接受和应用,是实践证明可以用来提高企业供应链业绩的模型。

二、供应链绩效标杆法

供应链绩效标杆法是美国施乐公司确立的经营分析手法,以定量分析自己公司现状与其他公司现状,并加以比较。标杆法就是将那些出类拔萃的企业作为企业测定基准,以它们为学习的对象,迎头赶上,并进而超过之。一般地说,供应链绩效标杆法除要求测量相对于最好公司的企业的绩效外,还要发现这些优秀公司是如何取得这些成就的,利用这些信息作为制定企业绩效目标、战略和行动计划的基准。

值得指出的是,这里的优秀公司也并非局限于同行业中的佼佼者。它可以在各种业务流程的活动中,与那些已取得出色成绩的企业相比较。

供应链绩效标杆法(supply chain benchmarking)是基于供应链运作参考模型(SCOR)发展起来的,是以定量分析自己公司的供应链现状与其他公司现状,并加以比较,找到自己公司和一流公司以及竞争对手之间的差距,辨别和吸收其优秀的管理功能,从而有针对性地激励目标,优化公司的供应链管理。

供应链绩效标杆可以通过很多种形式进行,主要有内部标杆、竞争性标杆、行业/功能标杆、协作性标杆、公开性标杆等。

美国标杆管理首创者之一的罗伯特·坎普(Robert C. Camp)在他的第一部标杆管理专著的开篇引用的是中国古代兵法鼻祖孙子"知己知彼,百战不殆"这句名言。他是这么说的:传统的目标制定方法使美国的经理们在竞争中目光短视而遭受失败。唯有基于业内最佳实践方法而制定的营运目标和生产活动计划,才能达到超常的绩效。这便是大家熟悉的"标杆管理"。

三、平衡计分卡法

平衡计分卡法(balanced score card,BSC)最早是由哈佛商学院教授罗伯特·S.卡普兰(Robert S. Kaplan)和复兴全球战略集团总裁大卫·P.诺顿(David P. Norton)经过与在业绩评价方面处于领先地位的12家公司进行的为期一年的项目研究后,于1992年提出的。平衡计分法的核心思想反映在一系列指标间形成平衡,即短期目标和长期目标、财务指标和非财务指标、滞后型指标和领先型指标、内部绩效和外部绩效之间的平衡。

将平衡计分卡方法应用到供应链绩效评价中,从客户、内部运营、学习及创新、财务四个方面来综合评价供应链的绩效,不仅能够反映供应链业务流程集成的绩效,而且能够反映整个供应链运营情况和供应商、制造商及顾客之间的关系。

四、模糊层次综合评价法

模糊层次综合评价法是将模糊数学与层次分析法相结合的一种系统评价方法,它能比较好的解决系统多指标的综合评价问题。但在进行模糊综合评价时,一般很少考虑评价对象的特性值随时间变化而变化的情况,而是把评价指标作为常量进行评价,或者只根据某时间点的一组指标值进行评价,然后将评价结果推及整个时间段。

而动态模糊评价法对供应链绩效进行评价时,对评价结果根据不同时点的指标值进行修正,能够实现实时的动态评价。

五、层次分析法

作为系统工程对非定量事件进行评价的一种分析方法,层次分析法(AHP)是1973年由美国学者 T. L.萨蒂(T. L. Saaty)最早提出的。运用它解决问题可以分为以下三个步骤。

(1)分解原问题,并建立层次结构模型。

(2)收集数据,用相互比较的方法构造判断矩阵。

(3)层次单排序及一致性检验,找出各个子目标对总目标的影响权重,并以此作为决策依据。

第五节　供应链企业的激励

一、建立供应链企业激励机制的重要性

在供应链中,制造商与供应商之间历来都是短期竞争性的对立关系。对制造商而言,为了有效地降低产品生产成本,以降低产品的市场价格,进而提高企业及其产品的市场竞争能力,他们总是通过各种方式极力压低原材料和零部件的进货成本;同样,对于供应商而言,利润空间的急剧缩小迫使他们使用性能较差的低价原材料,最终影响到产品质量。

另外,制造商为了防止有缺陷的原料进入制造环节,只好加大对原材料的质量检验甚至重新加工,增加了额外支出;而供应商由于没有将制造商作为长期客户的意识,每次交易都是"一锤子买卖",所以伴随其产品的服务不会那么周到细致,甚至可能影响到制造企业制造过程的连续。在这样一种对立模式的格局下,制造商与供应商之间是一种典型的零和博弈,一方所得必为另一方所失,双方都追求自身利益的最大化,最终导致两败俱伤。

根据博弈论,博弈双方在一次博弈中往往倾向采用零和博弈方式以求得自身利益最大化。而在重复博弈中,为了获得长期利益和惧怕不合作引起对方在后面阶段的对抗和报复,人们往往会进行合作博弈,博弈的结果往往是共赢、互利。因此,供应链管理首要内容,是使供应链上的节点企业建立一种以合作和信任为基础的战略合作伙伴关系,从传统的零和博弈向合作博弈思维转变,着眼于长期的共同发展,以长期利益为目标,力求供应链物流的顺畅、低成本和高效率。

供应链企业之间要保持长期的战略伙伴关系,还要建立起有效的激励机制,使供应链企业的利益紧密联系在一起,加强管理上的整合,促进共同发展。由于供应链横跨了多个职能部门,涉及多家企业,其中每家企业又有各自的首要事项和目标,要实现总体利益的最大化确实不易。

要确保供应链以快速、高效的方式提供产品和服务,所有这些职能部门和公司就必须劲儿往一处使。然而,企业高管往往忙于处理组织内部的问题,而忽视了各个企业之间的协调问题,因为后者一般很难察觉。而且他们觉得对于一系列自己不直接管理的企业,要界定它们在供应链中的作用、职责和责任,不仅乏味枯燥,而且太费时间。

此外,协调各个企业的行动也不是件容易事,因为不同的企业有不同的企业文化,不能指望凭借共同信念或相互忠诚来激励这些合作成员。要想鼓励供应链成员采取行动时兼顾各方利益,企业必须提供合理和协调的激励手段。

如果供应链成员的激励因子或称激励措施是合理和协调的,即业务往来的风险、成本和收益在整个供应体系内得以公平地分摊,供应链就能有效运作。反之,就无法使供应链达到最优化。事实上,激励因子不合理、不协调常常是导致库存过剩、缺货、预测错误、销售投入不够,甚至客户服务水平低劣的原因。

建立激励机制的另一原因是,基于供应链节点企业之间的委托—代理关系。由于供应链环境下各成员企业是以动态联盟的形式加入供应链,并以"委托—代理"的合作关系存在,因此委托代理机制所带来的道德风险必然存在,最突出的是信息不对称带来的风

险。产生道德风险的原因之一在于代理人拥有私有信息,这从道德风险对策环境中看得很清楚:委托人与代理人签订合同时,双方所掌握的信息是相互对称的(至少双方都认为他们自己已经掌握了对方了解的信息)。

然而,建立委托—代理关系后,委托人无法观察到代理人的某些私有信息,特别是代理人的努力程度方面的信息,在这种情况下,代理人可能会利用其私有信息采取某些损害委托人利益的行动。为了克服道德风险带来的危害,委托—代理理论普遍发展了以合作和分担风险概念为中心的信息激励机制理论。

在委托—代理关系中,由于双方处于信息非对称状态,就难免出现一些道德风险问题,如隐瞒、不合作等。为了克服道德风险带来的危害,委托—代理关系理论发展了以合作和分担风险概念为中心的激励机制理论。

对于委托人来讲,只有使代理人行动效用最大化,才能保证其自身利益最大化。而要使代理人采取效用最大化行动,必须对代理人的工作进行有效的激励。因此,委托人与代理人,即制造商与供应商或制造商与经销商之间的利益协调,就转化为激励机制的设计问题。由此可见,设计出供应链上节点企业之间的有效激励机制,对保证供应链的顺畅高效运行(包括供应链物流)是非常重要的。

适当的监督成员企业并建立有效的激励机制,以委托—代理理论看来,代理人总是选择使自己效用最大化的行为,为了实现供应链整体利益的最大化,委托人应建立一套有效的激励机制,使企业的个别利益和供应链整体利益相联系,激励其在追求自身利益最大化的过程中实现供应链整体利益最大化。同时,应予以适当的监督,在最大范围内保证供应链成员企业间交易合同的公平性,减少成员企业的投机行为,促进供应链组织合理有序的运行,以最有效的合作方式完成供应链的目标。

二、供应链企业激励机制的特点

激励机制并不是一个新话题。在组织行为学中就专门讨论激励问题,在委托—代理理论中也研究激励问题。这里我们将激励的概念和范围扩大到了整个供应链及其相关企业上,从广义的激励角度研究供应链管理环境下的激励和激励机制的建立问题。

激励是委托人在非对称信息条件下影响代理人的手段,激励是指当事人 A 诱使具有私有信息的当事人 B 选择对当事人 A 有利的行动。当事人 A 无法确切知道当事人 B 的努力水平,只能通过一些信号来推断当事人 B 的努力水平,在此根据努力的信号给予当事人 B 报酬,间接地影响当事人 B 的努力水平,人们把这种影响方式称为激励。

根据组织行为学的基本观点,一个人的工作成绩可以用公式表示:工作成绩＝f(能力×动机),即一个人工作成绩的好坏,既取决于人的能力,也取决于人的动机。如果一个人的积极性被调动起来,即动机被激发,那么他取得的成绩就大。

小贴士

美国哈佛大学心理学家威廉·詹姆士(William James)在对职工的激励研究中发现按时计酬的职工仅能发挥其能力的 20％～30％,如果受到充分激励则可以达到 80％～

90％,也就是说,同样一个人在通过充分激励后所发挥的作用相当于激励前的 3～4 倍。它反映的是这样一个问题:在现代企业中,人们往往不是不会做,而是不积极地去做。

因此,企业管理重要问题之一是调动职工的工作积极性,而职工积极性是与个人需要和动机相联系,是由动机推动的。可以说,影响积极性的基本因素是人的需要和动机。我们应该明确这样一个观点:人人有待激励,人人可以激励。只有了解人的需要和动机的规律性,才能预测、引导和控制人的行为,才能达到激励职工、调动职工积极性的目的。这就是"需要—动机—行为—目标"激励模式。

从供应链的委托—代理特征去理解,所谓激励,就是委托人拥有一个价值标准,或一项社会福利目标,这些标准或目标可以是最小个人成本或社会成本约束下的最大预期效用,也可以是某种意义上的最优资源配置,或个人的理性配置集合。现在,委托人希望能够达到这些目标,那么,委托人应该制定什么样的规则,使其他市场参与者(代理人)都能够使利己行为的最后结果与委托人给出的标准一致呢?

更进一步地分析,激励就是委托人如何使代理人在选择或不选择委托人标准或目标时,从自身利益效用最大化出发,自愿或不得不选择与委托人标准或目标一致的行动。由于每个经济模型都是一个机制,因此,设计激励机制必然要求既定模型应符合参与约束和激励相容约束。

激励是一个心理学范畴,在管理学的应用中,对激励的研究一般限于个人行为的范围。供应链激励因其对象包括团体(供应链和企业)和个人(管理人员和一般员工)两部分而将研究范围扩大为个人的心理和团体的心理。

一般地讲,供应链涵盖的社会范围很大,具有社会性,供应链的团体心理即是社会心理。供应链的社会心理作为一个"整体"具有"个体"—个人心理的一般特性,即基于需要产生动机进而产生某些行为以达到目标。但是整体毕竟不是个体的简单相加,供应链的社会心理同时又具有其独特的一面。

委托—代理契约实际上是一种不完备的契约。由于人的自利性、有限理性和风险回避性,以及委托双方的条件各异、需要有别、利益目标不尽相同,"如果这种关系的双方当事人都是效用最大化者,就有充分的理由相信,代理人不会总以委托人的最大利益而行动。"

因此,委托人就有必要设计监督机制,防止代理人牺牲委托人的利益而追求自身利益的最大化,但由于委托双方信息不对称以及由此而产生的道德风险和逆向选择问题,使监督非常困难。

不仅如此,因验证信息成本较高,试图获得代理人完全信息的成本实际上很高而导致监督成本很高。因此,委托人应事先设计一种激励机制,采用奖励和惩罚的措施,诱使代理人通过实现委托人利益的最大化而实现自己利益的最大化,使二者的行为目标最大程度的趋于一致。

作为众多企业的集合,供应链管理系统也存在同样的问题。成员企业的积极性不够,核心企业的开拓精神不强烈,有些企业是小富即安,更有一些企业仅安于维持现状、做到不亏损就心满意足了,或者是受到竞争压力和外部某些压力(例如项目失败,市场需求疲软等)而退缩、丧失进取心等。一个企业如同一个人一样,也有需要、行为、动机和目的,也有心理活动,也有惰性,当然也需要激励。

供应链激励是供应链管理的一项重要工作。供应链包含组织层(即供应链层)、企业层和车间层三个层面,可激励对象包括供应链自身、成员企业、企业管理人员、一般员工。其中管理人员(企业家)和一般员工的激励属于企业激励机制的范畴,因此供应链激励主要专注于供应链环境下的成员企业。

三、供应链协议

供应链是目前新兴的一种生产组织模式,其研究正处于探索阶段。随着对供应链研究的深入进行,以及供应链生产组织模式被运用于实践,供应链生产组织模式需要某种规范形式的管理。供应链协议(supply chain protocol,SCP)正是针对这种需要而提出的。

供应链协议是将供应链管理工作进行程序化、标准化和规范化的协定,为供应链绩效评价和激励的实现提供了一个平台。供应链协议为激励目标的确立、供应链绩效测评和激励方式的确定提供基本依据。激励目标要与激励对象的需要相联系,同时也要反映激励主体的意图和符合供应链协议。激励方式视绩效评价结果和激励对象的需要具体而定。

供应链的运作以快速、高效、敏捷等特点而显示出竞争优势,兼容并蓄了许多先进管理方法如 JIT、MRPII、CIMS、FMS(柔性制造系统)等的优点。但是,供应链在运作时存在着安全性、法律法规、协商时间、供应链优化、主动性限制、供应链淘汰机制等现实问题。这些问题的存在,制约了供应链功能的发挥。

针对这几个根本性问题,相应地提出供应链协议,以规范对供应链运作的管理。供应链协议是根据供应链产品生产模式的特点,结合 GATT(《关税和贸易总协定》)、ISO 9000、EDI、TCP/IP 等多方面知识,将供应链管理工作程序化、标准化和规范化,使供应链系统能有效控制、良好运作、充分发挥功能。

简单地讲,供应链协议就是在一系列标准(供应链协议标准,简称 SCP 标准)支持下的拥有许多条目的文本(供应链协议文本,简称 SCP 文本),并且这些文本固化于一个网络系统(供应链协议网络系统,简称 SCPNet)中。供应链协议强调供应链的实用性和供应链管理的可操作性,重视完全信息化和快速响应的实现。

供应链协议的内容分为三个部分:供应链协议文本(SCP 文本);供应链协议标准(SCP 标准);供应链协议网(SCPNet)。

SCP 文本是供应链管理规范化、文本化、程序化的主体部分,包括 10 个部分。

(1)定义。

(2)语法规范。

(3)文本规范。

(4)供应链的组建和撤销。

(5)企业加入供应链条件、享受权利、应担风险以及应尽义务。

(6)供应关系的确立与解除。

(7)信息的传递、收集、共享与发布。

（8）供应、分销与生产的操作。

（9）资金结算。

（10）纠纷仲裁与责任追究。

SCP 标准包括产品标准、零配件标准、质量标准、标准合同、标准表（格）单（据）、标准指令、标准数据、标准文本以及 SCPNet 标准等。SCPNet 分为硬件和软件两部分。硬件为：Internet/Intranet/Extranet、客户机、工作站、网管中心。软件为：数据库、网络系统、SCPNet 支撑软件。

在供应链协议环境下，企业以期货形式在 SCPNet 上发布订单（接受订单），寻求供应商（得到销售商）。在这种灵活机制下，保持企业的主动性，并将不能适应的企业从供应链上淘汰出局。企业以接受 SCP 文本某某条款的形式在供应链中运作，极大地减少加入、组建供应链所需花费的较长谈判时间。

供应链通过网管中心来协调由于供应链的优化而带来的利益问题。网管中心一般设在核心企业，并由核心企业负责管理。在经济活动中，供应链由于有供应链协议的严格规定而实实在在地存在，并广泛地形成供应链与供应链间的竞争。

四、供应链激励机制的内容

供应链激励机制旨在激励供应链成员企业为了整个供应链目标的实现和本企业竞争力的提升，向合作博弈、互利共赢的方向努力。从一般意义上讲，激励机制的内容包括激励的主体与客体、激励的目标和激励的手段。

（一）激励主体与客体

激励主体是指激励者，激励客体是指被激励者，即激励对象。激励的主体从最初的业主转换到管理者、上级，到今天已经抽象为委托人。相应地，激励的客体从最初针对蓝领的工人阶层转换到白领的职员阶层，以及今天的代理人。

供应链管理中的激励对象（激励的客体）主要指其成员企业，如上游的供应商企业、下游的分销商企业等，也包括每个企业内部的管理人员和员工。

在这里主要讨论对以代理人为特征的供应链企业的激励，或对代理人的激励。因此供应链管理环境下的激励主体与客体主要如下。

（1）核心企业对成员企业的激励。

（2）制造商（下游企业）对供应商（上游企业）的激励。

（3）制造商（上游企业）对销售商（下游企业）的激励。

（4）供应链对成员企业的激励。

（5）成员企业对供应链的激励。

（二）激励目标

激励目标主要是通过某些激励手段，调动委托人和代理人的积极性，兼顾合作双方的共同利益，消除由于信息不对称和败德行为带来的风险，使供应链的运作更加顺畅，实现供应链企业共赢的目标。

（三）激励手段

供应链管理模式下的激励手段有多种多样。从激励理论的角度来理解，主要就是正激励和负激励两大类。

正激励和负激励是一种广义范围内的划分，如图 5-1 所示。正激励是指一般意义上的正向强化、正向激励，是鼓励人们采取某种行为；而负激励则是指一般意义上的负强化，是一种约束、一种惩罚，阻止人们采取某种行为。

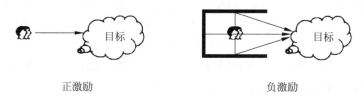

正激励　　　　　　　　　　　　负激励

图 5-1　正激励和负激励示意图

从图中可以看出，正激励是指在激励客体和激励目标之间形成一股激励力，使激励客体向激励目标进发。负激励是对激励客体实施诸多约束，而仅仅预留指向激励目标一个方向给激励客体发展，从而达到向激励目标进发的激励目的。通常的激励方式基本上都是正激励，负激励被作为约束机制来研究。

对于激励的手段，在现实管理中主要采取三种激励模式：物质激励模式、精神激励模式和感情激励模式。

物质性刺激是唯一或者是主要的激励手段。而物质性刺激因素中，金钱的作用则首当其冲。对于供应链管理来讲，物质激励模式可以理解为利润的刺激。要保证作代理人企业获得理所应当追求的经济利益，同时又能鼓励它积极工作，就要在物质利益上设立满足代理人经济需求的激励指标。

根据 Y 理论及"自我实现人"假设，人是有智慧而且有责任心的，他们追求挑战性和有意义的工作。从事这些工作并取得成功将会产生内在的精神上的激励，极大地调动人的积极性。供应链和企业拥有社会心理，同样追求挑战性和有意义的工作。更多的订单对于供应链来说就是一种挑战。

精神激励模式有公开表扬或批评、工作的承认、权力和责任、在同行中获得高的信誉和在公众中获得高的声誉等。感情激励模式既不以物资为刺激，也不是以精神理想为刺激，而是以企业与企业之间的感情联系为手段的激励模式，主要有沟通思想式、排忧解难式等。

但是对供应链企业的激励不仅仅如此，例如，一条供应链因为获得比别的供应链更多的信息而被激励。信息既不属于精神，也不属于物质，所以我们称之为信息激励模式。

一般而言，有以下几种激励模式可供参考。

1. 价格激励

在供应链环境下，各个企业在战略上是相互合作关系，但是各个企业的利益不能被忽视。供应链的各个企业间的利益分配主要体现在价格上。价格包含供应链利润在所有企业间的分配、供应链优化而产生的额外收益或损失在所有企业间的均衡。

供应链优化所产生的额外收益或损失大多数时候是在相应企业承担,但是在许多时候并不能辨别相应对象或者相应对象错位,因而必须对额外收益或损失进行均衡,这个均衡通过价格来反映。

高的价格能增强企业的积极性,不合理的低价会挫伤企业的积极性。供应链利润的合理分配有利于供应链企业间合作的稳定。因此,价格激励必须确保利润在供应链所有企业间的合理分配,以及因供应链优化而产生的额外收益或损失在所有企业间的均衡。

价格对企业的激励是显然的。高的价格能增强企业的积极性,不合理的低价会挫伤企业的积极性。供应链利润的合理分配有利于供应链企业间合作的稳定和运行的顺畅。

但是,价格激励本身也隐含着一定风险,这就是逆向选择问题。即制造商在挑选供应商时,由于过分强调低价格的谈判,他们往往选中了报价较低的企业,而将一些整体水平较好的企业排除在外,其结果影响了产品的质量、交货期等。

当然,看重眼前的利益是导致这一现象的一个不可忽视的原因,但出现这种差供应商排挤好供应商的最为根本的原因是:在签约前对供应商的不了解,没意识到报价越低,意味着违约的风险越高。因此,使用价格激励机制时要谨慎从事,不可一味强调低价策略。

2. 订单激励

供应链获得更多的订单是一种极大的激励,在供应链内的企业也需要更多的订单激励。一般地说,一个制造商拥有多个供应商。多个供应商竞争来自制造商的订单,多的订单对供应商是一种激励。

3. 商誉激励

商誉是一个企业的无形资产,对于企业极其重要。商誉来自供应链内其他企业的评价和在公众中的声誉,反映企业的社会地位(包括经济地位、政治地位和文化地位)。委托—代理理论认为:在激烈的竞争市场上,代理人的代理量(决定其收入)决定于其过去的代理质量与合作水平。

从长期来看,代理人必须对自己的行为负完全的责任。因此,即使没有显性激励合同,代理人也有积极性努力工作,因为这样做可以改进自己在代理人市场上的声誉,从而提高未来收入。

从我国目前的情况看,一个不可否认的事实是:外资企业和合资企业更看重自己的声誉,也拥有比较高的商业信誉。他们为着自己的声誉,也为着自己的未来利益,努力提高自身代理水平与合作水平。这是经过市场经济的长期洗礼而形成的无形资产,是他们在激烈的市场竞争中颇具实力的一个重要原因。

我国有些较差的国有企业在计划经济条件下成长,长期以来习惯于听命上级领导的指示,对纵向关系十分重视,而对横向关系则没有提高到一个战略的高度来认识。

久而久之,企业没有养成良好的合作精神。除了履行合同的意识较差外(如不能按交货期按时交货、不按合同付款、恶意欠债等),企业之间相互拖欠货款已经不是个别现象了,甚至发展成按期付款反而被看作不正常的奇怪现象。这些行为严重影响了这些企业的声誉。因为声誉差,一方面使企业难以获得订单;另一方面也埋下了风险的种子。

为了改变这种状况,应该从企业长远发展的战略目标出发,提高企业对商业信誉重要性的认识,不断提高信守合同、依法经营的市场经济意识。整个社会也要逐渐形成一个激励企业提高信誉的环境,一方面通过加强法制建设为市场经济保驾护航,严惩那些不遵守合同的行为;另一方面则要大力宣传那些遵纪守法、信守合同、注重信誉的企业,为这些企业获得更广泛的认同创造良好的氛围。通过这些措施,既可打击那些不遵守市场经济规则的企业,又可帮助那些做得好的企业赢得更多的用户,起到一种激励作用。

4. 信息激励

在信息时代里,信息对企业意味着生存。企业获得更多的信息意味着企业拥有更多的机会、更多的资源,从而获得激励。信息对供应链的激励实质属于一种间接的激励模式,但是它的激励作用不可低估。如果能在供应链企业群体中建立起信息共享机制,就会增加供应链各方在需求信息方面获得的及时性和透明性,从而避免牛鞭效应的产生。

如果能够快捷地获得合作企业的需求信息,本企业能够主动采取措施提供优质服务,必然使合作方的满意度大为提高,这对在合作方建立起信任有着非常重要的作用。因此,企业在新的信息不断产生的条件下,始终保持着对了解信息的欲望,也更加关注合作双方的运行状况,不断探求解决新问题的方法,这样就达到了对供应链企业激励的目的。

信息激励机制的提出,也在某种程度上克服了由于信息不对称而使供应链中的企业相互猜忌的弊端,消除了由此带来的风险。

5. 淘汰激励

优胜劣汰是市场竞争的重要法则,供应链自身也会面临淘汰。为了保持供应链的整体竞争力,供应链必须建立对成员企业的淘汰机制,从而在供应链内形成一种危机淘汰机制,使所有企业都有一种危机感。企业为了能在供应链体系获得群体优势的同时自己也获得发展,就必须承担一定的责任和义务,从而有效地防止供应链成员企业的各种短期行为。

淘汰激励是负激励的一种。优胜劣汰是世间事物生存的自然法则,供应链管理也不例外。为了使供应链的整体竞争力保持在一个较高的水平,供应链必须建立对成员企业的淘汰机制,同时供应链自身也面临淘汰。

淘汰弱者是市场规律之一,保持淘汰对企业或供应链都是一种激励。对于优秀企业或供应链来讲,淘汰弱者使其获得更优秀的业绩;对于业绩较差者,为避免淘汰的危险它更需要求上进。

淘汰激励是在供应链系统内形成一种危机激励机制,让所有合作企业都有一种危机感。这样一来,企业为了能在供应链管理体系获得群体优势的同时自己也获得发展,就必须承担一定的责任和义务,对自己承担的供货任务,从成本、质量、交货期等负全方位的责任。这一点对防止短期行为和"一锤子买卖"给供应链群体带来的风险也起到一定的作用。危机感可以从另一个角度激发企业发展。

6. 新产品/新技术的共同开发

新产品/新技术的共同开发和共同投资也是一种激励机制。新产品和新技术的共同开发和共同投资是一种有效的参与激励,它可以将供应链成员企业的利益捆绑在一起,从而起到较好的激励作用。

例如供应链管理成功的企业大都将供应商、经销商甚至用户结合到产品的研究开发中来,按照团队的工作方式开展全面合作,这种做法可以让供应商全面掌握新产品的开发信息,有利于新技术在供应链企业中的推广和开拓供应商的市场。

传统的管理模式下,制造商独立进行产品的研究与开发,只将零部件的最后设计结果交由供应商制造。供应商没有机会参与产品的研究与开发过程,只是被动地接受来自制造商的信息。

这种合作方式最理想的结果也就是供应商按期、按量、按质交货,不可能使供应商积极主动关心供应链管理。因此,供应链管理实施好的企业,都将供应商、经销商甚至用户结合到产品的研究开发工作中来,按照团队的工作方式(Team Work)展开全面合作。

在这种环境下,合作企业也成为整个产品开发中的一分子,其成败不仅影响制造商,而且也影响供应商及经销商。因此,每个人都会关心产品的开发工作,这就形成了一种激励机制,构成对供应链上企业的激励作用。

7. 组织激励

在一个较好的供应链环境下,企业之间的合作愉快,供应链的运作也通畅,少有争执。也就是说,一个良好组织的供应链对供应链及供应链内的企业都是一种激励。

减少供应商的数量,并与主要的供应商和经销商保持长期稳定的合作关系是制造商采取的组织激励的主要措施。但有些企业对待供应商与经销商的态度忽冷忽热,零部件供过于求时和供不应求时对经销商的态度两个样;产品供不应求时对经销商态度傲慢,供过于求时往往企图将损失转嫁给经销商,因此得不到供应商和经销商的信任与合作。

产生这种现象的根本原因,还是由于企业管理者的头脑中没有建立与供应商、经销商长期的战略合作的意识,管理者追求短期业绩的心理较重。如果不能从组织上保证供应链管理系统的运行环境,供应链的绩效也会受到影响。

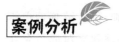
案例分析

弗莱克斯特罗尼克斯实施供应链绩效管理启示

电子制造服务(EMS)提供商弗莱克斯特罗尼克斯国际公司两年前便面临着一个既充满机遇又充满挑战的市场环境。弗莱克斯特罗尼克斯公司面临的境遇不是罕见的。事实上,许多其他行业的公司都在它们的供应链中面临着同样的问题。很多岌岌可危的问题存在于供应链的方方面面——采购、制造、分销、物流、设计、融资等。

供应链绩效控制的传统方法

惠普、3COM、诺基亚等高科技原始设备制造商(OEM)出现的外包趋势,来自电子制造服务业的订单却在减少,同时,弗莱克斯特罗尼克斯受到来自制造成本和直接材料成本大幅度缩减的压力。供应链绩效控制变得日益重要起来。

控制绩效的两种传统的方法是指标项目和平衡计分卡。在指标项目中,功能性组织和工作小组建立和跟踪那些被认为是与度量绩效最相关的指标。不幸的是,指标项目这种方法存在很多的局限性。试图克服某些局限性,许多公司采取了平衡计分卡项目。

虽然概念上具有强制性,绝大多数平衡计分卡作为静态管理"操作面板"实施,不能驱动行为或绩效的改进。弗莱克斯特罗尼克斯也被供应链绩效控制的缺陷苦苦折磨着。

供应链绩效管理周期

弗莱克斯特罗尼克斯实施供应链绩效管理带给业界很多启示：供应链绩效管理有许多基本的原则，可以避免传统方法的缺陷；交叉性功能平衡指标是必要的，但不是充分的。供应链绩效管理应该是一个周期，它包括确定问题、明确根本原因、以正确的行动对问题做出反应、连续确认处于风险中的数据、流程和行动。

弗莱克斯特罗尼克斯公司认为，定义关键绩效指标、异常条件和当环境发生变化时更新这些定义的能力是任何供应链绩效管理系统令人满意的一大特征。一旦异常情况被确认了，使用这需要知道潜在的根本原因，可采取的行动的选择路线，以及这种可选择行为的影响。以正确的行动对异常的绩效做出快速的响应是必要的。

但是，一旦响应已经确定，只有无缝的、及时的实施这些响应，公司才能取得绩效的改进。这些响应该是备有文件证明的，系统根据数据和信息发生以及异常绩效的解决做出不断地更新、调整。响应性行动导致了对异常、企业规则、业务流程的重新定义。因此，周期中连续地确认和更新流程是必要的。

在统计流程控制中，最大的挑战往往是失控情形的根本原因的确认。当确认异常时，对此的管理需要能确认这些异常的根本原因。供应链绩效管理应该也能在适当的位置上支持理解和诊断任务。这允许管理迅速重新得到相关的数据，相应地合计或者分解数据，按空间或者时间将数据分类。

弗莱克斯特罗尼克斯公司的成功，确认了供应链绩效管理作为供应链管理的基础性概念和实践的力量和重要性。

（资料来源：海事大学物流研究中心）

思考题：简要阐述绩效管理在供应链系统的重要性。

技能训练

一、简答题

1. 供应链绩效评价的内涵是什么？
2. 供应链绩效评价的内容和方法？
3. 供应链绩效评价指标选择的原则是什么？
4. 供应链绩效评价的指标有哪些？

二、论述题

1. 试论述供应链激励的重要性。
2. 请论述供应链激励机制的内容。

三、实训题

请以小组为单位，调查当地一家知名企业，结合其供应商评价指标体系，为其制定合理的绩效评价指标体系。

要求：1. 制订调研计划，列举相关评价指标体系。

2. 编写调研报告。

第六章

供应链的生产计划与控制

【学习目标】

• 理解供应链生产计划与控制的内容与特点；

• 掌握供应链环境下常见的生产计划与控制的方式。

【技能目标】

• 学会运用供应链生产计划与控制的方式对供应链企业进行生产的计划与控制；

• 根据供应链的要求，设计供应链企业的生产计划流程。

海信的生产管理

海信电器新搬至黄岛信息产业园，很多管理运作方式沿用江西路十一号的做法。但是搬迁后，如果继续沿用，海信将无法从巨量生产资金占用的泥沼中走出来。海信的生产计划部门一般只制订整机生产计划，不制订前工序（基板生产）的生产计划。

2003年，爱波瑞和海信开始合作帮助海信推行"精益生产"。爱波瑞的咨询顾问老师很快发现了海信计划体系存在的致命缺陷和吊挂线运输的巨大浪费。在爱波瑞咨询顾问的建议下，海信重新进行生产力布局，将机插车间的铆钉机、跨线机等按生产工艺流程布局，机器间只留下很少的空间，以便控制好"库存"。

事实上，海信在推行精益生产的过程中已经明确规定了"标准库存"。海信亦利用整机装配线之间的空隙，将手插线移至整机生产线，这样，手插线生产完毕后的基板就可以直接送入整机装配线，彻底消灭了原来手插线之后的库存，降低了大量生产资金的占用。

在开展精益生产的过程中，爱波瑞亦为海信建立了拉体系生产运作系统。看板是拉体系的载体，其记录着整机生产产品的品种、时间、物料名称、数量等。整机装配生产线在产品生产前将需要的部件写入生产看板，并且将生产看板送至上工序。

上工序按照看板的要求生产"恰当数量的恰当产品，并且按照恰当的时间交付产品"；对从仓库直接送整机装配生产线的物料，整机装配生产线将本工序需要的元器件写入引取看板，并将引取看板送至采购中心仓库，采购中心仓库据此配货，并在齐套区齐套，和整机装配线完成交接。通过拉体系，海信大幅降低了工序间的库存，降低了生产资金占用，生产资金周转速度加快。

海信彩电在生产的过程中，经常由于技术、物料等问题导致部分机器存在故障，不能及时入库，所以在生产车间的地面存放，这些故障产品可能由于事隔数日才能被修复，除了使生产车间现场显得十分凌乱之外，另外也容易因为标识不明造成质量事故，更重要的是占用一定的生产资金。

针对这种情况，海信在生产车间入口设立了"生产异常看板"，这些异常出现时，生产线体的班长将具体情况写入看板,责任部门立即协调解决,保证了这些机器在很短的时间内被修复,并检验合格入库。

利用各种手段,海信的生产获得了历史上从未有过的成绩,海信生产过程逐渐成为海信经营管理中最具特色的重要一环。

案例导学

"精益生产"给海信生产管理带来巨大的飞跃。一个企业尚且如此,对整个供应链来讲,生产管理的计划和控制的意义显得更为重要。本章就是针对供应链中生产计划与控制的内容展开论述。

第一节 生产计划与控制

一、生产计划与控制的内容

(一)制订生产作业计划衡量标准

衡量标准是为了合理组织企业生产活动,在生产产品或零部件数量和生产期方面规定的标准。有了标准的期和量,编制生产作业计划,组织生产过程中的物流就有了科学的依据。这对于提高生产过程的组织水平,实现均衡生产,改善生产的经济效益都有积极的作用。

(二)编制生产作业计划

将生产计划在时间、空间和计划单位上进一步细分。根据生产计划要求,具体地规定:做什么?何处做?谁去做?什么时间做?中间环节和结果怎样控制?通过生产作业计划的编制,把生产计划变成全厂职工为了实施计划目标而互相协调配合、紧密衔接的行动。

(三)生产现场管理

生产现场管理的主要内容包括以下几个方面。

1. 生产作业准备和服务

即按照生产作业计划要求的时间和数量,将生产所需的原材料、半成品、设备、工艺装备、能源、辅助材料等准备好,准时地配送到生产现场,及时排除临时发生的故障。生产的成品、废品和废料要及时运送和清除。

2. 生产现场的布置

设备、工具箱、在制品、使用的工具的布置要符合工艺流程和便于操作,节省体力和时间;原材料、半成品的堆放运送和取拿要符合文明生产和人机工程的要求;通风、照明、温湿度、噪声、粉尘、色调以及某些特殊要求等要符合劳动保护和人机工程的要求。

3. 生产任务的临时调配

生产中发生各种干扰因素后(如设备事故、工人缺勤、质量事故、停电、待料等),要采取果断措施,临时调配生产任务,以保证生产计划的完成。

4. 鼓励职工的劳动热情

从现场生产工人干活的速度、干劲、表情、态度等,可以最直接地观察到工人劳动情绪的高低。基层的生产管理者要理解工人、体贴工人所遇到的种种欢乐和幸福、苦恼和困难、忧愁和不幸,并用自己的实际行动鼓舞职工的劳动热情。

5. 生产控制

产品的生产过程,由于受到内部和外部、主观和客观、技术和管理等各种因素的影响,实际的进程与预定的计划无论在时间、数量、质量方面都可能发生偏差。生产控制就是要通过各种生产信息的反馈,检查和发现实际与计划的偏差,并及时采取措施使生产过程恢复正常状态。生产控制的主要内容包括生产进度控制、生产能力控制、在制品的控制等。

6. 生产现场管理为生产流程的优化与再造奠定基础

通过生产现场管理,积累了丰富的经验和数据,对生产过程的优势与不足有深刻的认识,对生产流程的优化或再造会有独到的见解。在实施生产流程的优化或再造时,一线生产管理的经验是重要的依据之一。所以,生产现场管理应注意收集现场生产管理的经验和数据,为生产流程的优化与再造奠定良好的基础。

二、供应链管理下生产计划与控制的特点

(一)与传统生产计划与控制的区别

供应链管理思想对企业的最直接和最深刻的影响是企业家决策思维方式发的转变:从传统、封闭的纵向思维方式向横向、开放思维方式转变。传统的企业生产计划是以某个企业的物流需求为中心展开的,缺乏和供应商的协调,企业的计划制订没有考虑供应商和分销商的实际情况,不确定性对库存和服务水平影响较大,库存控制策略也难以发挥作用。供应链管理思想与传统生产计划和控制的差别主要体现如下。

1. 决策信息来源的差别

生产计划的制订要依据一定的决策信息,即基础数据。在传统的生产计划决策模式中,计划决策的信息来自两个方面,一方面是需求信息,另一方面则是资源信息。需求信息又来自两个方面,一方是用户订单,另一方是需求预测。

通过这两方面信息的综合,得到制订生产计划所需要的需求信息;供应链管理环境下需求信息和企业资源的概念与传统是不同的。信息多源化是供应链环境下的主要特征,多源信息是供应链环境下生产计划的特点。另外,在供应链环境下资源信息不仅仅来自企业内部,还来自供应商、分销商和用户。

2. 决策模式的差别

传统的生产计划决策模式是一种集中式决策,而供应链管理环境下的决策模式是分布式、群体决策过程。基于多代理的供应链系统是立体的网络,各个节点企业具有相同的地位,有本地数据库和领域知识库,在形成供应链时,各个节点企业拥有暂时性的监视权和决策权,每个节点企业的生产计划决策都受到其他企业生产计划决策的影响,需要一种协调机制和冲突解决机制。

当一个企业的生产计划发生改变时需要其他企业的计划也做出相应的改变,这样供应链才能获得同步化的响应。

3. 信息反馈机制的差别

传统的企业生产计划的信息反馈机制是一种链式反馈机制,也就是说,信息反馈是企业内部从一个部门到另一个部门的直线性的传递,由于递阶组织结构的特点,信息传递一般是从底层向高层信息处理中心(权利中心)反馈,形成和组织结构平行的信息递阶的传统模式;以团队工作为特征的多代理组织模式使供应链具有网络化结构特征,因此供应链管理模式不是递阶管理,也不是矩阵管理,而是网络化管理。

企业之间信息的交互频率也会比传统企业信息传递的频率大得多,因此必须采用并行化信息传递模式。

4. 计划运行环境的差异

复杂多变的环境,增加了企业生产计划运行的不确定性和动态性因素。而传统的 MRP II 系统缺乏柔性,因为它以固定的环境约束变量应付不确定的市场环境,以不变应万变显然是不行的。

供应链管理环境下的生产计划是在不确定的运行环境下进行的,因此要求生产计划与控制系统具有更高的柔性和敏捷性,比如提前期的柔性、生产批量的柔性等。

供应链管理环境下的生产计划涉及的多是订单化生产,这种生产模式要求动态性更强。因此生产计划与控制更多地考虑不确定性和动态性因素,使生产计划具有更高的柔性和敏捷性,使企业能对市场变化做出快速反应。

传统生产计划和控制与供应链管理的差别如表 6-1 所示。

(二)供应链下的生产计划与控制

供应链是由不同的企业组成的企业网络,有紧密型的联合体成员,有协作型的伙伴企业,有动态联盟的战略伙伴。作为供应链的整体,以核心企业为龙头,把各个参与供应链的企业有效地组织起来,优化供应链企业整体的资源,以最低的成本和最快的速度生产最好的产品,迅速地满足用户需求,达到快速响应市场和用户需求的目的,这是供应链企业计划根本的目的和要求。

有效的供应链计划与控制系统集成企业所有的计划和决策业务,包括需求预测、库存控制、资源配置、设备管理、渠道优化、生产作业计划、物料需求与采购计划等。

表 6-1　传统生产计划和控制与供应链管理的差别

	传统生产计划和控制	供应链管理思想
决策信息来源	需求信息:用户订单、需求预测资源信息	信息多源化:企业内部、供应商、分销商、用户
决策模式	集中式决策	分布式、群体决策
信息反馈机制	链式反馈机制:直线性传递	网络化管理
计划运行环境	MRP II	柔性、敏捷性

供应链下的计划与控制需要考虑以下几个方面的问题:

(1)供应链企业计划方法与工具。包括 MRP II、管理 JIT、DPR/LRP。

(2)供应链企业计划优化方法。主要采用 TOC 理论:线性规划、非线性及混合规划方法、随机库存理论与网络计划模型。

（3）供应链企业计划类型。根据供应链企业计划对象和优化状态空间,有全局供应链计划和局部供应链计划。

（4）供应链企业计划层次性。根据供应链企业计划的决策空间,分为战略供应链计划、战术供应链计划和运作供应链计划 3 个层次。

1. 生产计划同步化

在当今买方市场环境下,制造商必须具有面对不确定性事件来及时修改计划的能力。要做到这一点,企业的制造加工过程、数据模型、信息系统和通信基础设施必须无缝地连接且实时地运作。

供应链同步化计划的提出是企业最终实现敏捷供应链管理的必然选择。供应链企业的同步化计划使计划在修改或执行中遇到的问题能在整个供应链上获得共享和支持,物料和其他资源的管理是在实时的牵引方式下进行的。

供应链企业同步计划可通过改进 MRP Ⅱ 和 ERP 中加入新技术、充分利用开放系统的概念和集成工具来实现。同时,同步化计划能够支持供应链分布、异构环境下"即插即用"的要求。但要实现这一点,必须使供应链中的信息达到同步共享。

建立在 EID/Internet 之下的供应链信息集成平台,为供应链企业之间的信息交流提供了共享窗口和交流渠道,从而保证了供应链企业同步化计划的实现,如图 6-1 所示。

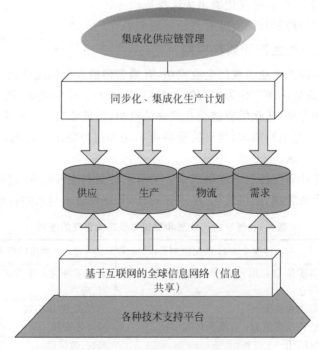

图 6-1　供应链下的企业同步化计划

供应链企业同步化计划的提出是为了挑战供应链运行中的约束。供应链运行的约束有来自于采购的约束、来自于生产的约束,也有来自于销售的约束。这些约束的不良后果会导致"组合约束爆炸"。

因此要实现供应链企业的同步化计划,一方面要建立起不同供应链之间的有效通信标准,如 CORNA 规范、基于因特网的 TCP/IP 协议等,使信息交流和协作功能也有独立的自主功能。当供应链的整体利益和各个代理商个体利益发生冲突时,必须快速协商解决,否则供应链同步化难以实现。因此建立分布的协调机制对供应链同步化计划的实现是非常重要的。

要实现供应链的同步化计划,必须建立起代理之间的透明的合作机制。供应链企业之间的合作方式主要有同时同地、同时异地、异时同地和异时异地 4 种情形。因此,供应链企业的合作模式表现为四种模式:同步模式、异步模式、分布式同步模式和分布式异步模式。多代理的供应链组织管理模式,使传统的递阶控制组织模式向扁平化网络组织过渡,实现了网络化管理。

2. 物料需求计划

物料需求计划(material requirements planning ,MPR),是 20 世纪 60 年代产生的库存管理方法,它是利用计算机编制材料物资需求计划的一种方法。在每一个制造企业中,一种产品往往由有多种部件组装而成,每种部件又是多种零部件和材料制造而成。这样的产品和零部件及材料用品之间就构成相互依赖的联动需求关系。物料需求计划就是将这种联动需求关系纳入计算机系统,由计算机系统编制企业的材料物料需求计划。

推行 MRP 能很好地协调与优化企业内部的供应链活动,使企业的生产活动作业,如采购、订单处理、后勤、仓储以及预测、计划、管理与控制等管理活动得到非常好的整合。

1) 基本流程

MRP 系统输入的主要信息是企业的主生产计划(master production schedule)以及与材料物资相关的存货记录和产品、部件用料清单,输出信息即为物资需求计划。输入、输出信息如图 6-2 所示。

根据图 6-2,物料需求计划的实施通常有以下步骤。

(1) 预计最终产品的需求量。

(2) 列出每种产品生产需要原材料、零部件的清单。

(3) 考虑生产提前期,确定生产和采购的批量和时间。

(4) 确定每一种生产工序生产数量和材料的采购量。

(5) 最后计算出全部材料物资采购数量和采购时间计划。

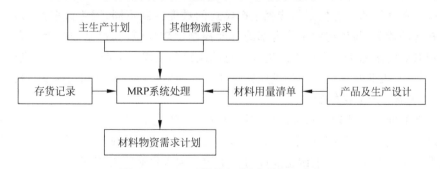

图 6-2 MRP 系统输入/输出信息示意图

2) 物料需求计划特点

MRP 与传统的库存管理相比具有以下特点:传统的库存管理用单项确定方法解决

生产中材料物资的联动需求,难免相互脱节,同时采用人工处理,工作量大;用 MRP 系统规划联动需求,使各项材料物资相互依存、相互衔接,使需求计划更加客观可靠,也大大减少了计划的工作量。

实施 MRP 要求企业制订详细、可靠的主生产计划,提供可靠的存货记录,迫使企业分析生产能力和对各项工作进行检查,将计划做得更细。MRP 系统提供的材料物资需求计划是企业编制资金需求计划的依据。

当企业的主生产计划发生改变。MRP 系统根据主生产计划的最新数据进行调整,及时提供材料物资联动需求和库存计划,企业可以安排相关工作,采用必要的措施。

MRP 系统对于材料物资种类繁多、多层次联动需求计划的制造型企业,使用效果尤其显著。因为材料种类多,联动需求重叠,人工编制材料需求计划工作量难以想象,生产计划若有变化,更无法做出及时反应。

当然,物料需求计划虽然对采购什么、何时采购进行了精确的计划,仍然需要事先确定提前期、订货批量、安全库存等。如果没有将生产经营过程的其他方面与库存管理联系起来,仍难免会导致库存积压,造成运送、等待等方面的浪费。

 小贴士

物料需求计划的优点:①计划统一可行;②管理系统数据共享;③物流与资金流统一;④使生产过程各环节相互衔接,使生产过程保持连续性;⑤消除生产和库存的盲目性;⑥消除过量生产和短缺并存的局面。

(三) 供应链下的生产计划与控制特点

供应链环境下的企业生产控制和传统的企业生产控制模式不同。前者需要更多的协调机制(企业内部和企业之间的协调),体现了供应链的战略伙伴关系原则。供应链环境下的生产协调控制包括如下几个方面的内容:

1. 生产进度控制

生产进度控制的目的在于依据生产作业计划,检查零部件的投入和出产数量、出产时间和配套性,保证产品能准时装配出厂。

供应链环境下的进度控制与传统生产模式的进度控制不同,因为许多产品是协作生产的和转包的业务,与传统的企业内部的进度控制比较来说,其控制的难度更大,必须建立在一种有效的跟踪机制进行生产进度信息的跟踪和反馈。生产进度控制在供应链管理中有重要作用,因此必须研究解决供应链企业之间的信息跟踪机制和快速反应机制。

2. 供应链生产节奏控制

供应链的同步化计划需求解决供应链企业之间的是生产同步化问题,只有各种供应链企业之间及企业内部各部门之间保持步调一致时,供应链的同步化才能实现。供应链形成的准时生产系统,要求上游企业准时为下游企业提供必需的零部件。

如果供应链中的任何一个企业不能准时交货,都会导致供应链不稳定或中断,导致供应链对用户的响应性下降,因此严格控制供应链的生产节奏对供应链的敏捷性是十分重要的。

3. 提前期管理

基于时间的竞争是 20 世纪 90 年代一种新的竞争策略,具体到企业的运行层,主要体现为提前期的管理,这是实现 QCR、ECR 策略的重要内容。

供应链环境下的生产控制中,提前期管理实现快速响应用户需求的有效途径,缺乏对供应商不确定性的有效控制是供应商提前期管理中的一大难点。因此,建立有效的供应提前期的管理模式和交货期的设置系统是供应链提前期管理中值得研究的问题。

1) 供应链提前期压缩的重要意义

(1) 可以更好地实现供应链管理的目标。供应链管理的目标是在保证一定客户服务水平的前提下,尽可能降低供应链成本,其实质是在提高客户服务水平与降低供应链成本间谋求平衡点。然而,在实际运作中,这两个目标经常发生冲突:一方面,高客户服务水平要求保有大量的库存,而大量的库存往往会增加供应链的成本;另一方面,为降低供应链成本,尤其是库存成本,又要求减少库存,但盲目地减少库存却容易导致客户服务水平的下降。

通过供应链提前期的压缩,可以使供应链中所有的实体都能够更为高效的运转,生产和物流的流程能够在较少的时间内完成,减少损失浪费,进而以更低的供应链库存和成本实现既定的或者更高的客户服务水平。

(2) 可以减少供应链中的非增值过程。在供应链中,将供应链接受订单到商品交到顾客手中并转换成现金所用的时间称为供应链提前期。供应链提前期越短,说明时间压缩的效果越好,反之,说明时间压缩的效果不理想。由于资金和资源是与订单相对应的,所以只有对产品设计到原材料、部件的安排,从生产过程、出厂、运输到最终顾客以及售后服务这些活动进行有效的管理,才能从满意的顾客手中尽快"换回钞票"。

为此,首先要审视供应链中的每一个环节和每一项活动,"这项活动是增加了客户价值,还是只增加了成本而已?"因此,压缩提前期,必然会消除或简化不增值、增值能力低、耗时多的流程,进而减少整个供应链的非价值增值过程。

(3) 可以提高供应链需求预测的准确性。距离销售季节开始的时间越近,则会越接近销售事实,销售商对市场的判断和预测就会相对越准确。因而,如果整个供应链从原材料供应到最终产品产出的生产流通周期短,则距离销售季节的时间就越近,需求预测就容易准确。

按照需求预测精度漏斗,若供应链生产流通周期为 40 周,需求预测误差可达 42% 左右;若供应链生产流通周期为 30 周,需求预测误差可达 18% 左右;若供应链生产流通周期为 20 周,需求预测误差可达 12% 左右。因此,通过压缩提前期,缩短供应链的生产流通周期,可以大大提高需求预测的准确性。

(4) 可以避免供应链销售损失。作为供应链最终产品的使用者——终端顾客对于商品的需求越来越苛刻,不仅要求商品有好的质量、低廉的价格、良好的顾客服务,还要求供应链迅速地把产品送到手中。

这些顾客可以分为忠诚顾客和非忠诚顾客。其中忠诚顾客允许供应商延期交货,而非忠诚顾客当无法立即得到满意的商品时会产生不满心理,这种不满意很可能导致其选择可立即交货的商品,即选择来自其他供应商的替代商品。因而,对于非忠诚顾客来说,压缩提前期可以减低其不满,进而使供应链避免销售损失。

(5) 可以减轻供应链中的"牛鞭效应"。提前期是需求信息放大效应(即"牛鞭效应")的主要因素之一。因为提前期对安全库存水平和订货点有着重要影响,且提前期越长,需求变动的微小变化引起的订货量变化就越大。而供应链中的各成员企业由于对交货的准确时间心中无数,往往希望对交货日期留有一定的余地,因而有较长的提前期。

这样一来,逐级地将提前期拉长也造成了"牛鞭效应"。而缩短提前期可以提高预测的准确性,使订货量更加准确,减小供应链中各阶段的需求运动变动。因此有效地缩短提前期,不仅可以降低安全库存水平,节约库存投资,提高客户服务水平,很好地满足供应链时间竞争的要求,还可以减轻供应链中的"牛鞭效应"。

2) 供应链提前期的构成分析

供应链提前期由采购提前期、制造提前期、发运提前期和交货提前期等构成,如图 6-3 所示。

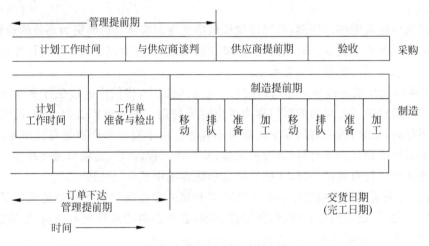

图 6-3 供应链提前期的构成

(1) 采购提前期。采购提前期一般由采购预处理提前期、采购处理提前期、采购后处理提前期组成。采购预处理提前期是决定采购订单发出之前的处理过程的时间,包括报价、确定供应商、商务谈判、签订订单、审批合同等过程。

(2) 采购处理提前期是从供应商接受订单及发货到指定地点的时间,它一般包括采购、制造、发运等提前期。采购后处理提前期是从接收地收货、点数、检验到接受入库的时间。

(3) 制造提前期。制造提前期一般由制造预处理提前期、制造提前期和制造后处理提前期构成。制造预处理提前期一般由库存时间、备料时间等构成。就一个工序或工位而言,制造提前期是在某个工序或工位上开始装具到加工完成拆卸下来的时间;就一批产品而言,制造提前期是指从加工该批产品开始到最后一件产品卸下加工设备的时间。制造后处理提前期是指检验、搬运等时间。

(4) 发运提前期。发运提前期是从产品装车至运输到目的地的时间。

(5) 交货提前期。交货提前期是从顾客订货到获得商品的时间。

从供应链提前期的构成中可以看到,在具体的每个提前期部分,又都包括两种提前期:物流提前期和信息提前期。从整个供应链的角度来看,物流提前期表现为从原材料到产成品并流向最终客户的时间,而信息提前期表现为向供应链上游传递信息的时间。

4. 库存控制和在制品管理

库存在应付需求不确定时有其积极的作用,但是库存又是一种资源浪费。在供应链管理模式下,实施多极、多点、多方管理库存的策略,对提高供应链环境下的库存管理水平、降低制造成本有着重要意义。这种库存管理模式设计的部门不仅仅是企业内部。

基于JIT的供应与采购、供应商管理库存(vendor management inventory,VMI)联合库存(pooling)管理等是供应链库存管理的新方法,对降低库存都有重要作用。因此,建立供应链管理环境下的库存控制体系和运作模式对提高供应链的库存管理水平有着重要作用,是供应链企业生产控制的重要手段。

在制品库存的有效控制是实现生产物流系统快速响应的一个重要方面,对于一个离散的简单的单输入/单输出生产系统(single input single output,SISO),其系统的在制品库存控制示意图如图 6-4 所示。

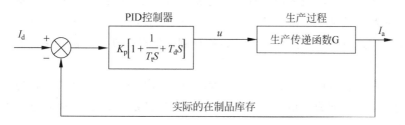

图 6-4　SISO 生产系统的在制品库存控制示意图

在这样一个生产系统中理想的在制品库存 I_d、实际的在制品库存 I_a、生产过程的传递函数都为已知条件,而一个好的鲁棒控制器会使得系统响应对过程模型 G 的参数变化不敏感,而 PID 控制器中的三个参数直接影响着系统的敏感程度,也即 PID 控制器中的三个参数是系统灵敏度的函数。

所以只要对三个参数进行合理地选择就会实现生产物流系统中在制品库存的有效控制,而这三个参数的合理选择以及三个参数的合理组合是要深入研究的重点。

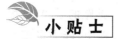

以闭环系统的鲁棒性作为目标设计得到的固定控制器称为鲁棒控制器。由于工况变动、外部干扰以及建模误差的缘故实际工业过程的精确模型是很难得到,而系统的各种故障也将导致模型的不确定性。因此,可以说模型的不确定性在控制系统中广泛存在!

鲁棒性就是系统的健壮性。它是在异常和危险情况下系统生存的关键。

三、供应链下生产计划与控制的过程

(一)纵向和横向的信息集成

这里的纵向是指供应链由下游向上游的信息集成,而横向是指生产相同或类似产品的企业之间的信息共享,如图 6-5 所示。

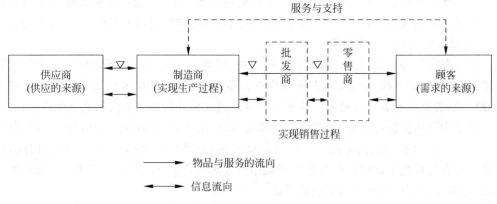

图 6-5　供应链中的信息集成

在生产计划过程中上游企业的生产能力信息在生产计划的能力分析中独立发挥作用。通过在主生产计划和投入出产计划中分别进行的粗、细能力平衡,上游企业承接订单的能力和意愿都反映到了下游企业的生产计划中。同时,上游企业的生产进度信息也和下游企业的生产进度信息一道作为滚动编制计划的依据。其目的在于保持上下游企业间生产活动的同步。

外包决策和外包生产进度分析是集中体现供应链横向集成的环节。在外包中所涉及的企业都能够生产相同或类似的产品,或者说在供应链的网络上是属于同一产品级别的企业。

企业在编制主生产计划时所面临的订单,在两种情况下可能转向外包:一是企业本身或其上游企业的生产能力无法承受需求波动所带来的负荷;二是所承接的订单通过外包所获得利润大于企业自己进行生产的利润。

无论在何种情况下,都需要承接外包的企业的基本数据来支持企业的活力分析,以确定是否外包。同时,由于企业对该订单的客户有直接的责任,因此也需要承接外包企业进度信息来确保对客户的供应。

(二) 生产能力的平衡

在通常的概念中,能力平衡只是一种分析生产任务与生产能力之间差距的手段,再根据能力平衡的结果对计划进行修正。在供应链管理下定制生产计划过程中,能力平衡发挥了以下作用。

(1) 为修正主要生产计划和投入产出计划根据提供依据,这也是能力平衡的传统作用。

(2) 能力平衡是进行外包决策和零部件(原材料)急件外购的决策依据。

(3) 在主生产计划和投入出产计划中所使用的上游企业能力数据,反映了其在合作中所愿意承担的生产负荷,可以为供应链管理的高效运作提供保证。

(4) 在信息技术的支持下,对本企业和上游企业的能力状态的实时更新使生产计划具有较高的可行性。

（三）生产计划的循环过程

在企业独立运行生产计划系统时，一般有三个信息流的闭环，而且都在企业内部。

（1）主生产计划—粗能力平衡—主生产计划。

（2）投入出产计划—能力需求分析（细能力平衡）—投入出产计划。

（3）投入出产计划—车间作业计划—生产进度状态—投入出产计划。

在供应链管理下，生产计划的信息流跨越了企业，从而增添了新的内容。

（1）主生产计划—供应链企业粗能力平衡—主生产计划。

（2）主生产计划—外包工程计划—外包工程进度—主生产计划。

（3）外包工程计划—主生产计划—供应链企业生产能力平衡—外包工程计划。

（4）投入出产计划—供应链企业能力需求分析（细能力分析）—投入产出计划。

（5）投入出产计划—上游企业生产进度分析—投入出产计划。

（6）投入出产计划—车间作业计划—生产进度状态—投入出产计划。

需要说明的是，以上各循环中的信息流都只是各自循环所必需的信息流的一部分，但可对计划的某个方面起决定性作用。

第二节　供应链管理中的生产计划与控制方式

一、准时化生产方式

准时化生产方式（just in time，JIT）是一种产生于 20 世纪五六十年代日本的生产管理方式。指企业生产系统的各个环节、工序只在需要的时候，按需要的量，生产出所需要的产品。

 小知识

JIT 分为：JIT 生产现场控制技术和 JIT 生产系统设计与计划技术。

1. JIT 生产现场控制技术

JIT 要求在正确的时间，生产正确数量的、所需的产品，即准时生产。JIT 的产品仅当后续工序提出要求时才生产，它是一种"拉动"式的生产方式，后工序需要多少，前工序就生产或供应多少。它改变了传统生产过程中前道工序向后工序送货的方式，却反其道而行：后道工序根据"看板"向前道工序提取产品。

前道工序按"看板"要求只生产后道工序取走的数量的工件作为补充，现场操作人员根据"看板"进行生产作业。

看板系统是 JIT 生产现场控制技术的核心，利用看板技术控制生产和物流，以达到准时生产的目的 JIT 的生产现场控制系统由于使用了看板卡，它是 JIT 的表现形式。

2. JIT 生产系统设计与计划技术

看板的应用建立于一系列生产管理技术的基础上。为便于看板的应用，通常在 JIT 系统中，要进行广义上的生产系统设计，包括市场、加工工艺、生产管理、质量工程、销售、产品设计、工厂布局等。

(资料来源: http://baike.baidu.com/view/4409279.htm)

(一) JIT 生产方式的目标

JIT 的目标是彻底消除浪费以及无效劳动。具体如下。

(1) 零废品;

(2) 零准结时间;

(3) 零库存;

(4) 最低搬运量;

(5) 最低机器损坏率;

(6) 短生产提前期;

(7) 低批量。

设计者将浪费、无效劳动分为以下方面。

(1) 制造过剩零部件的浪费和无效劳动;

(2) 空闲待工的浪费;

(3) 无效的搬运劳动;

(4) 库存积压的浪费和无效劳动;

(5) 加工本身的无效劳动;

(6) 动作方面的无效劳动;

(7) 生产不合格品的浪费和无效劳动。

为消除上述浪费、无效劳动,就必须不断追求最优生产系统设计和最佳操作状态。

(二) JIT 生产方式的原则

为了达到上述目标,JIT 对于产品和生产系统设计考虑的主要原则如下。

(1) 应使产品的设计与市场需求一致;

(2) 应考虑出便于生产的产品设计;

(3) 应尽量采用成组技术和流程式生产;

(4) 应与原材料或外购件的供应者建立联系,为 JIT 供应原材料。

背景资料

　　JIT 系统的前提是准时生产,然后对出生产过量的浪费(以及其他方面的浪费)、设备、人员等资源进行调整改进。如此不断循环,促使成本逐渐降低,计划和控制水平也随之不断简化与提高。JIT 首先出现于日本,与其国情十分有关:日本国土面积狭小,而人口密度大,加之自然资源贫乏,因此在生产管理中,就必须充分利用各种资源,避免各种可能的浪费。

　　另外,土地昂贵,工厂布局必须尽量合理,占地面积小,同时要求物流通畅,减少仓储面积;在他们看来,有库存积压是一种浪费,当然废品则是更大的浪费。

　　JIT 的创立者们认为,生产技术的改进固然可以降低生产成本,但当各企业在生产工艺上的差异不存在或很小时,只能采取合理配置使用设备、人员、材料等资源的方式,以较多地降低成本。

（资料来源：http：//baike.baidu.com/view/4409279.htm）

（三）JIT运行的手段

有了一个明确的目标，JIT生产方式还需要相应的手段来确保各目标的实现，通常有以下三种手段：

1. 适时适量生产

适时适量生产、即"在需要的时候，按需要的量生产所需的产品"。对于企业来说，各种产品的产量必须能够灵活的适应市场需求量的变化，否则就会造成资源的浪费。为了降低甚至避免这种无谓的浪费，实施适时适量生产必不可少的。

首先，为了实现适时适量生产，首先需要致力于生产环节的同步化。即工序间不停留，一道工序加工结束后，立即转到下一工序，装配线与机械加工几乎同步进行。

其次，要注意对产品的合理设计。具体方法包括模块化设计，设计的产品尽量使用通用件、标准件，设计时应考虑有助于实现生产自动化以降低时间成本。

最后，JIT要求均衡化生产，即总装配线在向以前工序领取零部件时应均衡地使用各种零部件，来生产各种产品。在制订生产计划时就必须考虑均衡化生产，将其体现于产品实现计划中，使物流在各作业、生产线、工序、工厂之间均衡地流动。为达到均衡化生产，JIT采用月计划、日计划，并根据需求的变化及时对计划进行调整。

 小 知 识

适时适量生产具有生产同步化和生产均衡化两种方法，具体如下。

1. 生产同步化

生产同步化，即工序间不设置仓库，前一工序的加工结束后，使半产品立即转到下一工序去，装配线与机械加工几乎平行进行。在铸造、锻造、冲压等必须成批生产的工序，则通过尽量缩短作业更换时间来尽量缩小生产批量。生产的同步化通过后工序领取这样的方法来实现。

2. 生产均衡化

生产均衡化是实现适时适量生产的前提条件。所谓生产的均衡化，是指总装配线在向前工序领取零部件时应均衡地使用各种零部件，生产各种产品。为此在制订生产计划时就必须全面考虑，然后将其体现在产品生产顺序计划之中。

3. 资源配置合理化

资源配置的合理化是实现降低成本目标的最终途径，具体指在生产线内外，所有的设备、人员和零部件都得到最合理的调配和分派，在最需要的时候以最及时的方式到位。从设备而言，设备包括，相关模具实现快速装换调整，例如，丰田公司发明并采用的设备快速装换调整的方法是SMED法。丰田公司所有大中型设备的装换调整操作均能够在10分钟之内完成，这为"多品种、小批量"的均衡化生产奠定了基础。

（资料来源：http：//baike.baidu.com/view/4409279.htm）

2. 弹性配置作业人员

劳动费用是成本的一个组成部分，求企业要根据生产量的变动，弹性地增减各生产线的作业人数，以求尽量用较少的人员完成较多的生产活动。这种人员弹性配置的方法一反历来生产系统中的"定员制"，对作业人员提出了更高的要求，即为了适应这种变化，工人必须成为具有各种技能的"多面手"。

3. 质量管理贯穿其中

JIT生产方式打破传统生产方式认为质量与成本之间成反比关系，通过将质量管理贯穿于每一工序中来实现产品的高质量与低成本，具体方法包括：

（1）纠正措施

生产第一线的设备操作工人发现存在产品或设备问题时，有权自行停止生产，这样便可防止次品的重复出现，并杜绝类似产品的再产生，从而避免了由此可能造成的大量浪费。

（2）预防措施

安装各种自动停止装置和加工状态检测装置，使设备或生产线能够自动检测次品，一旦发现异常或不良产品可以自动停止设备运行。

通常的质量管理方法只是在最后一道工序对产品进行检验，不能有效预防不合格的再次发生。因为发现问题后如不立即停止生产的话，难免会持续出现类似的问题，同时还会出现"缺陷"的叠加现象，增加最后检验的频次，无形中成本增加。

JIT生产方式中发现问题就会立即停止生产并进行分析改进，久之则生产中存在的问题越来越少，企业的生产过程质量就也逐渐增强。

二、最优生产技术（OPT）

（一）最优生产技术的含义

OPT是"optimized production technology"的英文缩写，我国译作"优化生产技术"或"最优生产技术"。它是由以色列物理学家Eli Goldratt于20世纪70年代末首创的。最初，他为朋友的一个处于困境的制造厂设计开发了一套用于安排人力和物料调度的计算机软件，该软件实施运行后，使该厂迅速摆脱了困境。在此基础上，Goldratt随后又开发了一个广泛适用于制造业的管理软件，这就是OPT软件。

OPT最初它被称作最优生产时间表（optimized production timetable），20世纪80年代才改称为最优生产技术。后来Goldratt又进一步将它发展成为约束理论（Theory of Constraints）。OPT产生的时间不长，却取得了令人瞩目的成就，是继MRP和JIT（Just in Time）之后出现的又一项组织生产的新方式。

OPT管理思想认为：对于加工装配型企业来说，市场波动是客观存在的，因而品种的多变性和生产的不均衡性也是必然存在的，一味追求各环节生产能力的协调平衡是不现实的。现实的做法是集中精力提高瓶颈资源的利用率，以瓶颈资源得到高效率利用为目标来追求物流过程的平衡，实现物流的同步化，即各道工序都与瓶颈工序同步。

OPT并不要求将所有资源的可利用能力都加以充分利用，而是强调资源利用的有效性。它认为在非瓶颈资源上存在适度闲置是允许的，或者说在非瓶颈资源上节省时间是没有意义的。采取措施去提高非瓶颈资源的生产率，只能增加资源的空闲时间，并不能增加企业的产出量，还会付出不必要的代价。

因此,生产控制与成本控制方法应以瓶颈工序为核心来设计,对瓶颈工序之前的工序,按拉动(Pull)方式进行计划与控制,对瓶颈工序之后的工序,按推动(Push)方式进行计划与控制。为了提高整个系统的产出量,保证瓶颈资源满负荷工作,系统中应设置适当的缓冲环节。

(二)OPT 的目标

OPT 的倡导者强调,任何制造企业的真正目标只有一个,即在现在和将来都能赚钱。要实现这个目标,必须在增加产销率的同时,减少库存和运行费。

1. 财务指标

要衡量一个企业是否能赚钱,通常采用以下三个指标。

1) 净利润(Net Profit,NP)

净利润即一个企业赚多少钱的绝对量。一般来说,净利润越高的企业,其效益越好。

2) 投资收益率(Return on Investment,ROI)

投资收益率(表示一定时期的收益与投资的比。当两个企业投资不同时,单靠净利润是无法比较它们效益的好坏。例如,两个企业的年净利润均为 50 万元,其中一个投资 100 万元,而另一个投资 200 万元,显然前者的效益要好。

3) 现金流量(Cash Flow,CF)

现金流量表示短期内收入和支出的钱。没有一定的现金流量,企业也就无法生存下去。

以上三个指标主要考虑的是对现有资源的有效利用和安排。但是,它们并不能直接用于指导生产,因为它们太一般。例如,究竟采用多大批量为好,是无法直接从这三个指标作出判断的。因此,需要一些作业指标作桥梁。如果这些作业指标好,以上三个指标就好,则说明企业赚钱。

2. 作业指标

按照最优生产技术 OPT 的观点,在生产系统中,作业指标有以下三种:

1) 产销率(Throughput,T)

按 OPT 的规定,它不是一般的通过率或产出率,而是单位时间内生产出来并销售出去的量,即通过销售活动获取金钱的速率。生产出来但未销售出去的产品只能是库存。

2) 库存(Inventory,I)

库存是一切暂时不用的资源。它不仅包括为满足未来需要而准备的原材料,加工过程的在制品和一时不用的零、部件,未销售的成品,而且还包括扣除折旧后的固定资产。库存占用了资金,产生机会成本及一系列维持库存所需的费用。

3) 运行费(Operating Expenses,OE)

它是生产系统将库存转化为产销量的过程中的一切花费,其中包括所有的直接费用和间接费用。如果以货币来衡量,T 是要进入系统的钱,I 是存放在系统中的钱,而 OE 则是将 I 变成 T 而付出的钱。

3. 作业指标与财务指标的关系

作业指标与财务指标的关系,如图 6-6 所示。

下面分析三个作业指标与净利润（NP）、投资收益率（ROI）、现金流（CF）的关系：

T 增加，而 I 和 OE 不变时，显然 NP、ROI 和 CF 都随之增加。但是当 OE 减少，而 T 和 I 不变时，也会导致 NP、ROI 和 CF 增加。然而，当 I 减少，T 和 OE 不变时，情况就不那么简单。I 降低使库存投资减少，当 T 不变时，ROI 将提高。同时，I 降低可加快资金周转，使 CF 增加。但是，I 降低，T 和 OE 不变时，NP 却不会改变。

通常，I 降低可以导致 OE 减少。而 OE 减少，将导致 NP、ROI 和 CF 增加，从而使企业赚钱。

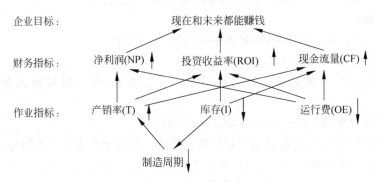

图 6-6 作业指标与财务指标的关系

但是，通过降低 I 来减少 OE 的作用是随着 I 降低的程度而减弱的。当 I 较高时，减少 I 可以明显减少维持库存费，从而减少 OE，然而，当库存降低到一个较低水平时，再继续降低 I，则对减少 OE 作用不大。可是，为何日本一些公司在已达到世界上最低的库存水平之后仍然要尽力继续降低库存？因为降低库存还能缩短制造周期。

缩短制造周期是提高企业竞争能力的一个重要因素。产品的品种、质量、价格与交货期是影响竞争力的几大因素，制造周期的缩短，对于缩短顾客的订货提前期，提高对顾客订货的响应性以及争取较高的价格都有很大作用。于是，制造周期的缩短导致市场占有率的增加，从而导致未来的产销量的增加。

（三）OPT 的原则

1. 追求物流的平衡，而不是生产能力的平衡

追求生产能力的平衡是为了使企业的生产能力得到充分利用。因此在设计一个新厂时，自然会追求生产过程各环节的生产能力的平衡。但是对于一个已投产的企业，特别是多品种生产的企业，如果一定要追求生产能力的平衡，那么即使企业的生产能力充分利用了，但是产品并非都能恰好符合当时市场的需求，必然有一部分要积压。

2. "非约束"

"非约束"的利用程度不由其本身决定，而是由系统的"约束"决定的。

3. 充分利用资源

资源的"利用"（utilization）和"活力"（activation）不是同义词。"利用"是指资源应该利用的程度，"活力"是指资源能够利用的程度。按传统的观点，一般是将资源能够利用的能力加以充分利用，所以"利用"和"活力"是同义的。

4. 约束资源节省的时间直接表现为系统产出增加的量

一般来说,生产时间包括调整准备时间和加工时间。但在约束资源与非约束资源上的调整准备时间的意义是不同的。因为约束资源控制了有效产出,在约束资源上中断一个小时,是没有附加的生产能力来补充的。而如果在约束资源上节省一个小时的调整准备时间,则将能增加一个小时的加工时间,相应地,整个系统增加了一个小时的产出。

所以,约束资源必需保持100%的"利用",尽量增大其产出。为此,对约束资源还应采取特别的保护措施,不使其因管理不善而中断或等工。

增大约束资源物流的方法可以有如下几种。

(1) 减少调整准备时间和频率,约束资源上的批量应尽可能大;

(2) 实行午餐和工修连续工作制,减少状态调整所需的时间损失;

(3) 在约束资源前设置质量检查站,保证投入约束资源的工件100%是合格品;

(4) 设置缓冲环节,使约束资源不受非约束资源生产率波动的影响。

5. "非约束"节省的一个小时无益于增加系统有效产出

因为非瓶颈资源上除了生产时间(加工时间和调整准备时间)之外,还有闲置时间。节约一个小时的生产时间,将增加一个小时的闲置时间,而并不能增加系统有效产出。

当然,如果节约了一个小时的生产时间,可以减少加工批量,加大批次,以降低在制品库存和生产提前期。但这些结果能在多大程度上有益于系统追求的根本目标,依然牢牢受制于约束资源。

6. "约束"控制了库存和有效产出

因为,有效产出指的是单位时间内生产出来并销售出去的产品所创造的利润额,所以,很明显它是受到企业的生产能力和市场的需求量这两方面的制约,即它受由资源约束和市场约束瓶颈所控制的。

如果"约束"存在于企业内部,表明企业的生产能力不足,相应的有效产出也受到限制;而如果当企业所有的资源都能维持高于市场需求的能力,那么,则市场需求就成了"约束"。

这时,即使企业能多生产,但由于市场承受能力不足,有效产出也不能增加。同时,由于"约束"控制了有效产出,所以企业的"非约束"应与"约束"同步,它们的库存水平只要能维持"约束"上的物流连续稳定即可,过多的库存只是浪费,这样,"约束"也就相应地控制了库存。

以上六条原则都是涉及资源的。

7. 运输批量可以不等于(在许多时候应该不等于)加工批量

车间现场的计划与控制的一个重要方面就是批量的确定,它影响到企业的库存和有效产出。OPT所采用的是一种独特的动态批量系统,它把在制品库存分为两种不同的批量形式,即:

(1) 运输批量,是指工序间运送一批零件的数量;

(2) 加工批量,是指经过一次调整准备所加工的同种零件的数量,可以是一个或几个转运批量之和。在自动装配线上，转运批量为 1，而加工批量很大。

确定加工批量的大小应考虑：资源的合理应用（减少设备的调整次数）；合理的在制品库存（减少资金积压和在制品库存费用）。确定运输批量的大小则是考虑：提高生产过程的连续性、平行性，减少工序间的等待时间和减少运输工作量与运输费用。两者考虑的出发点不同，所以运输批量不一定要与加工批量相等。

8. 运输批量和加工批量要根据实际需要动态决定

运输批量是从在制品的角度来考虑的，而加工批量则是从资源类型的角度来考虑的。同一种工件在约束资源和非约束资源上加工时可以采用不同的加工批量，在不同的工序间传送时可以采用不同的运输批量，其大小根据实际需要动态决定。

以上两条是涉及物流的。

9. 编排作业计划时考虑系统资源约束，提前期是作业计划的结果，而不是预定值

MRP II 制订作业计划的方法一般包括以下几个步骤：①确定批量；②计算提前期；③安排优先权，据此安排作业计划；④根据能力限制调整作业计划，再重复前三个步骤。可见 MRP II 是按预先制定的提前期，用无限能力计划法编制作业计划。

但当生产提前期与实际情况出入较大时，所得的作业计划就脱离实际难以付诸实施，MRP II 也因此招致了许多有关"期"的批评。

在这点上，OPT 与 MRP 正好相反，即不采用固定的提前期，而是考虑计划期内的系统资源约束，用有限能力计划法，先安排约束资源上加工的关键件的生产进度计划，以约束资源为基准，把约束资源之前、之间、之后的工序分别按拉动、工艺顺序、推动的方式排定，并进行一定优化，接下来编制非关键件的作业计划。所以，OPT 中的提前期是批量、优先权和其他许多因素的函数，是编制作业计划产生的结果。

（四）OPT 的实施

在实际工作中，OPT 的应用有五个主要的步骤：

第一步，找出系统中存在的瓶颈工序。

企业要增加有效产出的话，一般会在以下方面采取措施：

（1）增加生产过程的原材料投入。

（2）扩大生产能力。如果由于某种生产能力的不足而导致市场需求无法满足，就要考虑增加生产能力。

（3）开拓市场。如果由于市场需求不足而导致市场能力过剩，就要考虑开拓市场需求。

（4）调整考核政策。找出企业内部和外部瓶颈资源有效产出的各种政策规定。

第二步，最大限度利用瓶颈资源，即提高瓶颈利用率。

此时要给出解决第一步中所提出的种种问题的具体办法，从而实现有效产出的增加。例如，若某种原材料是瓶颈，就要设法确保原材料的及时供应和充分利用；若市场需求是瓶颈，就要给出进一步扩大市场需求的具体办法；若某种内部市场资源是瓶颈，就意味着要采取一系列措施来保证这个环节始终高效率生产。

第三步，使企业的所有其他活动服从于第二步中提出的各种措施。

要求生产系统其他部分与瓶颈工序的节奏同步，从而充分利用瓶颈工序的生产能力。

为简明起见,我们还是以一个生产过程内部协调为例:如果流水线上的一台机器是瓶颈工序,那么可以在适当的地方设置时间缓冲,来保证流水线上其他环节对这台机器的供给能够满足这台机器的需要。而目前很多企业当中正是对这点不明确,即要按照瓶颈环节的生产节拍来协调整个生产流程的工作。

一般情况下,如果那些非瓶颈环节追求百分之百的利用率的话,将给企业带来的不是利润,而是更多的在制品、瓶颈环节中更多的等待时间和其他种种浪费。而现在的事实是,一些企业恰恰正在追求这些非瓶颈环节的百分之百利用。

第四步,打破瓶颈约束,即设法把第一步中找出的瓶颈转移到别处,使它不再是企业的瓶颈。

例如,工厂的一台机器是约束,就要缩短设备调整和操作时间;改进流程;加班;增加操作人员;增加机器等。

第五步,如果通过第四步打破了现有的约束,则重返第一步,发现新的瓶颈,持续改善。

当突破一个瓶颈工序的约束以后,一定要重新回到第一步,开始新的循环。就像一根链条一样,改进了其中最薄弱的一环,但又会使其他的环节成为最薄弱的地方。为了突破原有约束采取了一些很好的措施,可一旦这个约束转移到其他环节,这些措施对于新的约束可能不适用,必须找到新的措施。

三、柔性制造系统(FMS)

FMS(flexible manufacturing system),柔性制造系统是由统一的信息控制系统、物料储运系统和一组数字控制加工设备等组成,能适应加工对象变换的自动化机械制造系统。柔性是指生产组织形式和自动化制造设备对加工任务(工件)的适应性。

(一)柔性制造系统的优点

柔性制造系统是一种技术复杂、高度自动化的系统,它将微电子学、计算机和系统工程等技术有机地结合起来,理想和圆满地解决了机械制造高自动化与高柔性化之间的矛盾。具体优点如下。

第一,设备利用率高。

一组机床编入柔性制造系统后,产量比这组机床在分散单机作业时的产量提高数倍。

第二,在制品减少80%左右。

第三,生产能力相对稳定。

自动加工系统由一自或多台机床组成,发生故障时,有降级运转的能力,物料传送系统也有自行绕过故障机床的能力。

第四,产品质量高。

零件在加工过程中,装卸一次完成,加工精度嵩,加工形式稳定。

第五,运行灵活。

有些柔性制造系统的检验、装卡和维护工作可在第一班完成,第二、第三班可在无人照看下正常生产。在理想的柔性制造系统中,其监控系统还能处理诸如刀具的磨损调换、物流的堵塞疏通等运行过程中不可预料的问题。

第六,产品应变能力大。

刀具、夹具及物料运输装置具有可调性,且系统平面布置合理,便于增减设备,满足市场需要。

(二)柔性制造系统的发展趋势

柔性制造系统的发展趋势大致有两个方面。一方面是与计算机辅助设计扣辅助制造系统相结合,利用原有产品系列的典型工艺资料,组合设计不同模块,构成各种不同形式的具有物料流和信息流的模块化柔性系统。另一方面是实现从产品决策、产品设计、生产到销售的整个生产过程自动化,特别是管理层次自动化的计算机集成制造系统。在这个大系统中,柔性制造系统只是它的一个组成部分。

四、人—机工程(HE)

(一)人—机—环境系统

HE(Human Engineering)是以人、机器、环境为对象,研究其内部相互作用与结合的规律,使设计的机器和环境系统更适合人的生理和心理特点,达到在生产中具有安全、健康、舒适和高效率的目的。

在现代生产中,人、机、环境三者构成了有机的整体,生产过程则是三者交互发生作用的过程,如图 6-7 所示。

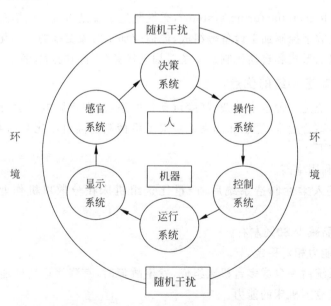

图 6-7　人—机—环境相互作用过程

(二)人—机—环境系统的功能

1. 安全性

人—机—环境系统设计应使人操作机器出现错误的可能性降至最低点,从而保证机器操作中的人的安全和财产的安全。

2. 高效性

具有高效率,有良好的工作效果,如高速度、高精度、高可靠性等,还应尽力减少人的工作负荷,如操作轻松、负担小、精神压力小、不易疲劳等。

3. 经济性

注重系统设计费用的节约。

五、精益生产(LP)

精益生产(lean production),是美国麻省理工学院 1985—1989 年进行的国际汽车计划(international motor vehicle program,IMVP)的研究成果,是学院的研究小组在对比日本和美欧汽车生产的差异后,赋予日本的生产方式的名称,是日本丰田汽车生产方式——准时制的发展和延续。

精益生产(JP)又称精细生产、精良生产,是针对传统的"大规模生产"而言的。"精",即少而精,不投入多余的生产要素,只是在适当的时间生产必要数量的市场急需产品(或下道工序急需产品);"益",即所有经营活动都要有益有效,具有经济性。

精益生产方式,是指以顾客需求为拉动,以消灭浪费和快速反应为核心,使企业以最少的投入获取最佳的运作效益和提高对市场的反应速度。其核心就是精简,通过减少和消除产品开发设计、生产、管理和服务中一切不产生价值的活动(即浪费),缩短对客户的反应周期,快速实现客户价值增值和企业内部增值,增加企业资金回报率和企业利润率。

精益生产是从 JIT 发展起来的,因此必然包含了 JIT 的众多特点。与供应链管理的原理也有许多相似之处,体现在以下几个方面。

1. 体现价值增值的环节,消除一切不增值的作业活动

例如,先合理化再自动化的原则,产品开发与试制的同步工程。

2. 提高快速响应能力

例如,发挥员工的创造性,授予权责对问题快速反应和处理,为产品创造价值;通过简单而综合的信息显示,在车间建立协同工作的动态工作小组等。

3. 强调合作伙伴关系

发挥各自的核心竞争优势(包括产品开发、零部件供应等),然后进行整合。

4. 以满足客户需求为前提

按照客户需求实行拉动式的个性化产品生产,改变了传统的大批量生产方式。

六、计算机集成制造系统(CIMS)

计算机集成制造系统(computer integrated manufacturing systems,CIMS),借助于计算机的硬件、软件技术,综合运用现代管理技术、制造技术、信息技术、自动化技术、系统工程技术,将企业生产全部过程中有关人、技术、经营管理三要素及其信息流、物流有机地集成并优化运行,以使产品上市快、质量好、成本低、服务优,达到提高企业市场竞争能力的目的。

第三节　供应链管理下生产计划与控制系统的协调

一、供应链的协调控制机制

协调供应链的目的在于使信息能无缝地、顺畅地、及时地在供应链中传递,减少因为信息失真而导致过量生产、过量库存现象的发生,使整个供应链能根据顾客的需求而步调一致,也就是使供应链获得同步化以响应市场需求变化。

要实现供应链的同步化运作,需要建立一种供应链的协调机制。供应链的协调机制根据不同的依据有两种划分方法。

 小 贴 士

供应链协调:防止供应链之间出现问题。

供应链协作:实施过程中,上、下环节(部门、个体)之间严格按事先设好的方式进行工作。也就是,供应链协调是对实施过程中上下环节可能出现的问题进行检查、评判、纠正和预防。

(1) 根据协调的职能不同:不同职能活动之间的协调与集成,如生产—供应协调、生产—销售协调、库存—销售协调等协调关系;对同一职能不同层次活动的协调,如多个工厂之间的生产协调。

(2) 根据协调的内涵不同:供应链的协调可划分为信息协调和非信息协调。

二、供应链的协调控制模式

供应链的协调控制模式可以分为中心化协调、非中心化协调和混合式协调三种。

(一)中心化协调

该模式把供应链作为一个整体纳入一个系统,采用集中方式决策,因而忽视了代理的自主性,也容易导致"组合约束爆炸",对不确定性的反应比较迟缓,很难适应市场需求的变化。

(二)非中心化协调

分散协调控制模式过分强调代理模块的独立性,对资源的共享程度低,缺乏通信与交流,很难做到供应链的同步化。

(三)混合式协调

各个代理一方面保持各自的独立运性作,另一方面参与整个供应商的同步化运作体系,保持了独立性与协调性的统一。

三、供应链的信息跟踪机制

(一)跟踪机制运行环境

供应链各个代理之间的关系是服务与被服务的关系,服务信号的跟踪和反馈机制可使企业生产与供应关系同步进行，消除不确定性对供应链的影响。因此应该在供应链系统中建立服务跟踪机制以降低不确定性对供应链同步化的影响。

供应链的服务跟踪机制提供供应链信息协调和非信息协调两方面的协调辅助。非信息协调主要指完善供应链运作的实物供需条件，采用 JIT 生产与采购、运输调度等；信息协调主要通过企业之间的生产进度的跟踪与反馈来协调各个企业的生产进度，保证按时完成用户的订单，及时交货。

跟踪机制的提出是对与供应链管理的深入研究密不可分的。供应链管理下企业之间的信息集成由以下三个部门展开。

1. 采购部门与销售部门

采购部门与销售部门是企业间传递需求信息的接口。需求信息总是沿着供应链从下游传至上游，从一个企业的采购部门传向另一个企业的销售部门。由于我们讨论的是供应链管理下的销售与采购环节，稳定而长期的供应关系是必备的前提，所以可将注意力集中在需求信息的传递上。

从常用的概念来看，企业的销售部门应该对产品交货的全过程负责，即从订单下达到企业开始生产，直到交货完毕的全过程。然而，在供应链管理下的战略伙伴关系建立以后，销售部门的职能简化了。销售部门在供应链上下游企业间的作用仅仅是一个信息的接口。它负责接收和管理有关下游企业需求的一切信息。

除了单纯意义上的订单外，还有下游企业对产品的个性化要求，如质量、规格、交货渠道、交货方式等。这些信息是企业其他部门的运作所必需的。

同销售部门一样，采购部门的职能也得以简化。采购部门原有的工作是保证生产所需的物资供应。它不仅要下达采购订单，还要确保采购物资的保质保量和按时入库。

在供应链管理下，采购部门的主要工作是将生产计划系统的采购计划转换为需求信息，以电子订单的形式传达给上游企业。同时，它还要从销售部门获取与采购的零部件和原材料相关的客户个性化要求，并传达给上游企业。

2. 制造部门

制造部门的任务不仅仅是生产，还包括对采购物资的接收，以及按计划对下游企业配套件的供应。在这里，制造部门实际上兼具运输服务和仓储管理两项辅助功能。制造部门能够完成如此复杂的工作，原因在于生产计划部门对下游企业的信息集成，同时也依赖于战略伙伴关系中的质量保证体系。

此外，制造部门还担负着制造过程中实时收集订单的生产进度信息，经过分析后提供给生产部门。

3. 生产计划部门

在集成化管理中企业的生产计划部门肩负这一大量的工作，集成了来自上下游生产及计划部门、企业自身的销售部门和制造部门的信息。

综合这几个步骤，可用图 6-8 清晰地表达出来。

（二）信息跟踪机制目的

供应链企业在生产系统中使用跟踪机制的根本目的是保证对下游企业的服务质量。在企业集成化管理条件下，跟踪机制才能够发挥其最大的作用。跟踪机制在企业内部表

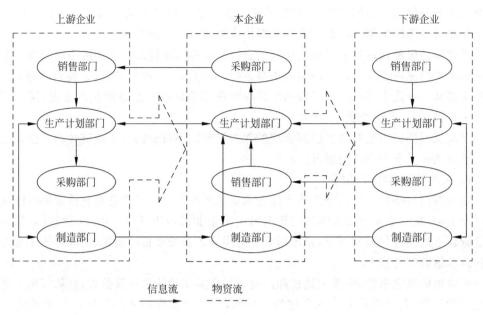

图 6-8　跟踪机制运行环境

现为客户(上下游企业)的相关信息在企业上产系统中的渗透。其中,客户的需求信息(订单)成为贯穿企业生产系统的一条线索,也成为生产计划、生产控制、物资供应相互衔接、协调的手段。

1. 生产计划中的跟踪机制

生产计划中的跟踪机制主要包括以下几个方面的内容。

(1)接单。在接到下游企业的订单后,建立针对上游企业的订单档案,其中包含了用户对产品的个性化要求,如对规格、质量、交货期、交货方式的要求等。

(2)主生产计划进行外包分析。将订单分解为外包子订单和自制件子订单。订单与子订单的关系在于订单通常是一个用户提出的订货要求,在同一个用户提出的要求中,可能有多个订货项,我们可以将同一订单中不同的订货定义为子订单。

(3)主生产计划。对子订单进行规划,改变子订单在期与量上的设定,但保持了子订单与订单的对接关系。

(4)车间作业计划。车间作业计划用于指导具体生产活动,具有高度的复杂性,一般难以严格按子订单的划分来调度生产,但可要求在加工路线单上注明本批生产任务的相关子订单信息和相关度信息。在整个生产过程中实时地收集和反馈子订单的生产数据,为跟踪机制的运行提供来自基层的数据。

(5)采购计划。采购部门接收的是按子订单下达的采购信息,它们可以使用不同的采购策略来完成采购计划。

2. 生产进度控制中的跟踪机制

生产控制是生产管理的重要职能,是实现生产计划和生产作业管理的重要手段。虽然生产计划和生产作业计划对生产活动已做了比较周密而具体的安排,但随着时间的推移,市场需求往往会发生变化。此外,由于各种生产准备工作不周全或生产现场偶然因素的影响,也会使计划产量和实际产量之间产生差异。因此,必须及时对生产过程进行监督和检查,发现偏差,进行调节和校正工作,以保证计划目标的实现。

本部分主要讨论内嵌于生产控制中的跟踪机制以及作用。生产控制有着许多具体的内容,我们仅以具有普遍意义的生产进度控制作为讨论的对象。

生产进度控制是主要任务是依照预先制定的作业计划,检查各种零部件是投入和产出时间、数量以及配套性,保证产品能准时产出,按照订单上承诺的交货期将产品准时送到用户手中。

由于建立了生产计划中的跟踪机制,生产进度控制中的相应工作就是在加工路线单中保留子订单信息。此外,在生产进度控制中运用了多种分析方法,如在生产预计分析中的差额推算法、生产均衡性控制中的均衡系数发、生产成套性控制中的甘特图等。

这些方法同样可以运用到跟踪机制中,只不过分析的目标不仅是计划的执行状况,还包括了对各子订单的分析;在没有跟踪机制的生产系统中,由于生产计划中隐去了子订单信息,生产控制系统无法识别生产过程与子订单的关系,也无法将不同的子订单区别开来,因此仅能控制产品的按计划投入和产出。使用跟踪机制的作用在于对子订单的生产实施控制。保证对客户的服务质量。

案例分析

一汽的精益生产与准时生产

一、概述

第一汽车集团公司是我国第一个生产汽车的企业。20世纪80年代中期一汽曾一度因设备老化,产品、资金断档而跌入困境。80年代中后期以来,一汽有计划、有组织地进行了三项工程:一是以产品更新换代为内容的换型改造工程;二是以上轿车、轻型车为内容调整产品结构的发展工程;三是以变革生产方式为内容的精益管理工程。

长期以来的计划经济体制,使企业追求大而全、小而全,企业包袱越背越重,变成一头"笨象",造成生产成本高、劳动生产率低下。如何改变这一现状,一汽借鉴国外精益生产方式,向管理要效益。精益生产方式又称"瘦型"管理,其精髓就是彻底消除企业各个环节的无效劳动浪费,充分调动工人的积极性。

一汽推行精益生产方式已有20年历史,经历了一个不断认识、逐步深化的过程。早在1978年,一汽就派出以厂长为首的专家小组去日本考察汽车工业的管理经验。1981年丰田生产方式的创始人大野耐一先生,应邀到一汽传授经验。

20世纪80年代初期,一汽先后在不同部门开展了看板管理、标准化混流生产、数理统计、QC活动、设备点检、滚动计划、网络技术、目标成本、价值工程等现代化管理方法的应用,使一汽开始跳出了20世纪50年代建厂以来形成的管理工作的老框框。

但是,由于当时正处于改革初期,企业环境;分配政策基本上还是计划经济那一套,因而所开展的现代管理项目未能推开,甚至已开展的应用有些也未能坚持下去。

1983年7月,一汽开始了以换型改造为内容的规模宏大的第二次创业。通过这次换型改造,不仅改进了车型,而且各项管理基础工作也得到了整顿和创新,为进一步推行现代化管理积累了经验,打下了一定的基础。

1987 年,第二次创业刚刚结束,一汽就不失时机地开展了以调整产品、产品结构,上轻轿为主要内容的第三次创业。为了使一汽的管理工作适应轿车生产的需要,在引进德国奥迪中高级轿车产品技术和制造技术的同时,引进先进的奥迪的质量评审方法,并在轿车生产试行成功的基础上,移植到了卡车生产过程。

为了使引进先进技术的潜能得到充分的释放,在引进日本日野公司带有同步器变速箱产品和制造技术的同时,引入了先进的"准时化"生产方式,建立了一汽第一个全面推行精益生产方式的样板厂。在变速箱厂经验的启示下,涌现出一批不同类型的积极推行精益生产方式的专业厂和车间。

从 1993 年开始,公司连续举办了十三期厂处级领导干部精益生产方式学习研讨班。公司领导认为,推行精益生产方式关系到今后公司的发展、前途和命运,要求每个领导干部都成为"精益迷"。公司并且积极培养推行精益生产方式的典型,用典型引路,进一步提高认识、统一思想,使精益生产方式稳定发展。

目前,一汽走精益化之路已经成为全公司上下的共识,从领导到群众、从行政到党群部门,都在积极地探索和实践,在全公司形成了一股群众性变革生产方式的洪流。

二、精益生产的主要内容

(一)确定精益生产的目标,重在思想观念上的转变

一汽在推行精益生产方式中,十分重视不断提高认识和统一思想。提出要把精益生产方式作为一汽继"六五"换型改造和"七五"调整产品结构的第三件大事,像攀登高山那样去攀登。在 1994 年和 1995 年的工作纲要中都把精益化管理作为公司方针目标的重要内容。

(二)由生产管理入手,实现生产过程精益化

过去,一汽学习日本的丰田生产方式,偏重于生产制造过程。美国人总结日本经验后提出的精益生产方式,其内涵已经从制造领域扩展到产品开发、协作配套、销售服务、财务管理、企业组织等方面。一汽推行精益生产方式,首先着重于生产制造过程,实现生产过程的精益化。

1. 全面实行拉动式生产

坚持以销定产的原则,把后道工序作为前道工序的用户,以各条汽车装配线为龙头,以总装拉总成,以总成拉零件,以零件拉毛坯,以毛坯拉材料物资供应,实行拉动式生产。除了转变思想外,主要抓了以下几个环节:努力实现均衡生产;搞好生产作业现场的整体优化;组织看板生产;计算机辅助生产管理。

2. 实行以质量改进为内容的质量体系

坚持实行深化工艺、绿化工序、三自一控、五不流、质量改进为内容的质量体系和奥迪质量评审方法。这个体系经过多年运行已经比较成熟。在任何情况下都坚持把质量放在一切工作的首位。

3. 实行"三为"机制

建立以现场为中心,以生产工人为主体,以车间主任为首的"三为"机制,有效地组织

后方为前方、机关为基层服务。"三为"机制涉及部门管理方式的改革和思想观念的转变，各单位的做法不完全相同。有些单位把有关后方人员下放到车间、甚至班组实行封闭管理，但多数单位是集中在厂部，面向基层，搞好服务。

4. 开展"5S"活动，改善现场环境

在生产领域推行精益化管理，一般都是从现场整顿入手的。因为，它往往是评价精益化管理的一个标志。但这项工作涉及改变现场人员的老习惯、老作风，搞起来容易，坚持下去很难，需要常抓不懈、持之以恒地进行。

（三）按照精益思想的要求，深化企业内部改革，转换经营机制

一汽的生产方式是 20 世纪 50 年代从苏联搬过来的，加之长期在计划体制下生存，企业内部机构臃肿，人浮于事，效率很低，严重束缚了生产力的发展。按照精益思想要求，一汽在深化企业内部改革上办了两件事。

1. 全面推行三项制度改革

从 1992 年开始，历时两年多，到 1994 年基本完成了精简机构、压缩定员编制、实行全员合同化管理和实行岗位工资制度等各项工作。压缩了科级机构 288 个，压缩比例为 13.4％；压缩定员编制 10 970 人，其中干部压缩比例为 11.7％，工人压缩比例为 9.04％。1994 年集团公司实现了人员负增长，全员劳动生产率比 1993 年提高了 25％以上。

2. 坚持"精干主体，剥离辅助"的原则

按照"精干主体，剥离辅助"的原则，1994 年集团公司承担社会及生活服务功能的部门已从主体上分离出来，成立了实业开发总公司。准备在扶植一段以后，使他们走上自主经营、自负盈亏的轨道，把企业办社会的包袱逐步转化为不断增进经济效益的一种财富。

除此以外，还将把初具规模的总成和零部件专业厂直接推到市场中，成为独立或相对独立的经济实体。前些年，已组建的散热器公司试点取得了成功。1995 年，再扩大组建一批，从而使一汽这个母体更加精干。

（资料来源：http://wenku.baidu.com/view/）

【案例讨论题】

1. 精益生产管理与传统生产管理在管理思想、组织、方法、手段上有何区别？为什么说实现精益生产是管理方面的重大变革？

2. 试述推行精益生产方式，领导带头参与的作用和必要性。

3. 一汽集团在推行精益生产方式中，结合企业实际，有哪些发展？

技能训练

一、简答

1. 供应链绩效评价的内容和方法？

2. 供应链绩效评价指标选择的原则是什么？

3. SCOR 模型的作用？

4. 平衡计分法的绩效评价角度有什么？

二、论述题

1. 请简述供应链环境下生产计划与控制的特点。

2. 请简述准时制生产计划。

三、实训题

调查一条供应链,了解供应链作业计划的制订过程。

要求：1.制订调查计划,按计划开展调查活动。

2.开展活动总结,重点总结作业计划的内容、编织程序、方法及工作体会。

3.提交实验报告。

第七章

供应链环境下的库存管理

【学习目标】

- 了解供应链库存存在的问题;
- 理解"牛鞭效应"的产生原因及缓解措施;
- 掌握供应链环境下库存管理方法(VMI、JMI、CPFR)的含义,熟悉其运作模式;
- 理解供应链环境下的多级库存管理的基本思想,掌握多级库存管理的控制策略。

【技能目标】

- 能够运用所学知识缓解企业"牛鞭效应";
- 学会利用库存管理方法控制企业库存。

引导案例

"零库存"是最大奇迹

小米科技公司成立于2010年4月,到2013年就做到市值一百亿的规模,很大程度上依靠的是它开启的全新的供应链模式。它的渠道也是电子商务的模式,全部都是以线上为主。它的供应链模式则是一种新的模式,下了订单后,才会生产,用户则需要一个生产周期过后才能拿到货。

这个模式完全颠覆了传统的供应链模式,它卖的是市场的需求,需要付费用才会生产,这不仅彻底改变了库存的概念,也把整个供应链的风险给规避掉了,所以它的商品利润以及客户绑架都是最低的。

戴尔模式的实质是"按需定制",小米手机用户通过网络下单,获得市场需求,然后通过供应链采购零部件,比如向夏普采购屏幕、向高通采购芯片、向索尼采购摄像头,再通过其他厂商采购其他关键零部件。

手机供应链比PC产业链更加复杂,很多关键零部件需要提前预订,从下单到出货,各种部件时间不等。屏的采购时间一般为两个月,芯片时间至少需要两个月,摄像头至少一个月。从零部件预定到整机出库,时间至少需要三个月。

小米手机仅2014年三季度已经出货达到了1 840万台,首次超过华为,销量成为全球第三。"这不是奇迹,小米零库存才是最大的奇迹"英华达南京公司管处协理、小米事业部主管黄建勋认为,小米手机零库存,在智能手机行业尚无人做到,类比PC产业,唯有戴尔提供了成功的先例。

戴尔零库存的供应链管理模式是对"通用件"供应链的管理,小米零库存的管理是对"定制件"的管理。长期看,零部件将由"定制件"向"通用件"发展,以适应"规模生产、社会化大生产分工的需求"。

小米理想的供应链流程。小米手机联合创始人黎万强表示,未来的理想流程是,小米

下单，采购零部件，生产，物流系统分发至仓储中心，如风达配送到用户手中。这需要一个前提条件，即从用户下单到送达用户时间大幅缩短。戴尔的时间不超过一个月，智能手机厂商的整个时间必须更短。转为"通用件"之后，15 天至 20 天可以完成整个流程。

智能手机产业未来会跟目前的 PC 产业一样：供应链会标准化，零部件会成为行业"通用件"。供应链标准化，零部件通用化，产业会变成几家巨头控制的格局。

案例导学

传统的库存管理仅仅是对自身库存物质的数量管理与控制，只是着眼于自身的库存水平的最低与库存持有费用的最少，而把库存物资往其上游或下游转移。而供应链下的库存管理则应把视野从自身扩大到由供应商、制造商、批发商和零售商组成的供应链网络上来，它们之间充分交换库存信息，相互协调共同管理库存、实现整体库存水平的下降，甚至有可能实现零库存。小米公司通过零库存管理，大大降低了企业运作成本，使企业取得巨大的成功。

第一节　供应链管理下的库存问题

传统的库存问题主要以单个企业为对象，没有考虑供应链环境下不同企业之间的库存协调问题。由于实施供应链管理之后，库存以原材料、在制品、半成品、成品的形式存在于供应链的各个环节，因此，供应链环境下的库存问题和传统的企业库存问题有许多不同之处，这些不同表现出供应链管理思想对库存的影响。

传统的企业库存管理侧重于优化单一的库存成本，从库存持有费用、订购费用、缺货损失费用的权衡中确定经济订货量和订货点。从单一的库存管理角度看，这种库存管理方法有一定的适用性，但是从供应链整体的角度看，单一企业的库存管理方式显然是不够的。

小贴士

丰田汽车公司创始人丰田喜一郎说：库存是万恶之首。

目前供应链环境下的库存管理问题主要产生于三个方面的原因：供应链的战略与规划、供应链的运作与供应链中的信息传递和信息共享，这些原因的存在，导致供应链环境下的库存管理出现了如图 7-1 中所示的主要问题。

一、缺乏供应链整体系统观念

供应链的整体绩效不仅取决于供应链上各节点企业各自的绩效，而且取决于各个节点企业之间的合作。由于各节点企业都是独立的经济主体，都有各自独立的目标与使命，有些目标和供应链的整体目标是不相干的，更有可能是冲突的，因此往往存在从局部利益出发，各自为政的安排库存，影响了供应链的整体绩效。

例如，汽车配件厂可能为降低库存成本而大量压缩库存，造成下游组装厂的零部件供货不稳定或不及时，延长了客户响应时间。为解决这个问题，组装厂就不得不维持较高的

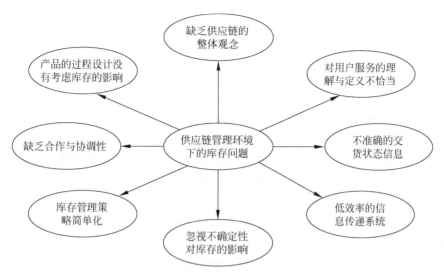

图 7-1   供应链环境下的库存问题

库存,从而导致供应链整体绩效的下降。在对供应链库存没有整体评价指标的情况下,情况更加突出。

二、对用户服务的理解与定义不恰当

供应链管理的绩效好坏应该由用户来评价,或者用企业对用户的反应能力来评价。但是,供应链中各节点企业对用户的服务的理解与定义各不相同,导致对用户服务水平的差异。许多企业采用订货满足率来衡量用户服务水平,这是一种比较好的用户服务考核指标。

但是用户满足率本身并不保证运作问题,比如一家计算机工作站的制造商要满足一份包含多产品的订单要求,产品来自各供应商,用户要求一次性交货,制造商要等各个供应商的产品都到齐后才一次性装运给用户,这时以总的用户满足率来衡量制造商的用户服务水平是恰当的,但是,这种衡量指标并不能帮助制造商发现是哪家供应商的交货迟了或早了。

传统的订货满足率衡量指标也不能衡量订货的延迟水平。两家同样具有 90% 的订货满足率的供应商,在如何迅速补给余下的 10% 订货要求方面差别是很大的。同时,传统企业也常常忽视其他的服务指标,如总订货周转时间、平均回头订货率、平均延迟时间、提前或延迟交货时间等。

三、交货状态数据不准确、不及时

当顾客下订单时,他们总是想知道什么时候能交货。在等待交货过程中,也可能会对订单交货状态进行修改,特别是当交货被延迟以后。但在供应链的实际运作中,顾客常常无法得到及时而准确的推迟交货的信息,导致顾客的不满。例如,一家计算机公司 30% 的订单是在承诺交货日期之后交货的,40% 的实际交货日期比承诺交货日期偏差 10 天之久,而且交货日期修改过多次。

交货状态数据不及时、不准确的主要原因是在供应链环境下缺乏有效的信息传递系统。

四、信息传递系统效率低

在供应链中,各个供应链节点企业之间的需求预测、库存状态、生产计划等都是供应链管理的重要数据,这些数据分布在不同的供应链节点企业,要做到有效地快速响应用户需求,必须实时地传递和共享这些分布在不同企业中的数据,为此需要对供应链的信息系统模型做相应的改变,通过系统集成的办法,使供应链中的库存数据能够实时、快速地传递。

但就供应链运行的现状来看,许多企业的信息系统并没有很好地收集起来,当供应商需要了解用户的需求信息时,得到的往往是延迟的信息和不准确的信息。

由于延迟及其信息的失真导致库存量的精确度降低,短期生产计划的实施也会遇到困难。例如,企业为了制订一个生产计划,需要获得关于需求预测、当前库存状态、订货的运输能力、生产能力等信息,这些信息需要从供应链的不同节点企业数据库获得,数据调用的工作量很大。

数据整理完后制订主生产计划,然后运用相关管理软件制订物料需求计划,这样一个过程一般需要很长的时间,时间越长,预测误差越大,制造商对最新订货信息的有效反应能力也就越小,生产出过时的产品和造成过高的库存也就不足为奇了。

五、忽视不确定性对库存的影响

供应链运行中存在诸多的不确定因素,如供应商生产能力、订货提前期、货物运输状况、原材料的质量、制造商的制造资源、生产过程产品的加工时间、运输时间、顾客需求的变化、宏观经济和政策等。

为减少不确定性对供应链的影响,首先应了解不确定性的来源和影响程度。供应链中的很多节点企业并没有认真研究和跟踪其不确定性的来源和影响,错误地估计供应链中物料的流动时间(提前期)等,造成有的物品库存增加,而有的物品库存不足的现象。

六、库存管理策略简单化

无论是生产性企业还是物流企业,库存管理的目的都是保证供应链运行的连续性和应付不确定性的需求。了解和跟踪不确定性状态的因素是第一步;第二步是要利用跟踪到的信息去制定相应的库存管理策略。这是一个动态的过程,因为不确定性也在不断地变化。有些供应商在交货与质量方面可靠性好,而有些则相对差些;有些物品的需求可预测性大,而有些物品的可预测性小一些;库存管理策略应能反映这种情况。

许多企业对所有的物品采用统一的库存管理策略,物品的分类没有反映供应与需求中的不确定性。在传统的库存管理策略中,多数是面向单一企业的,采用的信息基本上来自企业内部,其库存控制没有体现供应链管理的思想。

七、供应链企业之间缺乏合作

供应链是一个整体,只有供应链各节点企业的活动很好地协调起来,才能取得最佳的运作效果。协调是供应链管理的主要内容,协调的目的是使满足一定服务质量要求的信息可以无缝地、流畅地在供应链中传递,从而使整个供应链能够最大限度地满足用户需求,形成更为合理的供需关系,适应复杂多变的市场环境。

例如,当用户的订货有多种产品组成,而各产品又是不同的供应商提供时,若用户要求所有的商品都一次性交货,这时企业必须对来自不同供应商的交货期进行协调。如果供应商节点企业之间缺乏协调与合作,必然会导致交货期延迟和服务水平下降,同时库存水平也由此而增加。

供应链的各个节点企业为了应付不确定性,都设有一定的安全库存。但是,由于供应链,尤其是全球化供应链中各个节点企业之间的信息透明度不高,相互之间缺乏有效的协调,每个企业都不得不维持一个较高的安全库存,为此付出了较高的代价。

对供应链中各个不同的节点企业而言,因为各自都有不同的目标、不同的绩效衡量尺度、不同的仓库,也不愿意去帮助其他部门共享资源,导致在供应链这种分布式的组织体系中,集中控制库存的阻力更大。

要进行有效的合作与协调,供应链不同节点企业之间需要一种有效的激励机制。在企业内部,一般有各种各样的激励机制加强部门之间的合作与协调,但是当涉及企业之间的激励时,困难就大得多。问题还不仅如此,信任风险的存在更加深了问题的严重性,相互之间缺乏有效的监督机制和激励机制是供应链企业之间合作不稳固、形成多级库存的主要原因。

八、产品设计没有考虑供应链上库存的影响

现代产品设计与先进制造技术的出现,使产品的生产效率大幅度提高,而且具有较高的成本效益,但是供应链库存的复杂性常常被忽视了,结果,由于生产等所节省下来的成本都被供应链上的分销与库存成本给抵消了。同样在引进新产品时,如果不进行供应链的战略管理与规划,也会产生如运输时间过长、库存成本高等原因而无法获得成功。

如美国一家计算机外围设备制造商,为世界各国分销商生产打印机,有一些打印机具有销售所在国特色的配件,如电源、说明书等。美国工厂按需求预测生产,但随着时间的推移,当打印机到达各地区分销中心时,需求已经发生了变化。

因为打印机是为特定国家而生产的,分销商没有办法来应付需求的变化,结果造成大量的产品积压,形成了高库存。后来,重新设计了供应链结构,主要是对打印机的装配过程进行了改变,工厂只生产打印机的通用组件,让分销中心再根据所在国家的需求特点加入相应的特色组件,这样,大量的库存就减少了,同时供应链也具有了柔性。

这样便产生了"产品为供应链管理而设计"的思想。在供应链的重构过程中,充分考虑到生产商和分销商之间的合作,分销中心参与了产品装配设计,能够最大限度地满足不同国家消费者的个性化需求。

另一方面,在供应链的结构设计中,同样需要考虑库存的影响。要在一条供应链中增

加或关闭一个工厂或分销中心,一般是先考虑固定成本与相关的物流成本,至于网络变化对运作的影响因素,如库存投资、订单的响应时间等常常是放在第二位的。但是这些因素对供应链的影响是不可低估的。

如美国一家 IC 芯片制造商的供应链结构是这样的:在美国加工芯片后运到新加坡检验,再运回美国生产地做最后的测试,包装后运到用户手中。供应链之所以这样设计是因为考虑了新加坡的检验技术先进、劳动力素质高和税收低等因素。但是这样做显然对库存和周转时间的考虑是欠缺的,因为从美国到新加坡的来回至少要两周,而且还有海关手续时间,这就延长了制造周期,增加了库存成本。

第二节 供应链中的"牛鞭效应"

在供应链的运作过程中,发现有些商品的顾客需求较稳定、变动不大,但是上游供应商往往比下游供应商维持更高的库存水平,这种现象是由宝洁公司在调查其产品"尿不湿"的订货情况时发现的。

1995 年,宝洁公司(P&G)管理人员在考察婴儿一次性纸尿裤的订单分布规律时,发现一定地区的婴儿对该产品的消费比较稳定,零售商那里的销售量的波动也不大,但厂家经销商那里得到的订货量却出现大幅度波动,同一时期厂家向原材料供应商的订货量波动幅度更大,这一现象与我们挥动鞭子时手腕稍稍用力,鞭梢就会出现大幅动摆动的现象相类似。于是,人们将这种越往供应链上游走,需求波动程度越大的现象,叫作"牛鞭效应"(bullwhip effect),又称"需求变异加速放大原理"(见图 7-2)。

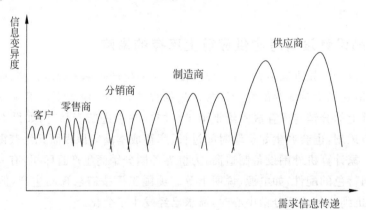

图 7-2 供应链中的"牛鞭效应"

在惠普、IBM 等跨国企业中也出现类似的现象。另外,麻省理工学院的 Sterman 教授通过著名的啤酒游戏(在这个游戏中,参与者在游戏中扮演一款品牌啤酒相关的顾客、零售商、批发商以及供应商四个角色)来证明。

游戏规则:参与者不能互相交流意见,而且必须只能在得到下游提供的订单的基础上做决策。每次玩这个游戏,得到的悲惨结果几乎一样:下游零售商、中游批发商、上游制造商,起初都严重缺货,后来却严重积货也证明了牛鞭效应的存在。

因为这种需求放大效应的影响,上游供应商通常需要保持比下游供应商更高的库存量,供应链整体会产生过多的库存。有关研究表明,在整个供应链中,从产品离开制造商的生产线至其到达零售商的货架,产品的平均库存时间超过 100 天。

被扭曲的需求信息使供应链中的每个节点企业都相应地增加库存。"牛鞭效应"还导致企业生产计划的不确定性,如过多的修改计划,增加补救措施、加班、加快运输等,所有这些活动都带来了供应链运作过程中的费用增加和效率降低。

一、"牛鞭效应"产生的原因

表面上看,"牛鞭效应"表现为需求的不确定性,实质上,这种不确定性却是由于需求变化的信息在供应链中传递时出现失真,进而扭曲放大的结果。引起"牛鞭效应"的原因,一方面在于供应链上下游节点之间需求沟通方面存在着障碍,是在信息不充分的条件下,决策者追求优化决策的结果;另一方面是由供应链的固有属性所引起的。

具体的说,主要有如下原因:

(一)需求预测的修正

为了安排生产进度、计划产量、控制库存和计划物料需求,供应链中的企业通常都会预测产品需求,而预测通常是基于企业直接接触的顾客的购买历史进行的。当下游企业订购时,上游企业的经理就会把这条信息作为将来产品需求的信号来处理,基于这个信号,上游经理会调整需求预测,同时上游企业也会向其供应商增加订购,使其做出相应的调整,最终导致实际需求与生产量不一致。因此,这种需求信号的处理是"牛鞭效应"产生的主要原因。

(二)批量订货决策

在供应链中,每个企业都会向其上游订货,一般情况下,销售商并不会来一个订单就向上级供应商订货一次,而是在考虑库存和运输费用的基础上,在一个周期或者汇总到一定数量后再向供应商订货;为了减少订货频率,降低成本和规避断货风险,销售商往往会按照最佳经济规模加量订货。

同时、频繁的订货也会增加供应商的工作量和成本,供应商也往往要求销售商在一定数量或一定周期订货,此时销售商为了尽早得到货物或全额得到货物,或者为备不时之需,往往会人为提高订货量,这样,由于订货策略导致了"牛鞭效应"。

(三)价格波动

价格波动会促使提前购买。制造商通常会进行周期性促销,如价格折扣、数量折扣、优惠券等,这些优惠实质上是一种间接的价格优惠。制造商的价格优惠会促使其分销商提前购买日后所需的产品,而提前购买的结果是顾客所购买的数量并不反映他们的即时需求,这些批量足以供他们将来一段时间使用。这种促销对供应链来说可能会成本很高。

当制造商的价格处于低水平时(通过折扣或其他促销手法),顾客常会购买比自己实际所需要大得多的数量;当制造商的价格恢复正常水平时,顾客由于有足够库存,因此在其库存消耗完之前,他们不会再购买。结果,顾客的购买模式并不能反映他们的消耗/消费模式,并且使其购买数量的波动较其消耗量波动大,从而产生"牛鞭效应"。

促销对供应链的影响是造成提前购买，从而不能反映顾客的真实需求，因为顾客会在商品价格低时购买比实际需求多的商品，而在价格高时购买比实际需求少的商品或者直接停止购买，寻找替代品。在这种情况下，顾客的购买模式无法反映市场的实际需求状况，最终反映在供应链上便是"牛鞭效应"的放大现象。

（四）定量配给和短缺博弈

当产品供不应求时，制造商常根据顾客订购的数量按照一定的比例进行限量供应，客户为了获得更大份额的配给量，会故意夸大实际的订货需求量；当供不应求的情况得到缓和时，订购量便会突然下降，同时大批客户会取消他们的订单。

对潜在的限量供应进行的博弈，会使顾客产生过度反应。这种博弈的结果是供应商无法区分这些增长中有多少是由于市场真实需求而增加的，有多少是零售商害怕限量供应而虚增的，因而不能从顾客的订单中得到有关产品需求情况的真实信息。从而造成供应链"牛鞭效应"的产生。

除了上面的四个主要原因，还有供应链的多层次结构、信息的不共享性、订货提前期等原因，这里不再一一赘述。

二、缓解"牛鞭效应"的措施

解决"牛鞭效应"的根本对策是整合供应链中企业之间的关系，建立企业之间的诚信机制，通过建立一个信息共享系统实现信息共享管理，协调各企业的行动，确保需求信息的真实、快速传递，从而减少供应链中的"牛鞭效应"。

（一）统一需求预测方法

为了避免供应链有关数据的重复处理，上下游企业需要根据相同的原始资料更新它们的预测。目前有三种常用的方法：一是供应链的合作伙伴利用 EDI 实现实时信息交流和信息共享，彻底消除信息的不对称性，准确把握市场真实需求数据，如果零售商与其他供应链成员共享 POS 数据，就能使各成员对实际顾客要求的变化做出响应。因此，在供应链上实行销售时点数据（POS）信息共享，使供应链每个阶段都能按照顾客要求进行更加准确的预测，从而减少需求预测变动性，减少"牛鞭效应"提高预测的准确性；二是绕过下游企业来获得有关信息。例如，戴尔计算机就绕过传统的分销渠道，直接面向消费者销售其计算机，这样戴尔公司就可以直接了解其产品的需求模式。三是缩短订货提前期。正如前面所提到的，供应时间过长也会夸大"牛鞭效应"。因此，提高经营效率能够大大降低由于更新多种预测数据所导致的需求变动幅度。

（二）打破批量订购

企业可以调整订货策略，采用小批量、多频次订货的采购或供应模式。一方面，可以采用混合订购、联合运输和共同配送实现运输的规模经济；另一方面，实施业务外包使小批量订购实现规模经济。将采购与物流配送业务外包给第三方物流企业完成，这样可以缩短订货提前期和实现小批量多批次订货，不用再进行大批量多订单集中订货，同时也规避了运输风险。

（三）稳定价格

为了有效控制产品的市场价格,厂商应该制定严格的价格稳定策略和管理机制,减少对批发商的折扣频率和幅度,避免价格的剧烈波动。因此企业可以通过稳定价格来减少对提前购买等情况的激励,从而掌握正确的市场需求信息。例如沃尔玛的"天天平价"策略能够产生更稳定的、变动性更小的顾客需求模式。

（四）消除短缺博弈行为

为了消除短缺博弈行为,可从三方面准备:

一是当供应不足时,供应商可以实行订货分级管理。根据"帕累托法则"对分销商进行信誉和能力评估,区别对待,实施订货分级管理,对属于20％的重要分销商在供货上做到重点保证,对资信水平较低的客户进行有审批的限制供应。区别对待来进行限量供应,而不是根据各经销商自己所下订单的数量,这样可以制止经销商为了各自私利,为了获得更多的供货而夸大其订货量。

二是让顾客共享库存、生产等信息减少博弈。某些制造商会在销售旺季来临之前帮助顾客做好订购工作,这样它们就能更好的设计生产能力和安排生产进度以满足产品的需求。

三是制定合理的退货奖惩制度。制造商给零售商的退货政策也会鼓励博弈行为。缺乏惩罚约束,零售商会不断夸大他们的需求,在供给过剩的时候再退货或取消订单。

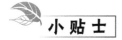 小贴士

博弈假想就是设法在博弈游戏中产生经济价值。摘自《博弈圣经》110节 。

第三节　供应链环境下的库存管理方法

供应链不同节点企业之间存在着目标冲突,在没有进行系统协调之前,供应链各成员以自身优化为目标,结果只是局部最优,造成重复库存,无法达到供应链整体最优。为了实现全局最优,必须建立信息共享、风险共担的战略联盟,实现供应链总体库存最低。以下仅介绍较常用的三种供应链库存管理方法。

一、供应商管理库存（VMI）

传统的库存管理模式一般是由库存所有者管理库存的,库存设置与管理是由统一组织完成的。一种新的库存管理模式是供应商管理库存（vendor managed inventory,VMI）。

（一）VMI的含义

VMI（vendor managed inventory）,即供应商管理库存是指供应商等上游企业基于其下游客户的生产经营、库存信息,对下游客户的库存进行管理与控制。VMI的基本思想:一是买方不再拥有库存,只制定服务水平;二是卖方完全控制库存,直到销售完补充库存。其实质:是将库存决策权代理给了供应商,由供应商代理分销商或批发商行使库存

决策的权力。

（二）VMI 的运作模式

在 VMI 系统中，核心企业既可以在供应链的上游，也可以在供应链的下游，而当在下游时它既可以是供应链的中间环节，也可以在供应链的末端。显然，不同情况下，VMI 的运作模式都是不相同的，VMI 主要分为四种运作模式：供应商—制造商（核心企业）、供应商—零售商（核心企业）、核心企业（一般为制造商）—分销商（或零售商）、第三方物流企业参与。

1. 供应商—制造商 VMI 运作模式

在这种运作模式中，制造商除了要为核心企业以外，一般还有如下特点：

（1）生产规模比较大，生产比较稳定，即每天对零配件或原材料的需求量变化不是很大；

（2）要求供应商每次供货数量比较小，一般满足 1 天的零配件，有的甚至是几个小时；

（3）供货频率要求较高，有时甚至要求一天两次到三次的供货频率；

（4）一般不允许发生缺货，即服务水平要求达到 99％ 以上。

由于这种模式中的制造商必定有几十家甚至上百家的供应商为其供应零配件或原材料。如果让每一个供应商都要在制造商的附近建立仓库的话，显然是不经济的。因此，可以制造商的附近建立一个 VMI-HUB，如图 7-3 所示。

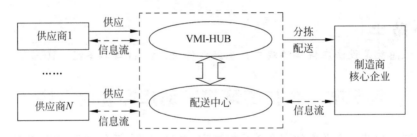

图 7-3 供应商—制造商 VMI 运作模式

小贴士

VMI-HUB（供应商库存管理中心）是连接集团内部供应链和外界供应商的中间桥梁，代理供应商完成管理客户库存的工作。利用自身的资源、技术、规模优势，为整个园区的企业及其供应商提供高效优质的服务。

VMI-HUB 系统架构主要分为三部分：①VMI-HUB 运作系统，以入库管理、库存管理、库内作业以及出库管理为核心，并包含资料管理、财务结算、统计分析以及系统管理等模块；②基于 Web 的协同系统，用于满足用户、供应商、第三方服务机构对信息的查询要求；③B2B 信息沟通信道，包括：EDI、FTP、XML、E-mail 等。

加入 VMI-HUB 具有两方面的效果：一方面，起到缓冲作用。由于一个客户要对应

N 个供应商,假如客户对供货频率要求较高,那么在可能会出现多个供应商同时将货物送达的情况,由于事先没有安排势必会出现混乱的卸货场面,严重的影响生产秩序,给企业的正常工作带来不便。有了 VMI-HUB,可以以专业的配送方式避免以上现象,起到了缓冲作用。另一方面,增加了深层次的服务。

在没有 VMI-HUB 时,供应商彼此都是独立的,送达的货物都是彼此分开的,当有了 VMI-HUB 后,它会在发货之前先提供拣货的服务,VMI-HUB 会按照生产企业的要求把零配件按照成品的比例配置好,然后再发送给生产商,这样就提高了生产商的生产效率。

当 VMI 在正常实施时,不仅仅要求供应商 1 与 VMI-HUB 之间交换库存信息,还包括生产计划、需求计划、采购计划、历史消耗、补货计划、运输计划、库存情况等信息。从图 7-3 可以看出,生产商 1 与 VMI-HUB 之间是完全地,实时地,自动地进行信息交换。

当需求发生突然变化时,比如由于生产商的销售突增,VMI-HUB 中的库存不能及时满足生产商的需求时,这时 VMI 的实施结构做出了相应的改变。如图 7-4 所示:VMI-HUB 直接把补货计划发给供应商的信息系统,这时供应商直接向生产商进行补货,从而节约了时间与成本。我们把供应商这种不经过 VMI-HUB 而直接向生产商进行补货的行为称为越库配送(cross-docking)。

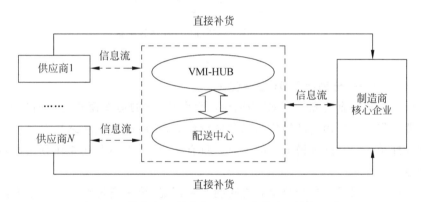

图 7-4　供应商—制造商 VMI 运作模式:越库配送

2. 供应商—零售商 VMI 运作模式

当零售商把销售等相关信息通过 EDI 传输给供应商后(通常是一个补货周期的数据,如 3 天,甚至 1 天),供应商根据接收到的信息进行对需求的预测,然后将预测的信息输入物料需求计划系统(MRP),并根据现有的企业内的库存量和零售商仓库的库存量,生产补货订单,安排生产计划,进行生产。生产出的成品经过仓储、分拣、包装、运送给零售商,如图 7-5 所示。

供应商—零售商 VMI 运行模式与供应商—制造商 VMI 运作模式的区别如下:

在面对比较大的零售商时,并不一定当"接收货物"后,就产生了应付账款。通常大的零售商(如 Wal-Market)要求,只有当供应商的货物真正被销售以后才向供应商付款,否则不产生"应付账款"。

这种模式一般不需要建造 VMI-HUB 这个中枢环节。因为对零售商来说,两个供应商所供应的产品是相互独立的,在同一段时间内它们不是同时需要的,不像生产商需要零

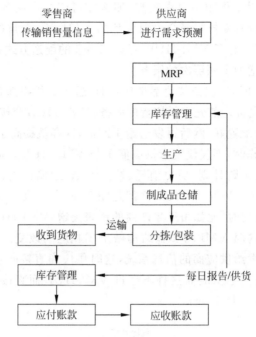

图 7-5　供应商—零售商 VMI 运作模式

部件或原材料对生成一个产品来说是必须同时获得的。

3. 核心企业——分销商 VMI 运作模式

这种模式由核心企业充当 VMI 中的供应商角色,它的运作模式与前两种大致相同,由核心企业收集各个分销商的销售信息并进行预测,然后按照预测结果对分销商的库存统一管理与配送。由于这种模式下的供应商只有一个,所以不存在要在分销商附近建立仓库的问题。

核心企业可以根据与各个分销商之间的实际情况,统一安排对各个分销商的配送问题,并且,可以保证每批次都是以经济批量的方式发货,每次配送的路线都可以调整为最佳配送路线。

4. 第三方物流企业参与模式

在实际实施过程中,有时需要第三方物流服务提供商的参与。原因如下。

在供应商——生产商模式中,不论对生产商还是供应商来说,它的核心竞争力主要是体现在其生产制造上,而不是物流配送上。显然,让供应商或者生产商去管理 VMI-HUB 都是不经济的。

在供应商——零售商模式下,由于零售商的零售品范围比较广,供应商和零售商的地理位置相距较远,直接从供应商处向零售商补货的提前期较长,不利于进行准确的需求预测和应付突发状况。解决这一问题的折中方案就是供应商在零售商附近租用或建造仓库,由这个仓库负责直接向零售商供货。

基于上述原因,让一家专业化程度较高的企业来管理这 VMI-HUB 或仓库是最合适不过了,而这时最理想的对象就是"第三方物流企业"。况且供应链管理强调的是,在供应链上的各个企业应该充分发挥自己的核心竞争力,这对第三方物流企业来说正好适应这种库存运作模式的要求,充分发挥其特点与优势。当第三方物流企业加入时,VMI运作模式相应改变为如图7-6所示。

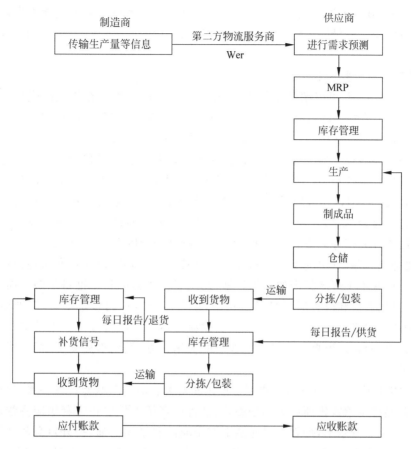

图7-6   第三方物流企业参与下的 VMI 运作模式

（三）实施 VMI 的好处

VMI之所以得到众多国际著名大公司的青睐,是因为实施VMI,可以为企业和供应链带来如下的好处。

1. 增加供应链的销售收入

首先,提高下游客户资金使用效率,增加销售收入;其次,为下游客户节省了用于库存的空间占用,可以有更多的空间用来陈列商品,从而提高商品的销售额;最后,供应商通过对库存的掌握,可以根据需求特点、商品的边际收益、库存成本以及生产规模的变动成本等因素,合理确定商品的促销时机(引申：微笑曲线)。

2. 降低供应链的库存成本

首先,供应商对自己的产品管理更经验和更专业,降低产品库存损耗,提高使用率。其次,由于供应商直接掌握销售点的资讯数据,消除了信息的扭曲和时滞,使需求预测更加准确,可有效地消除"牛鞭效应",使整个供应链的库存水平降低。最后,当供应商与下游的多个客户建立 VMI 伙伴关系时,实施 VMI,供应商可以把下游不同客户的需求集中起来。

由于下游不同客户的地理位置、规模实力、销售策略等存在差异,对商品的需求时间和数量也必然不同,由供应商统一管理各个客户的库存,就可以采取最优方案调剂余缺,以相对较少的库存总量满足各个客户不同时间和数量的需求,从而显著降低供应链的库存成本。

3. 提高客户服务水平

第一,实施 VMI,可以精简业务流程,提高供应链的柔性。在传统的供应链管理中,其业务流程是:消费者购买→销售商盘查→销售商订货→供货商备货→供货商配送→销售商上架。整个供应链中,过程冗长且缺乏效率。实施 VMI 后,其业务流程缩短为:消费者购买→库存检查→供应商配送→销售商上架。精简业务流程能够缩短交易时间,使上游制造商更好地控制生产经营活动,满足用户需求,提高整个供应链的柔性。

第二,实施 VMI,可以提高货物的可得率和供货效率。在传统的供应链管理中,供应链各环节分别管理库存,上游供应商通常根据下游客户的订单状况确定库存补充策略。当零售商需要补充库存并发出订单时,供应商需要查看库存,并进行备货。如遇库存不足,则还要补充库存,订单的反应时间较长。尤其是在下游客户进行商品促销活动时,由于供应商事先并不了解零售商的促销计划,而是根据正常的订单准备货源。面对订单的变化,极易发生缺货和前置时间延长的情况,严重影响客户的正常销售,降低服务水平。然而,当企业之间建立 VMI 伙伴关系之后,供应商不但可以直接得到下游客户的销售资讯和库存信息,而且还可事先获知下游客户的促销计划,做到事先备货,提高货物的可得率和供货效率。

第三,实施 VMI,供应商与零售商形成了相对紧密的战略联盟伙伴关系,供应商不再为如何将商品推销给零售商而大伤脑筋,而是将更多精力集中在完善供应商物流软硬件设施,提高物流服务水平,加强与供应链下游企业的联系和沟通,提升自身的物流管理能力,从而更进一步提高客户服务水平。据调查,雀巢与家乐福实施 VMI 后,雀巢对家乐福配送中心产品的到货率由原来的 80%左右提升至 95%,家乐福配送中心对零售店铺产品到货率由 70%提升至 90%左右,订单修改率也由 60%~70%下降到 10%以下。

4. 为上下游企业都带来好处

首先,供应商是商品的供应者,由供应商管理库存可以更加主动和灵活。实施 VMI,通过电子数据交换(EDI)来传送下游客户的生产和库存数据,供应链上游的供应商将直接接触真正的需求信息。供应商利用该信息调节库存水平,可以降低安全库存量,做到有预见性的组织生产和采购,提高了供应商的生产稳定性,降低了应急反应所付出的额外成本。

其次,实施 VMI,供应商的管理水平和供货能力一目了然,有利于下游客户对供应商的评估,促使供应商之间平等竞争、优胜劣汰。所以,成功实施 VMI,将为建立高效的供应链提供条件。

5. 改善上下游企业关系

在传统的供应链管理中,上游的供应商与下游的客户只是单向买卖关系,下游客户要什么，上游供应商就给什么，甚至是尽可能多的推销产品。双方的关系是敌对的输赢关系，彼此都忽略了真正的市场需求，导致好卖的商品经常缺货，而不畅销的商品却有很多存货。实施 VMI，上下游企业之间的关系由原来的敌对关系转变为合作的双赢关系。

通过合作，双方共同面对市场，共同解决问题，有利于从根本上改进供应链的整体运作效率。

（四）VMI 的实施

实施 VMI 要基于合作性原则、互惠原则、目标一致性原则和连续改进原则的基础上，具备拥有核心企业、合作企业相互信任、建立信息系统平台、共享平台以及信息分析和预测五个关键条件，并具有一定的技术支持，才能实施 VMI。实施 VMI 策略的步骤如下：

1. 确定目标

根据企业的不同情况确定 VMI 的目标，可以从以下几方面着手：降低供应链上的产品库存，抑制"牛鞭效应"；降低买方企业和供应商成本，提高利润；增强企业的核心竞争力；提高双方合作程度和忠诚度等。

2. 建立客户情报信息系统

供应商要有效地管理客户库存，必须能够获得真实的客户的有关信息。通过建立客户信息库，供应商能够实时掌握客户的需求变化，把由分销商或零售商进行的需求预测与分析功能集成到供应商的系统中来。

3. 建立物流网络管理系统

供应商要很好的管理库存，必须建立起完善的物流网络管理系统，保证自己的产品需求信息和物流畅通。目前已有许多企业开始采用 MRP 或 ERP 企业资源计划系统，这些软件系统都集成了物流管理的功能。通过对这些功能的扩展，就可以建立完善的物流网络管理系统。

4. 建立供应商与分销商的合作框架协议

供应商和分销商在一起，通过共同协商确定订单处理的业务流程以及库存控制的有关参数，如补充订货点、最低库存水平和库存信息的传递方式（如 EDI 或 Internet）等。

5. 组织机构的变革或业务重组

VMI 策略改变了供应商的组织模式，为了适应新的管理模式，供应商需要建立一个 VMI 职能部门，负责对 VMI 服务（负责库存控制，库存补给和服务水平）的监控和维持与客户之间的关系。

小 贴 士

一般来说，VMI 适用于以下情况：①分销商或零售商没有 IT 系统或相关设施来有效管理其库存；②供应商实力雄厚并且比分销商或零售商掌握的市场信息量大。

二、联合库存管理（JMI）

联合库存管理（jointly managed inventory，JMI），是一种在 VMI 的基础上发展起来的供应商与用户权利、责任平衡和风险共担的库存管理模式，是为了解决定供应链体系中的"牛鞭效应",提高供应链大的同步化程度而提出的。

(一) JMI 的基本思想

JMI(联合库存管理)是供应链上两个或多个成员组织共同参与库存计划、控制等库存管理过程。JMI 和 VMI 不同,它强调双方同时参与,共同制订库存计划,使供应链过程中的每个库存管理者(供应商、制造商、分销商)都从相互之间的协调性考虑,保持供应链相邻的两个节点之间的库存管理者对需求的预期保持一致,从而消除了需求变异放大现象。

一般供应链库存管理基本模式中,各个成员企业都存在独立需求库存和部分相关需求,供应链成员联合库存管理的基本思想就是通过需求信息共享机制,减少或消除实际需求失真,从而将由于"牛鞭效应"的影响尽可能降低的基础上,将部分独立需求库存转变为联合库存,以降低供应链安全库存、平均库存水平。

任何相邻节点需求的确定都是供应双方协调的结果,库存管理不再是各自为政的独立运作过程,而是供应连接的纽带和协调中心,联合库存管理的模型如图 7-7 所示。

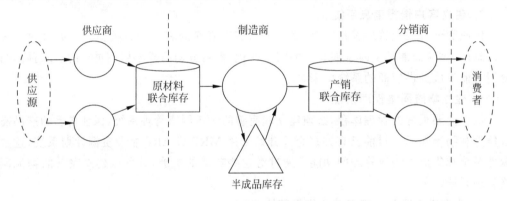

图 7-7 联合库存管理的基本模型

(二) JMI 的优势

与传统的库存管理模式相比,JMI 具有以下优势。

1. 信息优势

传统模式下,各供应链节点间容易形成各自为政,缺乏信息沟通的现象。通过实施 JMI,充分利用现代信息技术畅通了信息渠道,保证了供应链上下游企业信息共享,有效地预测市场需求,减少"牛鞭效应"。

2. 成本优势

实施 JMI,可实现分销商、制造商、供应商之间的库存管理一体化,可以让三方都能够实现准时制采购(即在恰当的时间、恰当的地点,以恰当的数量和质量采购恰当的物品),不仅可以减少库存,还可以加快库存周转速度,缩短订货和交货提前期,从而降低企业的采购成本。

3. 物流优势

JMI 打破了各自为政的传统供应链库存管理模式,强调各方协同合作,共同制订库存计划,分担风险,有效地消除库存过高和"牛鞭效应"。

4. 战略联盟优势

JMI的实施是建立在供应链各方充分信任和合作的基础上,只有分销商、制造商和供应商协同一致行动,才能有效实施JMI。通过JMI的运行,加强了企业间的联系和合作,形成了一种战略性合作伙伴关系,充分体现出战略联盟的整体竞争优势。

(三)JMI 的实施策略

为了成功的实施联合库存管理,供应链上的节点企业应采取行之有效的策略,在满足各自目标的前提下,提高供应链的整体运作绩效。

1. 建立供需协调管理机制

为了发挥联合库存管理的作用,供需双方应从合作的精神出发,建立供需协调的管理机制,明确各自的目标和责任,建立合作沟通的渠道,为供应链的联合库存管理提供有效的机制。图7-8所示为供应商与分销商协调管理机制模型。没有一个协调的管理机制,就不可能进行有效的联合库存管理。

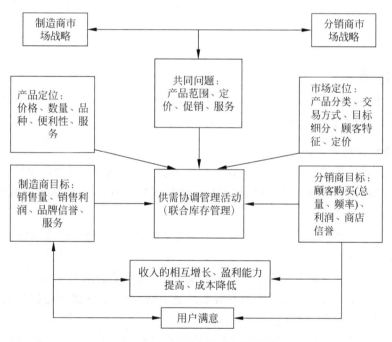

图7-8 产销联合库存实施过程

建立供需协调管理机制,要从以下几方面着手。

(1)建立共同合作目标。要建立联合库存管理模式,首先供需双方必须本着互惠互利的原则,建立共同的合作目标。为此,要理解供需双方在市场目标中的共同之处和冲突点,通过协商形成共同的目标,如用户满意度、利润的共同增长和成本降低等。

(2)建立联合库存的协调控制方法。联合库存管理中心担负着协调供需双方利益的角色,起协调控制器的作用,因此需要对库存优化的方法进行明确的规定。这些内容包括如何在多个需求商之间调节与分配、库存的最大量和最低库存水平、安全库存的确定、需求的预测等。

（3）建立一种信息沟通的渠道或系统。信息共享是供应链管理的特色之一，为了提高整个供应链需求信息的一致性和稳定性，减少由于多重预测导致的需求信息扭曲，应增加供应链各方对需求信息获得的及时性和透明性。为此应建立一种信息沟通的渠道或系统，以保证需求信息在供应链中的畅通和准确性。要将条形码技术、扫描技术、POS系统、RFID技术和EDI集成起来，并且要充分利用Internet的优势，在供需双方之间建立一个畅通的信息沟通桥梁和联系纽带。

（4）建立有效的利益分配与激励机制。要有效运行基于协调中心的库存管理，必须建立一种公平的利益分配制度，并对参与协调库存管理的各个节点企业（供应商、制造商、分销商或批发商）进行有效的激励，防止机会主义行为，增加协作性和协调性。

2．发挥两种资源计划系统的作用

为了发挥联合库存管理的作用，在供应链库存管理中应充分利用目前比较成熟的两种资源管理系统：MRPⅡ和DRP。原材料联合库存协调管理应采用制造资源计划系统MRPⅡ，而产品联合库存协调管理则应采用物资资源配送计划DRP。这样在供应链系统中把两种资源计划系统很好地结合起来。

 小 贴 士

DRP即配送需求计划，是MRP在流通领域应用的直接结果，主要解决分销物资的供应问题，从而达到有效满足市场需求和配置费用最省的目的。

3．建立快速反应系统

快速反应系统是在20世纪80年代末由美国服务行业发展起来的一种供应链管理策略，目的在于减少供应链中从原材料到用户过程的时间和库存，最大限度地提高供应链的运作效率。

快速反应系统在美国等西方国家的供应链管理中被认为是一种有效的管理策略，经历了三个发展阶段：第一阶段为商品条形码化，通过对商品的标准化识别处理加快订单的传输速度；第二阶段是内部业务处理的自动化，采用自动补货与EDI数据交换系统提高业务自动化水平；第三阶段是采用更有效的企业间合作，消除供应链组织之间的障碍，提高供应链的整体效率，如通过供需双方合作，确定库存水平和销售策略等。

目前在欧洲等西方国家，快速反应系统应用已达到第三阶段，通过联合计划、预测与补货等策略进行有效的用户需求反应。美国的Kurt Salmon协会调查分析认为，实施快速响应系统后供应链效率大为提高：缺货大大减少，通过供应商与零售商的联合协作保证24小时供货；库存周转速度提高1~2倍；通过敏捷制造技术，企业的产品中有20%~30%是根据用户的需求而制造的。快速响应系统需要供需双方的密切合作，因此协调库存管理的建立为快速响应系统发挥更大的作用创造了有利的条件。

4．发挥第三方物流系统的作用

第三方物流系统（TPL）是供应链集成的一种技术手段，它为用户提供各种服务，如产品运输、订单选择、库存管理等。把库存管理的部分功能外包给第三方物流系统管理，可以使企业更加集中精力于自己的核心业务,第三方物流系统起到了供应商和用户之间联系的桥梁作用,使 JMI 的运作模式得以优化,如图 7-9 所示。

面向联合库存管理的第三方物流系统使供应与需求双方都取消的各自独立的库存,增加了供应链的敏捷性和运作效率,能够大大改善供应链的用户服务水平和运作效率。

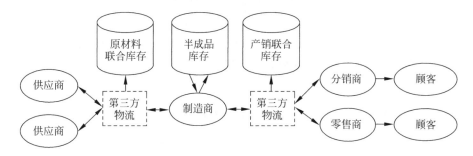

图 7-9 第三方物流参与的 JMI 模式

(四)选择合适的 JMI 模式

供应链联合库存管理模式主要有以下两种。

一种是各个供应商的零部件都直接存入核心企业的原材料中,即将各个供应商的分散库存转变为核心企业的集中库存。集中库存要求供应商的运作方式是:按核心企业的订单或订货来组织生产,产品完成时,立即实施小批量多频次的配送直接将产品送到核心企业的仓库中补充库存。在这种模式下,库存管理的重点在于核心企业根据生产的需要,保持合理的库存量,既能满足需要,又要使库存总成本最小。

另一种是无库存模式,供应商和核心企业都不设立库存,核心企业实行无库存的生产方式。此时供应商直接向核心企业的生产线进行连续小批量多频次的补货,并与之实行同步生产、同步供货,从而实现"在需要的时候把所需要的品种和数量的原材料送到需要的地点"的操作模式。

在这种准时化供货模式下,由于完全取消了库存,所以效率最高、成本最低。但是对供应商和核心企业的运作标准化、配合程度、协作精神要求也高,操作过程要求也严格,而且两者的空间距离不能太远。

对于实施联合库存管理的企业来说,应根据自身和合作方的实际情况,选择合适的联合库存管理模式,以期取得最为理想的效果。

三、协同式库存管理(CPFR)

20 世纪 90 年代末,出现了一种新的供应链库存管理方法——协同式库存管理,即协同计划、预测及补货(collaborative planning forecasting replenishment,CPFR)。

(一)CPFR 的基本思想

CPFR 是一种哲理,它应用一系列的处理和技术模型,提供覆盖整个供应链的合作过程,通过共同管理业务过程和共享信息来改善零售商和供应商的伙伴关系,提高预测的准确度,最终达到提高供应链效率、减少库存和提高消费者满意程度的目的。CPFR 运作模式如图 7-10 所示。

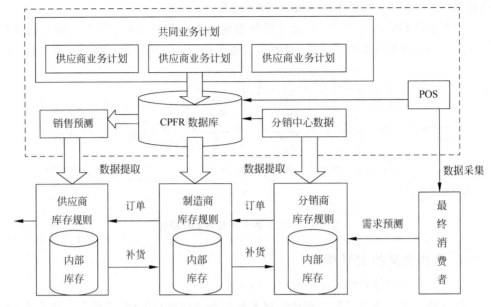

图 7-10 供应链 CPFR 模式

CPFR 最大的优势是能及时准确地预测由各项促销措施或异常变化带来的销售高峰和波动,从而使销售商和供应商都能做好充分的准备,赢得主动。同时 CPFR 采取了一种"双赢"的原则,始终从全局的观点出发,制定统一的管理目标以及方案实施办法,以库存管理为核心,兼顾供应链上的其他方面的管理。因此,CPFR 能够实现伙伴间更广泛深入的合作。

CPFR 有 3 条指导性原则。

(1)合作伙伴框架结构和运作过程以消费者为中心,面向价值链。

(2)合作伙伴共同负责开发单一、共享的消费者需求预测系统,这个系统驱动整个价值链计划。

(3)合作伙伴均承诺共享预测并在消除供应过程约束上共担风险。

(二)CPFR 的特点

1. 协同

从 CPFR 的基本思想看,供应链上下游企业只有确立起共同的目标,才能使双方的绩效都得到提升,取得综合性的效益。CPFR 这种新型的合作关系要求双方长期承诺公开沟通、信息分享,从而确立其协同性的经营战略,尽管这种战略的实施必须建立在信任和承诺的基础上,但是这是买卖双方取得长远发展和良好绩效的唯一途径。

正因如此,所以协同的第一步就是保密协议的签署、纠纷机制的建立、供应链计分卡的确立以及共同激励目标的形成(如不仅包括销量,也同时确立双方的盈利率)。

应当注意的是,在确立这种协同性目标时,不仅要建立起双方的效益目标,更要确立协同的盈利驱动性目标,只有这样,才能使协同性能体现在流程控制和价值创造的基础之上。

2．规划

1995 年沃尔玛与 Warner-Lambert 的 CFAR 为消费品行业推动双赢的供应链管理奠定了基础,此后当 VICS 定义项目公共标准时,认为需要在已有的结构上增加"P",即合作规划(品类、品牌、分类、关键品种等)以及合作财务(销量、订单满足率、定价、库存、安全库存、毛利等)。

此外,为了实现共同的目标,还需要双方协同制订促销计划、库存政策变化计划、产品导入和中止计划以及仓储分类计划。

3．预测

任何一个企业或双方都能做出预测,但是 CPFR 强调买卖双方必须做出最终的协同预测,像季节因素和趋势管理信息等无论是对服装或相关品类的供应方还是销售方都是十分重要的,基于这类信息的共同预测能大大减少整个价值链体系的低效率、死库存,促进更好的产品销售、节约使用整个供应链的资源。

与此同时,最终实现协同促销计划是实现预测精度提高的关键。CPFR 所推动的协同预测还有一个特点是它不仅关注供应链双方共同做出最终预测,同时也强调双方都应参与预测反馈信息的处理和预测模型的制定和修正,特别是如何处理预测数据的波动等问题,只有把数据集成、预测和处理的所有方面都考虑清楚,才有可能真正实现共同的目标,使协同预测落在实处。

4．补货

销售预测必须利用时间序列预测和需求规划系统转化为订单预测,并且供应方约束条件,如订单处理周期、前置时间、订单最小量、商品单元以及零售方长期形成的购买习惯等都需要供应链双方加以协商解决。

根据 VICS 的 CPFR 指导原则,协同运输计划也被认为是补货的主要因素,此外,例外状况的出现也需要转化为存货的百分比、预测精度、安全库存水准、订单实现的比例、前置时间以及订单批准的比例,所有这些都需要在双方公认的计分卡基础上定期协同审核。潜在的分歧,如基本供应量、过度承诺等双方事先应及时加以解决。

（三）CPFR 的实施步骤

CPFR 模式的具体实施过程分为 3 个阶段,包括 9 个步骤,如图 7-11 所示。

第一阶段:计划。包括 2 个步骤。

(1) 供应链合作伙伴包括零售商、分销商和制造商等共同达成一个通用业务协议,包括对合作的全面认识、合作目标、机密协议和资源授权。

(2) 制造商和零售商交换公司战略和业务计划信息:以发展联合(共同)业务计划。

第二阶段:预测。包括 6 个步骤:

(1) 利用零售商销售数据。创建一个支持共同业务计划的销售预测;

(2) 识别分布在销售预测约束之外的项目,每个项目的例外准则需在步骤(1)中得到认同;

(3) 通过查询共享数据、电子邮件、电话、交谈、会议等解决销售预测例外,并提交销售预测改变结果;

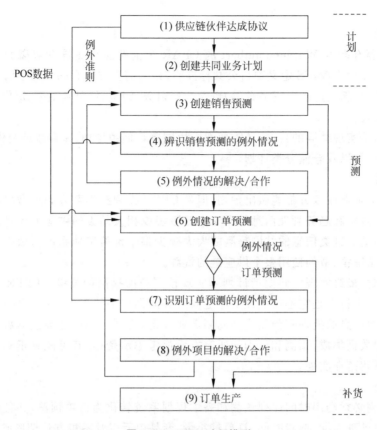

图 7-11　CPFR 过程模型

（4）合并 POS 数据、因果关系信息和库存策略，产生一个支持共享销售预测的共同业务计划的订单预测。

（5）识别分布在订单预测约束之外的项目，而例外准则在步骤（1）中已建立；

（6）通过查询共享数据、电子邮件、电话、交谈、会议等调查研究订单预测例外，并提交订单预测改变结果。

第三阶段：补货。包括 1 个步骤：

将订单预测转换为已承诺的订单。订单产生可由制造商或分销商根据能力、系统和资源来完成。

Wal-Mart 的供应链库存管理

Wal-Mart 把零售店商品的进货和库存管理的职能转移给供应方（生产厂家），由生产厂家 Wal-Mart 的流通库存进行管理和控制。即采用生产厂家管理的库存方式（Vendor-managed Inventories，VMI）。Wal-Mart 让供应方与之共同管理营运 Wal-Mart 的流通中心，在流通中心保管的商品所有权属于供应方。

供应方对 POS 信息和 ASN 信息进行分析，把握商品的销售和 Wal-Mart 的库存方向。在此基础上，决定什么时间，把什么类型商品，以什么方式向什么店铺发货。发货的信息预先以 ASN 形式传送给 Wal-Mart，以多频度小数量进行连续库存补充，即采用连续补充库存方式（Continuous Replenishment Program，CRP）。

由于采用 VMI 和 CRP，供应方不仅能减少本企业的库存，还能减少 Wal-Mart 的库存，实现整个供应链的库存水平最小化。另外，对 Wal-Mart 来说，省去了商品进货的业务，节约了成本，同时能集中精力于销售活动。并且，事先能得知供应方的商品促销计划和商品生产计划，能够以较低的价格进货。这些为 Wal-Mart 进行价格竞争提供了条件。

第四节　供应链环境下的多级库存管理与控制

基于协调中心的联合库存管理是一种联邦式供应链库存管理策略，是对供应链的局部优化控制，而要进行供应链的全局性优化与控制，则必须采用多级库存管理与控制的方法。因此，多级库存管理与控制是供应链资源的全局性优化。

一、多级库存管理的基本思想

最早开始多级库存研究的学者是克拉克和斯卡夫（Clark & Scarf，1960），他们提出了"级库存"的概念：供应链的级库存＝某一库存节点现有的库存＋转移到或正在转移给后续节点的库存。这样检查库存状态时不仅要检查本库存节点的库存数据，而且要检查其下游需求方的库存数据。以后的学者在此基础上对多级库存问题做了很多深入研究。

多级库存系统与单级库存系统既有联系又有区别，单级库存系统是构成多级库存系统的基础，许多对单级库存系统的分析方法也可用于多级系统，然而多级系统还具有单级系统不具备的问题。供应链管理的目的是使整个供应链各个阶段的库存最小，但是，前面所介绍的库存管理模式是从单一企业内部的角度去考虑库存问题，因而并不能使供应链整体达到最优。

多级库存的管理与控制是在单级库存控制的基础上形成的。多级库存系统根据不同的配置方式，有串行系统、并行系统、纯组装系统、树形系统、无回路系统和一般系统。

多级库存控制的方法有两种：一种是非中心化（分布式）策略；另一种是中心化（集中式）策略。

非中心化策略是各个库存点独立地采取各自的库存策略，这种策略在管理上比较简单，但是并不能保证产生整体的供应链优化，如果信息的共享度低，多数情况产生的是次优的结果，因此非中心化策略需要更多信息共享。

中心化策略，所有库存点的控制参数是同时决定的，考虑了各个库存点的相互关系，通过协调的办法获得库存的优化。但是中心化策略在管理上协调的难度大，特别是供应链的层次比较多，即供应链的长度增加时，更增加了协调控制的难度。

供应链环境下的多级库存管理与控制的目标是成本最低/速度最快，而在实施多级库存管理与控制的过程中会面临一定的约束，诸如库存容量、运输条件、流量、时间与交货期、资金占用等。

二、多级库存控制所面对的问题

(一)明确库存优化的目标

传统的库存优化问题无不例外地进行库存成本优化,在强调敏捷制造、基于时间的竞争条件下,这种成本优化策略是否适宜? 供应链管理的两个基本策略:有效客户反应(ECR)和快速反应(QR),都集中体现了顾客反应能力的基本要求,因此在实施供应链库存优化时要明确库存优化的目标是什么,成本还是时间? 成本是库存控制中必须考虑的因素,但是,在现代市场竞争的环境下,仅优化成本这样一个参数显然是不够的,应该把时间(库存周转时间)的优化也作为库存优化的主要目标来考虑。

 小 贴 士

　　ECR(efficient consumer response),即有效客户反应,是指以满足顾客要求和最大限度降低物流过程费用为原则,能及时做出准确反应,使提供的物品供应或服务流程最佳化的一种供应链管理战略;QR(quick response),即快速反应,是指供应链成员企业之间建立战略合作伙伴关系,利用电子数据交换(EDI)等信息技术进行信息交换与信息共享,用高频率小批量配送方式补货,以实现缩短交货周期,减少库存,提高顾客服务水平和企业竞争力为目的的一种供应链管理策略。

(二)明确库存优化的边界

供应链库存管理的边界即供应链的范围。在库存优化中,一定要明确所优化的库存范围是什么。供应链的结构有各种各样的形式,有全局的供应链,包括供应商、制造商、分销商和零售商各个部门;有局部的供应链,分为上游供应链和下游供应链,在传统的所谓多级库存优化模型中,绝大多数的库存优化模型是下游供应链,即关于制造商(产品供应商)—分销中心(批发商)—零售商的三级库存优化。

很少有关于零部件供应商—制造商之间的库存优化模型,在上游供应链中,主要考虑的问题是关于供应商的选择问题。

(三)多级库存优化的效率问题

理论上讲,如果所有的相关信息都是可获的,并把所有的管理策略都考虑到目标函数中去,中心化的多级库存优化要比基于单级库存优化的策略(非中心化策略)要好。

但是,现实情况未必如此,当把组织与管理问题考虑进去时,管理控制的幅度常常是下放给各个供应链的各个节点企业独立进行的,因此多级库存控制策略的好处也许会被组织与管理的考虑所抵消。因此简单的多级库存优化并不能真正产生优化的效果,需要对供应链的组织、管理进行优化,否则,多级库存优化策略效率是低下的。

(四)明确采用的库存控制策略

在单库存点的控制策略中,一般采用的是周期性检查与连续性检查策略。这些库存控制策略对于多级库存控制仍然适用。但是,到目前为止,关于多级库存控制,都是基于无限能力假设的单一产品的多级库存,对于有限能力的多产品库存控制是供应链多级库存控制的难点和有待解决的问题。

三、多级库存管理与控制策略

在实际的管理实践中,多级库存优化的关注点主要有两个角度:成本优化和时间优化。两者的侧重点有所不同。

(一)基于成本优化的多级库存管理

基于成本优化的多级库存控制实际上就是确定库存控制的有关参数:库存检查期、订货点、订货量。下面以整个供应链模型为例,如图7-12所示,说明基于成本优化的库存优化模式。

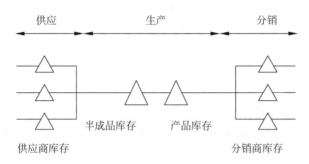

图 7-12　多级供应链库存模式

在分析之前,首先确定库存成本结构。

1. 供应链的库存成本结构

(1)库存维持费用(Holding Cost,C_h)。包括资金成本、仓库及设备折旧费、税收、保险金等。库存持有费用与库存价值和库存量的大小有关,其沿着供应链从上游到下游进行累计,如图7-13所示。

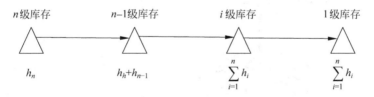

图 7-13　供应链库存持有费用的积累过程

h_i 为单位周期内单位产品(零件)的库存持有费用。如果 v_i 表示 i 级库存量,那么,整个供应链的库存持有费用为:

$$C_h = \sum_{i=1}^{n} h_i v_i$$

如果是上游供应链,则库存持有费用是一个汇合的过程,而在下游供应链,则是分散的过程。

(2)交易成本(Transaction Cost,C_t)。即在供应链企业之间的交易合作过程中产生的各种费用,包括谈判要价、准备订单、商品检验费用、佣金等。交易成本随交易量的增加而减少。交易成本与供应链企业之间的合作关系有关,通过建立一种长期的互惠合作关系有利于降低交易成本,战略伙伴关系的供应链企业之间交易成本是最低的。

(3)缺货损失成本(Shortage Cost,C_s)。缺货损失成本是由于供不应求,即库存 $v_i < 0$ 的时候,造成市场机会损失以及用户罚款等。

缺货损失成本与库存大小有关。库存量大,缺货损失成本小,反正,缺货损失成本高。为了减少缺货损失成本,维持一定量的库存是必要的,但是库存过多将增加库存持有费用。

在多级供应链中,提高信息的共享程度、增加供需双方的协调与沟通有利于减少缺货带来的损失。

总的库存成本为:

$$TC = C_h + C_i + C_s$$

多级库存控制的目标就是优化总的库存成本 C,使其达到最小。

2. 多级库存控制策略

多级库存的控制策略分为中心化控制策略和非中心化策略,以下分别加以说明。

1)中心化库存控制策略

目前关于多级库存的中心化控制策略的探讨不多,采用中心控制的优势在于能够对整个供应链系统的运行有一个较全面的掌握,能够协调各个节点企业的库存活动。中心化控制是将控制中心放在核心企业上,由核心企业对供应链系统的库存进行控制,协调上游与下游企业的库存活动。

这样核心企业也就成了供应链上的数据中心(数据仓库),担负着数据集成、协调功能,如图 7-14 所示。

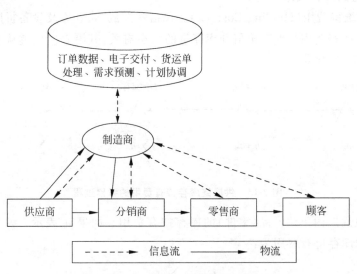

图 7-14　供应链中心化库存控制模型

中心化库存优化控制的目标是使供应链上总的库存成本最低,即:

$$\min TC = \sum_{i=1}^{n} \{C_{h_i} + C_{t_i} + C_{S_i}\}$$

理论上讲,供应链的层次是可以无限的,即从用户到原材料供应商,整个供应链是 n

个层次的供应链网络模型,分一级供应商、二级供应商、……、k 级供应商,然后到核心企业(组装厂);分销商也可以是多层次的,分一级分销商、二级分销商、三级分销商等,最后才到用户。但是,现实的供应链的层次并不是越多越好,而是越少越好,因此实际供应链的层次并不很长,采用供应—生产—分销这样的典型三层模型足以说明供应链的运作问题。

图 7-15 为三级库存供应链模型。

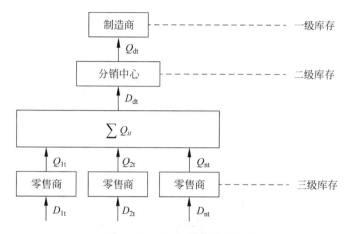

图 7-15　三级库存供应链模型

各个零售商的需求 D_{it} 是独立的,根据需求的变化做出的订货量为 Q_{it},各个零售商总的订货汇总到分销中心,分销中心产生一个订货单给制造商,制造商根据订货单制订主生产计划,同时对上游供应商产生物料需求。整个供应链在制造商、分销商、零售商三个地方存在三个库存,这就是三级库存。

这里假设各零售商的需求为独立需求,需求率 d_i 与提前期 LT_i 为同一分布的随机变量,同时系统销售同一产品,即为单一产品供应链。这样一个三级库存控制系统是一个串行与并行相结合的混合型供应链模型,可以建立如下的库存控制模型:

$$\min\{C_{mfg} + C_{cd} + C_{rd}\}$$

这里,第一项为制造商的库存成本;第二项为分销商的库存成本;第三项为零售商的库存成本。

关于订货策略采用连续检查还是周期性检查的问题,原则上讲两者都是适用的,但各有特点。问题在于采用传统的订货策略时有关参数的确定和供应链环境下的库存参数的确定应有所不同,否则不能反映多级库存控制的思想。因此,不能按照传统的单点库存控制策略进行库存优化,必须寻找新的方法。

采用多级库存取代点库存能够解决供应链环境下的库存问题。因为点库存控制没有考虑多级供应链中相邻节点的库存信息,因此容易造成需求放大现象。采用级库存策略后,每个库存点不再是仅检查本库存点的库存依据,而是检查处于供应链整体环境下的某一级库存状态。级库存策略的库存决策是基于完全对其下游企业的库存状态掌握的基础上,因此避免了信息扭曲现象。

建立在 Internet 和 EDI 技术基础上的全球供应链信息系统,为企业之间的快速信息传递提供了保证,因此,实现供应链的多级库存控制是有技术保证的。

2) 非中心化的控制策略

非中心化库存控制是把供应链的库存控制分为三个成本归结中心,即制造商成本中心、分销商成本中心和零售商成本中心,各自根据自己的库存成本优化方法做出优化控制策略,如图 7-16 所示。

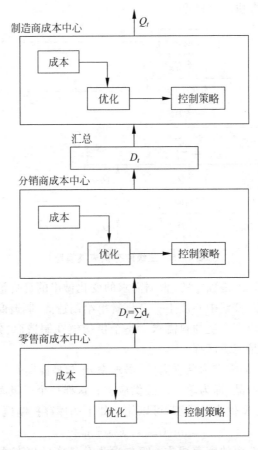

图 7-16　多级库存控制模式

非中心化的库存控制要取得整体供应链优化效果,需要增加供应链的信息共享程度,使供应链的各个节点企业都共享统一的市场信息。非中心化多级库存控制策略能够使企业根据自己的实际情况独立做出快速决策,有利于发挥企业自己的独立自主性和灵活机动性。

非中心化库存订货点的确定,可完全按照单点库存的订货策略进行,即每个库存点根据库存的变化,独立的决定库存控制策略。非中心化的多级库存优化策略,需要企业之间的协调性比较好,如果协调性差,有可能导致各自为政的局面。

(二)基于时间优化的多级库存控制

基于成本优化的多级库存优化方法是传统的做法。随着市场变化,市场竞争已从传统的、简单的成本优先的竞争模式转为时间优先的竞争模式,这就是敏捷制造的思想。因此供应链的库存优化不能简单地仅优化成本。

在供应链环境下,库存优化还应该考虑对时间的优化,比如库存周转率的优化、供应提前期的优化、平均上市时间的优化等。库存时间过长对于产品的竞争不利,因此供应链系统应从提高用户响应速度的角度提高供应链的库存管理水平。

 案例讨论

联想集团的 VMI

作为近年来在理论与实践上逐步成熟的管理思想,VMI 备受众多国际大型企业的推崇。大型零售商沃尔玛、家乐福是实施 VMI 的先驱,朗科、惠普、戴尔、诺基亚等都是成功实施 VMI 的典范。

2013 年,联想电脑销售量升居世界第一,成为全球最大的个人 PC 生产厂商。在国内 IT 企业中,联想也是第一个开始品尝 VMI 滋味的,其在北京、上海、惠阳三地的 PC 生产厂的原材料供应均在项目之中,涉及的国外供应商的数目也相当大。

联想以往物流运作模式是国际上供应链管理通常使用的看板管理,即由香港联想对外订购货物,库存都放在香港联想仓库,当国内生产需要时由香港公司销售给国内公司,再根据生产计划调拨到各工厂,这样可以最大限度地减少国内材料库存;但是此模式经过 11 个物流环节,涉及多达 18 个内外部单位,运作流程复杂,不可控因素很大。

同时,由于订单都是从香港联想发给供应商,所以大部分供应商在香港交货,而联想的生产信息系统只在内地的公司上使用,所以生产厂统计的到货准时率不能真实反映供应商的供货水平,导致不能及时调整对供应商的考核。

按照联想 VMI 项目要求,联想在北京、上海、惠阳三地工厂附近设立供应商管理库存,联想根据生产要求定期向库存管理者即作为第三方物流的伯灵顿全球货运物流有限公司发送发货指令,由第三方物流公司完成对生产线的配送,从其收到通知,进行确认、分拣、海关申报及配送到生产线,时效要求为 2.5 小时。该项目实现供应商、第三方物流与联想之间货物信息的共享与及时传递,保证生产所需物料的及时配送。

实行 VMI 模式后,使联想的供应链大大缩短,成本降低,灵活性增强。VMI 项目涉及联想的国际采购物料,为满足即时生产的需要,供应商库存物料在进口通关上面临着很多要求,例如,时效、频次等。因此,海关监管方式对于 VMI 模式能否真正带来物流效率的提高至关重要。

针对联想所提出的 VMI 物流改革方案,北京海关与联想集团多次探讨,具体参与并指导联想集团对供应商管理库存模式的管理。北京海关改革了传统的监管作业模式,在保税仓库管理、货物进出口、货物入出保税仓库、异地加工贸易成品转关等方面采取了相应监管措施。

在物流方面,货物到港后,北京海关为其提供预约通关、担保验放等便捷通关措施,保证货物通关快速畅通;同时与其他海关配合协调,实现供应商在境内加工成品的快速转关、避免所需货物"香港一日游";另外,北京海关与深圳海关加强协调,双方起草了"VMI 货物监管草案"。

在信息系统方面,海关通关作业系统、保税仓库管理系统与联想、第三方物流企业间的电子商务平台建立连接,实现了物流信息的共享,既方便作业又强化海关的监管,联想根据生产要求向第三方物流企业发出货物进口、出库、退运等各种指令后,由第三方物流公司向海关提出相应申请。海关接到审批查验后,由第三方物流企业完成货物出库、物流配送及出口报关、装运。

VMI 项目启动后,为联想的生产与发展带来可观的效益:一是联想内部业务流程得到精简;二是使库存更接近生产地,增强供应弹性,更好地响应市场需求变动;三是改善库存回转,进而保持库存量的最佳化,因库存量降低,减少了企业占压资金;四是通过可视化库存管理,能够在线上监控供应商的交货能力。

(资料来源:http://wenku.baidu.com/view/ea6050dece2f0066f533226d.html)

思考题:

1. 什么是 VMI? 它与联合库存(JMI)有何区别?
2. 联想原有库存管理模式是如何实现的? 存在哪些不足?
3. 联想是如何实施 VMI 的?
4. 实施 VMI 给联想带来了什么好处?

技能训练

一、简答题

1. 简述供应链管理背景下的库存问题。
2. 简述"牛鞭效应"产生的原因。
3. 供应链环境下有哪些库存管理方法。

二、论述题

1. 试阐述"牛鞭效应"对企业的影响。
2. 讨论 VMI、JMI 的区别与联系?
3. 在供应链背景下怎样进行多级库存管理与控制?

三、实训题

啤 酒 游 戏

(一) 实训简介

该游戏是生产与分销单一品牌啤酒的产销模拟系统。参加游戏的学生各自扮演不同的角色:零售商、批发商、分销商和生产商。在游戏中它们主要对自己的库存进行管理,即每周做一个订购多少啤酒的决策,库存决策的目标是使自己的利润最大化(费用最小化)。

(二) 实训目的

1. 加深学生对供应链的理解和认识;
2. 认识供应链中需求异常放大现象即"牛鞭效应"的形成过程;
3. 分析"牛鞭效应"的产生原因并提出改进措施;
4. 认识到时间滞延、信息不足对产销系统的影响;
5. 培养学生加强信息沟通、人际沟通的意识;

6. 了解不同角色之间的互动关系,认识到将成员关系由竞争变为合作的必要性。

（三）实训环境及设备

1. 专用实训室或为活动桌椅的普通教室;

2. 角色分组卡片;

3. 角色资料卡;

4. 零售商订货单;

5. 零售商、批发商、分销商订发货统计情况表;

6. 零售商、批发商、分销商与生产商情况汇总表;

7. 计算器和笔等文具学生自带。

（四）实训组织及实施步骤

1. 由教师介绍啤酒游戏的背景及游戏规则;

2. 教师以传送员和讲解员角色控制整个游戏流程;

3. 学生分别扮演啤酒游戏制造商、批发商、分销商和零售商进行角色模拟;

4. 按照游戏规则开始啤酒游戏;

5. 教师对市场数据进行分析,讲解;

6. 表现优秀的小组汇报游戏心得。

（五）游戏绩效评估：库存成本分析和"牛鞭效应"分析

1. 计算总成本：总成本＝总库存成本＋总缺货成本;

2. 计算供应链成本：供应链成本＝各成员累积总成本的总和;

3. 利用需求预测记录完成"牛鞭效应"分析图;

4. 绩效评估的方法可以根据游戏的发展设定不同的重点目标,最简单的方法是：

（1）多次结果的对比分析;

（2）多个游戏组合之间的对比分析;

（3）"牛鞭效应"分析。

第八章

供应链中的采购管理

【学习目标】
- 理解传统采购模式存在的问题；
- 了解供应链管理下采购的特点；
- 掌握供应链采购与传统采购的区别；
- 掌握供应链环境下的采购策略。

【技能目标】
- 能够正确描述企业的采购流程；
- 能够识别几种主要的采购方式。

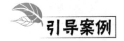 引导案例

海尔推行的 JIT 采购

海尔物流的特色是借助物流专业公司力量，在自建基础上小外包，总体实现采购JIT、原材料配送 JIT 和成品配送 JIT 的同步流程。同步模式的实现得益于海尔的现代集成化信息平台。海尔用 CRM 与 BBP 电子商务平台架起了与全球用户的资源网、全球供应链资源网沟通的桥梁，从而实现了与用户的零距离，提高了海尔对订单的响应速度。

海尔的 BBP 采购平台由网上订单管理平台、网上支付平台、网上招标竞价平台和网上信息交流平台有机组成。网上订单管理平台使海尔 100% 的采购订单由网上直接下达，同步的采购计划和订单提高了订单的准确性与可执行性，并使海尔采购周期由原来的10 天减少到了 3 天，同时供应商可以在网上查询库存，根据订单和库存情况及时补货。

网上支付平台则有效提高了销售环节的工作效率，支付准确率和及时率达到 100%，为海尔节约了近 1 000 万元的差旅费，同时降低了供应链管理成本，目前海尔网上支付已达到总支付额的 20%。网上招标竞价平台通过网上招标，不仅使竞价、价格信息管理准确化，而且防止了暗箱操作，降低了供应商管理成本，实现了以时间消灭空间。

网上信息交流平台使海尔与供应商在网上就可以进行信息互动交流，实现信息共享，强化合作伙伴关系。除此之外，海尔的 ERP 系统还建立了其内部的信息高速公路，实现了将用户信息同步转化为企业内部的信息，实现以信息替代库存，接近零资金占用。

在采购 JIT 的环节上，海尔实现了信息同步，采购、备料同步和距离同步，大大降低了采购环节的费用。信息同步保障了信息的准确性，实现了准时采购。采购、备料同步，使供应链上原材料的库存周期大大缩减。

目前已有 7 家国际化供应商在海尔建立的两个国际工业园建厂，爱默生等 12 家国际化分供方正准备进驻工业园，与供应商、分供方的距离同步有力保障了海尔 JIT 采购与配送。

案例导学

企业在市场上经营运作的一般流程是供应—生产—销售,采购位于企业经营运作的前端,为企业生产创造物质条件,是企业生产的前提条件。通过对采购工作进行有效的管理,实现"以最小的采购成本创造最大的采购效益"的目标。

采购管理作为供应链节点企业生产经营管理过程的基本环节,越来越受到企业的重视。供应链环境下的采购管理将从简单的购买向"合理采购"转变,即以合理的价格,在合理的时间,按合适的质量,通过合适的供应链获得合适的产品。

第一节　传统的采购模式

采购活动是连接制造商和供应商的纽带,起着平衡上下游节点企业供应与需求的重要作用,采购的质量直接影响供应链的供应质量。

一、采购的定义及一般流程

(一)采购的定义

狭义地说,采购是企业购买货物与服务的行为;广义地说,采购是一个企业取得货物与服务的过程。因此,采购是指用户为取得与自身需求相吻合的货物和服务而必须进行的所有活动。

(二)采购的一般流程

采购管理科学化,首先要规范采购的一般流程,消除采购中的"三不"现象(即不管是否为企业所需、不做市场调查和咨询、不问价格高低及质量好坏),以保障工作质量,堵住资金流失的漏洞。通常的采购流程由以下 7 个步骤组成,如图 8-1 所示。

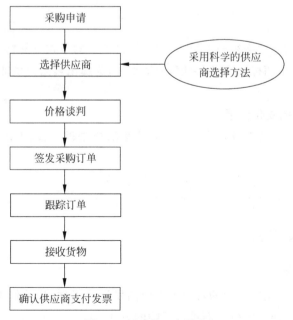

图 8-1　采购的一般流程

1. 采购申请

采购申请必须严格按照生产或客户的需要,以及现有库存量,对品种、数量、安全库存量等因素进行科学计算后提出,要有严格的审核制度,规定不同等级主管的批准权限,防止随意和盲目地采购。

2. 选择供应商

在买方市场中,由于供大于求,市场上往往有多家供应商可供选择,此时买方处于有利地位,可以货比多家,还可以提出一些服务条件,因此,选好供应商成为企业降低采购成本的主攻方向,应采用科学的方法挑选合适的供应商。

3. 价格谈判

价格一直是采购中敏感的话题,买方希望压低价格,卖方想提高价格,因此价格谈判是采购员的一项重要任务。由于价格问题是一种零和决策,一方所失就是另一方所得,从长远的角度看,任何一方暂时的所得未必是好事,因此,有必要讨论讨价还价的技能。

4. 签发采购订单

采购订单相当于合同文本,具有法律效力。签发采购订单必须十分仔细,每项条款要认真填写,用词要反复推敲,表达要简洁,含义要明确。对于采购的每项物品的规格、数量、价格、质量标准、交货时间与地点、包装标准、运输方式、检验形式、索赔条件与标准等都应严格审定。

5. 跟踪订单

采购订单签发后并不是采购工作的结束,必须对订单的执行情况进行跟踪,防止发生对方违约事件,保证订单的顺利执行,货物按时进库,以保证供应。对订单实施跟踪还可以随时掌握货物的动向,万一发生意外事件,可及时采取措施,避免不必要的损失,或将损失降到最低水平。

6. 接收货物

货物运到自己的仓库必须马上组织人员,按订单上的条款对货物进行逐条核对,还要查对货损情况,如货损超标,要查明原因,分清责任,为提出索赔提供证据。货物验收完毕后才能签字认可。

7. 确认供应商的支付发票

支付货款以前必须查对支付发票和验收货物清单是否一致,确认没有差错后才能签字付款。

一般来说,企业按照上述采购步骤不会发生大的失误,当然,要提高采购水平和质量,使企业在采购环节发掘更大的利润源泉,还有很多事情要做。

二、传统采购的主要形式

(一)询价采购

所谓询价采购,就是向选定的若干个供应商发询价函件,让他们报价,然后采购商根据各个供应商的报价而选定供应商进行采购的方法。

询价采购具有如下特点。

1. 选择供应商

不是面向整个社会所有的供应商,而是在对供应商充分调查的基础上,筛选一些比较有实力的供应商。

2. 供应商少而精

所选择的供应商数量不是很多,但是产品质量好、价格低、企业实力强、服务好、信用度高的企业采购比较放心。

3. 采购过程比较简单、工作量小

因为数量少、范围窄,所以通信联系、采购进货都比较方便,灵活,采购程序比较简单、工作量小、采购成本低、效率高。

4. 邀请性询价方式

通常是分别向各个供应商发询价函,供应商并不是面对面的竞争,因此各自的产品价格和质量比较客观、正常地反映出来,避免了面对面竞争时常常发生的价格扭曲、质量走样的情况。

正是询价采购有这样的特点和优点,才被广泛地应用于政府采购活动之中。尽管询价采购具有上述特点和优点,但它还是具有局限性,即它所选供应商数量少、范围窄,可能选中的供应商不一定是最优的。与其他几种采购方式相比较,询价采购较适用于数量少、价值低或急需商品的采购。

 小 贴 士

问一家工厂就是懒惰,问三家工厂就是合理,问五家工厂就是勤奋,问五家以上工厂就是浪费时间。

——询价采购名言

(二)比价采购

比价采购是指物资供应部门在自己的资源市场成员内对三家以上的供应商提供的报价进行比较,按照最理想的报价作为订货价格,以确保价格具有竞争性的采购方式。此种采购方式,适合市场价格较乱或价格透明度不高的单台小型设备、工具及批量物资的采购。

(三)招标采购

招标采购是指通过在一定范围内公开购买信息,说明拟采购物品或项目的交易条件,邀请供应商或承包商在规定的期限内提出报价,经过比较分析后,按既定标准确定最优惠条件的投标人并与其签订采购合同的一种高度组织化采购方式。招标采购是在众多的供应商中选择最佳供应商的有效方法。它体现了公平、公开和公正的原则。

企业采购通过招标程序,可以最大程度地吸引和扩大招标方之间的竞争,从而使招标方有可能以更低的价格采购所需要的物资或服务,更充分地获得市场利益。招标采购方式通常用于比较重大的建设工程项目、新企业寻找长期物资供应商、政府采购或采购批量比较大等场合。

三、传统采购模式存在的问题

(一) 传统采购模式

传统采购的重点放在如何和供应商进行商业交易的活动上,比较重视交易过程中供应商的价格比较,通过供应商的多方竞争,从中选择价格最低的作为合作者,而对质量、交货期等都是通过事后把关的办法进行控制。

因此在供应商与采购部门之间经常要进行报价、询价、还价等来回的谈判,并且多方进行,最后从多个供应商中选择一个价格最低的供应商签订合同,订单才决定下来。图 8-2 为传统采购原理示意图。

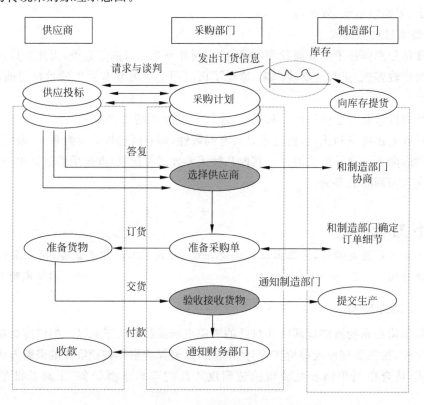

图 8-2 传统采购原理

(二) 传统采购模式的问题

1. 信息非对称博弈

采购方为了在多个参与竞争的供应商中选择一个最佳供应商,往往会保留私有信息。同样,供应商在竞价过程中也会隐瞒自己的信息,以避免在竞争中处于劣势。这样采供双方就不能进行有效的信息沟通,从而形成信息不对称的采购博弈过程,使采供双方很难从长远考虑去合作。

2. 对需求反应迟钝

采购部门仅仅是执行生产部门确定的订单采购任务,这样造成库存积压占用大量流动资金。由于缺乏及时的信息反馈,在市场需求发生变化的情况下,采购方不能改变已有的订货合同,缺乏对需求变化的快速反应能力。

3. 质量监控滞后

无法对供应商产品质量、交货期进行事前控制,极大地增加了后续生产过程的不确定性,这使采购企业为了避免这种不确定性带来的影响而增加企业的安全库存量,引起生产成本的上升,或者引起大量的经济纠纷。

4. 效率、效益低

采购过程缺乏科学的分析和评价,主要以经验而不是技术来指导采购决策,影响采购的效益和效率。由于缺乏合作与协调,采购过程中各种抱怨和责任推诿常见,增加了采购难度,加大了采购成本。

 小 贴 士

传统采购的4大误区

误区一:采购就是杀价,越低越好,所以应重于谈判和技巧。

误区二:采购就是收礼和应酬,不吃(拿)白不吃(拿)。

误区三:采购管理就是要经常更换采购人员,以防腐败。

误区四:采购控制就是急催交货,拖延付款,玩经济魔方。

第二节 供应链管理环境下的采购

一、供应链管理下采购的特点

(一)从为库存采购向为订单采购转变

在传统的采购模式中,采购的目的很简单,就是补充库存,即为库存而采购。采购部门并不关心企业的生产过程,不了解生产的进度和产品需求的变化,因此采购过程缺乏主动性,采购部门制订的采购计划很难适应制造需求的变化。在供应链管理模式下,采购活动是以订单驱动方式进行的,制造订单的产生是在用户需求订单的驱动下产生的,然后,制造订单驱动采购订单,采购订单再驱动供应商。

这种准时化的订单驱动模式,使供应链系统得以准时响应用户的需求,从而降低库存成本,提高物流的速度和库存周转率。订单驱动的采购方式有如下特点。

(1)由于供应商与制造商建立了战略合作伙伴关系,签订供应合同的手续大大简化,不再需要双方的询盘和报盘的反复协商,交易成本也因此大为降低。

(2)在同步化供应链计划的协调下,制造计划、采购计划、供应计划能够并行进行,缩短了用户响应时间,实现了供应链的同步化运作。采购与供应的重点在于协调各种计划的执行。

(3)采购物资直接进入制造部门,减少采购部门的工作压力和不增加价值的活动过程,实现供应链精细化运作。

(4) 信息传递方式发生了变化。在传统采购方式中,供应商对制造商过程中的信息不了解,也无须关心制造商的生产活动。但在供应链管理环境下,供应商能共享制造部门的信息,提高供应商应变能力,减少信息失真。同时在订货过程中不断进行信息反馈,修正订货计划,使订货与需求保持同步。

(5) 实现面向过程的作业管理模式的转变。订单驱动的采购方式简化了采购工作流程,采购部门的作用主要是沟通供应与制造部门之间的联系,协调供应与制造的关系,为实现精细采购提供基础保障。

(二) 从采购管理向外部资源管理转变

外部资源管理就是将采购活动渗透到供应商的产品设计和产品质量控制过程。

1. 实施外部资源管理的必要性

实施外部资源管理主要基于以下两点。

(1) 传统采购管理的不足之处,就是与供应商之间缺乏合作,缺乏柔性和对需求快速响应的能力。准时制思想的出现,对企业的物流管理提出了严峻的挑战,需要改变传统的单纯为库存而采购的管理模式,提高采购的柔性和市场的响应能力,增加和供应商的信息联系与相互之间的合作,建立新的供需合作模式。

一方面,在传统的采购模式中,供应商对采购部门的要求不能得到实时的响应。另一方面,关于产品的质量控制也只能进行事后把关,不能进行实时控制,这些缺陷使供应链企业无法实现同步化运作。为此,供应链管理采购模式的第二特点就是实施有效的外部资源管理。

(2) 实施外部资源管理也是实施精细化生产、零库存生产的要求。供应链管理中一个重要思想,是在生产控制中采用基于订单流的准时制生产模式,是供应链企业的业务流程朝着精细化生产努力,即实现生产过程的几个 "零" 化管理:零缺陷、零库存、零交货期、零故障、零(无)纸文书、零废料、零事故、零人力资源浪费。

供应链管理思想就是系统性、协调性、集成性、同步性,外部资源管理是实现供应链管理的上述思想的一个重要步骤—企业集成。从供应链企业集成的过程来看,它是供应链企业从内部集成走向外部集成的重要一步。

2. 制造商实施外部资源管理的要点

要实现有效的外部资源管理,制造商的采购活动应从以下几个方面着手进行改进。

(1) 和供应商建立一种长期的、互惠互利的合作关系。这种合作关系保证了供需双方能够有合作的诚意和参与双方共同解决问题的积极性。

(2) 通过提供信息反馈和教育培训支持,在供应商之间促进质量改善和质量保障。传统采购管理的不足在于没有给予供应商在有关产品质量保障方面的技术支持和信息反馈。在顾客化需求的今天,产品的质量是由顾客的要求决定的,而不是简单地通过事后把关所能解决的。因此在这样的情况下,质量管理的工作需要下游企业提供相关的质量要求的同时,应及时把供应商的产品质量问题反馈给供应商,以便其及时改进。

对个性化的产品质量要提供有关技术培训,使供应商能够按照要求提供合格的产品和服务。

(3) 参与供应商的产品设计和产品质量控制过程。同步化运营是供应链管理的一个重要思想。通过同步化的供应链计划使供应链各企业在响应需求方面取得一致性的行动,增加供应链的敏捷性。实现同步化运营的措施是并行工程。制造商企业应该参与供应商的产品设计和质量控制过程,共同制定有关产品质量标准等,使需求信息能很好地在供应商的业务活动中体现出来。

(4)协调供应商的计划。一个供应商有可能同时参与多条供应链的业务活动,在资源有限的情况下必然会造成多方需求争夺供应商资源的局面。在这种情况下,下游企业的采购部门应主动参与供应商的协调计划。在资源共享的前提下,保证供应商不至于因为资源分配不公而出现供应商抬杠的矛盾,保证供应链的正常供应关系,维护企业的利益。

(5)建立一种新的、有不同层次的供应商网络,并通过逐渐减少供应商的数量,致力于和供应商建立合作伙伴关系。在供应商的数量方面,一般而言,供应商越少越有利于双方的合作。但是,企业的产品对零部件或原材料的需求是多样的,因此不同的企业供应商的数目不同,企业应该根据自己的情况选择适当数量的供应商,建立供应链网络,并逐步减少供应商的数量,致力于和少数供应商建立战略伙伴关系。

(三)从一般买卖关系向战略协作伙伴关系转变

在传统的采购模式中,供应商与需求企业之间是一种简单的买卖关系,因此无法解决一些涉及全局性、战略性的供应链问题,而基于战略伙伴关系的采购方式为解决这些问题创造了条件。这些问题如下。

1. 库存问题

在传统的采购模式下,供应链的各级企业都无法共享库存信息,各级节点企业都独立地采用订货点技术进行库存决策,不可避免地产生需求信息的扭曲现象,因此供应链的整体效率得不到充分提高。但在供应链管理模式下,通过双方的合作伙伴关系,供应与需求双方可以共享库存数据,因此采购的决策过程变得透明多了,减少了需求信息的失真现象。

2. 风险问题

供需双方通过战略性合作关系,可以降低由于不可预测的需求变化带来的风险,如运输过程的风险、信用的风险、产品质量的风险等。

3. 便利问题

合作伙伴关系可以为双方共同解决问题提供便利的条件,通过合作,双方可以为制订战略性的采购供应计划共同协商,不必要为日常琐事消耗时间与精力。

4. 降低采购成本问题

通过合作,供需双方都从降低交易成本中获得好处。由于避免了许多不必要的手续和谈判过程,信息的共享避免了信息不对称决策可能造成的成本损失。

5. 组织障碍问题

战略性的伙伴关系消除了供应过程的组织障碍,为实现准时化采购创造了条件。

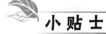 小贴士

基于供应链下的采购一定要签采购合同,必须为大家指出签采购合需要注意事项。

1. 审查采、供货双方的基本情况

在采购谈判正式开始之前，要审查对方的营业执照，了解它的经营范围，以及对方的资金、信用、经营情况，其项目是否合法等。如果有担保人，也要调查担保人的真实身份。若出面签约的是某业务人员时要注意查看对方提交的法人开具的正式书面授权委托证明，以确保合同的合法性和有效性。

特别应注意在涉外商贸谈判中，要注意把子公司和母公司分开，若与子公司谈判，不仅要看母公司的资信情况，还要调查子公司的资信情况，因为母公司对子公司不负连带责任。

2. 严格审核采购合同主要条文

当谈判双方就交易的主要条款达成一致以后，就进入合同签约阶段。谈判所涉及的数量、质量、货款支付，以及履行期限、地点、方式等，都必须严密、清楚，否则会造成不可估量的经济损失。特别应注意以下方面。

(1) 签订的合同对商品的标准必须明确规定

签订合同时，双方对买卖商品的名称必须准确而规范。对所购产品的质量标准应当在合同中明确约定，以免所交货物因质量不符合所想要采购的标准而引起纠纷。

(2) 交货地点应明确

签订合同时，要写明交货地点，保证货物能够及时签收，避免丢失货物，尤其是在跨国采购时应注意。

(3) 接受货物时间应明确

为了避免所采购的产品因过期等原因失去原有的使用价值，在采购合同中应明确约定货物到交货地点后采购人的收货时间。

3. 合同必须明确双方应承担的义务和违约的责任

采购合同双方应就违约事项约定解决方式以及法律责任，以此来维护自己的合法权益。例如，约定在违反合同事项时支付违约金。

二、供应链采购与传统采购的区别

从以上的分析可以看出，随着供应链管理的出现，采购发生了很多变化，供应链采购与传统采购具有以下几点区别。

(一) 从采购性质来看

供应链管理环境下的采购是一种基于需求的采购。需要多少就采购多少，什么时候需要就什么时候采购。采购回来的货物直接送需求点进入消费。而传统的采购则是基于库存的采购，采购回来的货物直接进入库存，等待消费。这也是前面所讲的从为库存而采购转变成为需求而采购。

这是一种供应商主动型采购。供应链管理环境下的采购又是一种供应商主动型采购。由于供应链的需求者的需求信息随时都会传送给供应商，所以供应商能够随时掌握用户需求信息、需求状况、变化趋势，及时调整生产计划、及时补充货物，主动跟踪用户需求，主动适时适量地满足用户需要。

由于双方是一种友好合作的利益共同体，如果需求方的产品质量不好，销售不出去的话,供应商自己也会遭受损失,所以供应商会主动关心产品质量。自觉把好质量关,保证需求方的产品质量,因此需求方完全可以不用操心采购的事情,只要到时候支付货款就行了。

对需求方来说,这是一种无采购操作的采购方式。而传统的采购则必须靠用户自己主动承担全部采购任务。因为他的需求信息供应商不知道、供应商的信息他也不知道,所以他必须自己主动去采购。

这要花费很多时间去调查供应商、产品和价格,然后选择供应商,去和供应商洽谈、订合同,还要联系进货,费时费力地进行严格的货检。对需求方来说,这是一种全采购操作的采购方式。而供应商则完全出于一种被动的、无关的地位。

这是一种合作型采购。供应链采购是一种合作型采购。双方为了产品能在市场占有一席之地,获得更大的经济效益,从不同的角度互相配合、各尽其力,所以在采购上也是互相协调配合。提高采购工作的效率,最大限度地降低采购成本,最好地保证供应。

传统采购是一种对抗性采购。由于双方是一种对抗性竞争关系,所以以贸易双方互相保密,只顾自己获取利益,甚至还互相算计对方,因此贸易谈判、货物检验等都非常吃力。双方不是互相配合,而是互相不负责任,甚至是互相坑害,常常以次充好、低价高卖,赚一笔钱是一笔。所以需求方必须时时小心、处处小心,有时候甚至是防不胜防。这样花在采购上的人员、时间、精力、费用确实很高。

(二)从采购环境来看

供应商管理环境下的采购是在一种友好合作的环境下。而传统采购是一种利益互斥、对抗性竞争环境。这是两种采购制度的根本区别。采购环境的不同,导致了许多观念上、操作上的不同,从而导致了各自的优点和缺点。供应链采购的根本特征就是有一种友好合作的供应链的采购环境,这是它根本的特点,也是它最大的优点。

(三)从信息情况看

供应商管理环境下采购的一个重要的特点就是供应链企业之间实现了信息连通、信息共享。供应商能随时掌握用户的需求信息,能够根据用户需求情况和需求变化情况,主动调整自己的生产计划和送货计划。供应链各个企业可以通过计算机网络进行信息沟通和业务活动。这样,足不出户就可以很方便地协调活动,进行相互之间的业务处理活动,如发订货单、发发货单、支付货款等。

当然,信息传输、信息共享,首先要求每个企业内部的业务数据要信息化、电子化,也就是要用计算机处理各种业务数据、存储业务数据。没有企业内部的信息网络,也就不可能实现企业之间的数据传递和数据共享。因此,供应链采购的基础就是要实现企业的信息化、企业间的信息共享,也就是要建立企业内部网络 Intranet,企业外部网络 Extranet,并且和因特网连通,建立起企业管理信息系统。

(四)从库存情况看

供应链管理环境下的采购是由供应商管理用户的库存。用户没有库存,即零库存。这意味着,用户无须设库存、无需关心库存。这样做的好处有以下方面。

(1)用户库存可以大大节省费用、降低成本、专心致志地搞好工作,发挥核心竞争力,提高效率,因而可以提高企业的经济效益,也可以提高供应链的整体效益。

(2)供应商掌握库存自主权,可以根据需求变动情况,适时地调整生产计划和送货计划,既避免盲目生产造成的浪费,也可以避免库存积压、库存过高所造成的浪费及风险。

同时,由于这种机制把供应商的责任(产品质量好坏)与利益(销售利润的多少)相联系,因此加强了供应商的责任性,自觉提高了用户满意水平和服务水平,供需双方都获得了效益。而传统的采购由于卖方设置仓库、管理库存,很容易一方面造成库存过高积压,另一方面又可能缺货、不能保证供应,同时还造成精力分散、工作低效率,服务水平、工作效率、经济利益都会受到严重影响。

（五）从送货情况看

供应链管理环境下的采购是由供应商负责送货,而且是连续小批量多频次地送货。这种送货机制可以大大降低库存,实现零库存。因为它送货的目的,是直接满足需要,需要多少就送多少,什么时候需要就什么时候送,不多送,也不早送,这样就没有多的库存。这样可以降低库存费用,又保证满足需要,不缺货,同时可以根据需求的变化,随时调整生产计划、不多生产、不早生产,因而节省了原材料费用和加工费用;同时由于紧紧跟踪市场需求的变化,所以能够灵活适应市场变化、避免库存风险。而传统采购是大批量少频次地订货进货,所以库存量大、费用高、风险大。

（六）从双方关系看

在供应链管理环境下的采购中,买方企业和卖方企业是一种友好合作的战略伙伴关系,互相协调、互相配合、互相支持。所以有利于各个方面工作的顺利展开,提高工作效率,实现双赢。而传统采购中,买方和卖方是一种对抗性的买卖关系,一个赢,另一个必然输,所以互相防备、互相封锁、互相不信任、不配合,甚至互相坑害,办什么事都很难,工作效率也低。

（七）从货检情况看

传统采购由于是一种对抗性关系,所以货物会常常以次充好、低价高卖,甚至伪劣假冒、缺斤少两,所以买方进行货检的力度大,工作量大、成本高。而供应链管理环境下的采购,由于供应商自己责任与利润相连,所以自我约束、保证质量,货物可以免检。这样就大大节约了费用,降低了成本。

从以上的比较可以看出,供应链管理环境下的采购与传统的采购相比,无论在观念上、做法上都有很大的区别,有革命性的变化和显著的优越性,如表 8-1 所示。

表 8-1　供应链下采购模式与传统采购模式的主要区别

	传统采购管理	供应链采购管理
供应商/买方关系	相互对立	合作伙伴
合作关系	可变的	长期
合同期限	短	长
采购数量	大批量	小批量

	传统采购管理	供应链采购管理
运输策略	单一品种整车发送	多品种整车发送
质量问题	检验/再检验	无须入库检验
与供应商的信息沟通	采购订单	网络
信息沟通频率	离散的	连续的
对库存的认识	资产	祸害
供应商数量	多,越多越好	少,甚至一个
设计流程	先设计产品后询价	供应商参与产品设计
产量	大量	少量
交货安排	每月	每周或每天
供应商地理分布	很广的区域	尽可能靠近
仓库	大,自动化	小,灵活

第三节 供应链环境下的采购策略

一、JIT 采购

即时制采购(JIT 采购)是在 20 世纪 90 年代受即时制生产(JIT 生产)管理思想的启发而出现的。即时制生产方式最初是由日本丰田汽车公司在 20 世纪 60 年代率先使用的。在 1973 年爆发的危急中,这种生产方式使丰田公司渡过了难关,因此受到了日本国内和其他国家生产企业的重视,并逐渐引起了欧洲和美国的日资企业及当地企业的效仿,并获得了一定的成功。近年来,JIT 模式不仅作为一种生产方式,也作为一种采购模式开始流行起来。

(一)JIT 采购的概念

即时制(JIT)生产的基本思想是"杜绝浪费""只在需要的时间,按需要的量,生产所需要的产品",这种生产方式的核心是追求一种无库存生产系统,或是库存量达到最小的生产系统。即时制的管理思想目前已经被运用到采购、运输、储存及预测等领域。这种特性能够大大减少在制品库存。JIT 生产的目标就是恰当的时间、地点提供恰当的零部件。

JIT 采购是一种先进的采购模式,它的基本思想是:在恰当的时间、恰当的地点,以恰当的数量、恰当的质量提供恰当的物品。它是从即时生产发展而来到的,是为了消除库存和不必要的浪费而进行的持续性改进。要进行即时化生产必须有即时的供应,因此,即时制采购是即时化生产管理模式的必然要求。它和传统的采购方法在质量控制、供需关系、供应商的数目、交货期的管理等方面有许多的不同,其中关于供应商的选择、质量控制是其核心内容。

JIT 采购是对 JIT 生产思想的继承也在于对"零库存"的要求,它的不同之处在于与供应商签订在需要的时候提供需要数量的原材料的协议。这意味着可能一天一次,一天两次,甚至每小时好几次提供采购物资。这个方法的主要目的是解决生产过程连续步骤中的瓶颈问题,最终为每种物资或几种物资建立单一可靠的供应渠道。

其核心要素包括减少批量、频繁而可靠的交货、提前期压缩并且高度可靠、保持一贯的采购物资的高质量。

（二）JIT 采购的优势

JIT 采购是关于物资采购的一种全新思路，企业实施 JIT 采购具有重要的意义。根据资料统计，JIT 采购在以下几个方面已经取得了令人满意的成果。

1. 减少库存

根据国外一些实施 JIT 采购策略企业的测算，JIT 采购可以使原材料和外购件的库存降低 40%～85%。原材料和外购件库存的降低，有利于减少流动资金的占用，加速流动资金的周转，同时也有利于节省原材料和外购件库存占用的空间，从而降低库存成本。

2. 提高质量

实施 JIT 采购后，企业的原材料和外购件的库存很少以至为零。因此，为了保障企业生产经营的顺利进行，采购物资的质量必须从根源上抓起。也就是说，购买的原材料和外购件的质量保障，应有供应商负责，而不是企业的物资采购部门。

JIT 采购就是要把质量责任返回给供应商，从根源上把保障采购质量。为此，供应商必须参与制造商的产品设计过程，制造商也应帮助供应商提高技术能力和管理水平。

在现阶段，我国主要是由制造商来负责监督购买物资的质量，验收部门负责购买物资的接收、确认、点数统计，并将不合格的物资退回给供应商，因而增加了采购成本。实施 JIT 采购后，从根源上保障了采购质量，购买的原材料和外购件就能够实行免检，直接由供货商送货到生产线，从而大大减少了购货环节，降低了采购成本。

一般来说，实施 JIT 采购，可以使购买的原材料和外购件的质量提高 2～3 倍。而且，原材料和外购件质量的提高，又会引致质量成本的降低。据估计，推行 JIT 采购可使质量成本减少 26%～63%。

3. 降低价格

由于供应商和制造商的密切合作以及内部规模效益与长期订货，再加上消除了采购过程中的一些浪费（如订货手续、装卸环节、检验手续等），就使购买的原材料和外购件的价格得以降低。例如，生产复印机的美国施乐（Xerox）公司，通过实施 JIT 采购策略，使其采购物资的价格下降了 40%～50%。

此外，推行 JIT 采购策略，不仅缩短了交货时间，节约了采购过程所需资源（包括人力、资金、设备等），而且提高了企业的劳动生产率，增强了企业的适应能力。

小 贴 士

JIT 采购的缺点

（1）由于仅为不合格产品的返工预留了最少量的库存，因而一旦生产环节出错则弥补空间较小。

（2）生产对供应商的依赖性较强，并且如果供应商没有按时配货，则整个生产计划都会被延误。

（3）由于企业按照实际订单生产所有产品，因此并无备用的产成品来满足预期之外的订单。然而，JIT仍是一种能够对生产作出及时响应的方法。

（三）JIT采购带来的问题及其解决办法

1. 小批量采购带来的问题及其解决办法

小批量采购必然增加运输次数和运输成本，对供应商来说，这是很为难的事情，特别是供应商在国外等远距离的情形，在这种情况下实施JIT采购的难度就很大。

解决这一问题的方法有以下四种。

一是使供应商在地理位置上靠近制造商，如日本汽车制造商扩展到哪里，其供应商就跟到哪里。

二是供应商在制造商附近建立临时仓库，实质上，这只是将负担转嫁给了供应商，而未从根本上解决问题。

三是由一个专门的承包运输商或第三方物流企业负责送货，按照事先达成的协议，收集分布在不同地方的供应商的小批量物料，即时按量送到制造商的生产线上。

四是让一个供应商负责供应多种原材料和外购件。

2. 采用单源供应带来的风险

比如，供应商有可能因意外原因中断交货。另外，采取单源供应，使企业不能得到竞争性的采购价格，会对供应商的依赖性过大等。因此，必须与供应商建立长期互利合作的新型伙伴关系。

在日本，98％的JIT企业采取单源供应。但实际上，一些企业常采用同一原材料或外购件由两个供应商供货的方法，其中一个供应商为主，另一个供应商为辅。许多企业也不是很愿意成为单一供应商。

原因很简单：一方面供应商是具有独立性较强的商业竞争者，不愿意把自己的成本数据披露给用户；另一方面是供应商不愿意为用户储存产品。实施JIT采购，需要减少库存，但库存成本原先是在用户一边，现在转移到供应商。

工业企业在实施JIT时，其中一个重要环节就是减少库存、生产周期，要做到这两点，采购及供应商的管理至关重要。事实上，控制、减少原材料的库存，缩短原材料的交货周期，在原材料供应过程中实施JIT—即时制采购，相对于企业内部实施JIT生产来说见效更快，而且实施起来更容易，一方面能为本企业实施JIT打下基础，另一方面也能推动企业整体供应链的优化。

（四）JIT采购的实施步骤

开展即时制采购同其他工作一样，须遵循计划、实施、检查、总结提高的基本思路，具体而言包括以下步骤。

1. 创建即时制采购团队

世界一流企业的专业采购人员有三个责任：寻找货源、商定价格、发展与供应商的协作关系并不断改进。因此专业化的高素质采购队伍对实施即时制采购至关重要。为此，首先要成立两个团队：一个是专门处理供应商事务的团队，该团队是认定和评估供应商的信誉、能力，或与供应商谈判签订即时制订货合同，向供应商发放免检签证等，同时要负责供应商的培训与教育。

另外一个团队专门负责消除采购中的浪费。这些团队中的人员应该对即时制采购的方法有充分的了解和认识,必要时要进行培训。如果这些人员本身对即时制采购的认识和了解都不彻底,就不可能指望供应商的合作了。

2. 分析现状、确定供应商

首先根据采购物品的分类模块选择价值量大、体积大的主要原材料及零部件为出发点,结合供应商的关系,优先选择伙伴型或优先型供应商进行即时制采购的可行性分析,确定实施供应商。

分析采购物品及供应商情况时要考虑的因素有原材料或零部件的采购量、年采购额、物品的重要性(对本公司产品生产、质量等的影响等)、供应商的合作态度、供应商的地理位置、物品的包装及运输方式、物品的存储条件及存放周期、供应商现有供应管理水平、供应商参与改进的主动性、该物品的供应周期、供应商生产该物品的生产周期及重要原材料采购周期、供应商现有的送货频次、该物品的库存量等。然后要根据现状,进一步分析问题所在以及导致问题产生的原因。

3. 设定目标

针对供应商目前的供应状态,提出改进目标。改进目标包括供货周期、供货频次、库存等,改进目标应有时间要求。

4. 制订实施计划

计划要明确主要的行动点、行动负责人、完成时间、速度检查方法及时间、进度考核指标等,其中包括本公司内的主要行动。

(1) 将原来的固定订单改为开口订单,订单的订购量分成两部分:一部分是已确定的、供应商必须按时按量交货的部分;另一部分是可能因市场变化而增减的,供应商准备原材料,安排生产计划参考的预测采购量。两部分的时间跨度取决于本公司的生产周期、供应商的生产交货周期、最小生产批量等。

(2) 调整相应的运作程序及参数设置(如 MW 系统参数等)。在公司内相关人员之间进行沟通、交流,统一认识、协调行动。

(3) 确定相应人员的职责及任务分工等。

(4) 在供应商方面,需要对供应商进行沟通、培训,使供应商接受即时制采购的理念,确认本公司提出的改进目标包括缩短供应时间、增加供应频次、保持合适的原材料、在制品及成品的库存等。同时供应商也相应认可有关的配合人员的责任、行动完成时间等。

5. 改进行动实施

改进行动实施的前提是供应原材料的质量改进和保障,同时为改善供应要考虑采用标准、循环使用的包装、周转材料与器具,以缩短送货的装卸、出入库时间。改进实施的主要环节是将原来的独立开具固定订单改成滚动下单,并将订单与预测结合起来。

首先,可定期(如每季)向供应商提供半年或全年采购预测,便于供应商提前安排物料采购及生产安排;其次,定期定时(如每周或每月)向供应商提供每月、每半月或每月、每季的流动订单。流动订单包括固定和可变的两部分,供应商按流动订单的要求定期、定量送货。

为更好地衔接供应商在整体供应链之间的关系,供应商最好定期(每周、每半月或每月)向本公司提供库存(含原材料、在制品、成品)报告,以便本公司在接受客户订单及订单调整时能准确、迅速、清晰地了解供应商的反应能力。

实施即时制采购还应注意改进行政效率,充分利用电话、传真及电子邮件等手段进行信息传递以充分保证信息传递的及时性、准确性、可靠性。在开展即时制采购的过程中。最重要的是要有纪律性,要严格按确定的时间做该做的事情(如开具采购预测、订单、库存报告等),同时要有合作精神与团队意识。只有采购、计划、仓管、运输、收验货、供应商等密切配合,才能保证即时制采购顺利实施。

6. 绩效衡量

衡量即时制采购实施效绩要定期检查进度,以绩效指标(目标的具体化指标)来控制实施过程。采购部门或即时制采购实施改进小组要定期(如每月)对照计划检查各项行动的进展情况、各项工作指标、主要目标的完成情况,并用书面形式采用图表等方式报告出来,对于未如期完成的部分应重新提出进一步的跟进行动,调整工作方法,必要时调整工作目标。

二、电子采购

随着互联网技术飞速发展、电子商务的迅猛崛起,利用 Internet 进行采购日渐盛行。

(一)电子采购的含义

所谓电子采购,就是用计算机系统代替传统的文书系统,通过网络支持完成采购工作的一种业务处理方式,也称为网上采购。它的基本特点是在网上寻找供应商和商品、网上洽谈贸易、网上订货甚至网上支付货款。电子采购具有费用低、效率高、速度快、雨雾操作简单、对外联系范围广等特点,因此成为当前最具有发展潜力的企业管理工具之一。

(二)电子采购的平台

1. 第三方系统门户

门户是描述在 Internet 上形成的各种市场的术语。独立门户网络是通过一个单一的整合点,多个买方和卖方能够相遇,并进行各种商业交易的网站站点。它将成为 IT 业和信息经济发展中最具影响力的事件之一,其结构如图 8-3 所示。

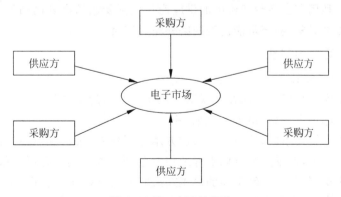

图 8-3 第三方系统门户

门户网站模式使因特网全世界范围内任何人都可以进入的单个网站站点，它允许任何人参与或登录并进行商业交易，但是要交一定的费用，按交易税金或交易费的百分比来计算。门户网站的主要内容有查看目录、下订单（在线拍卖的情况下称为竞标）、循序交货、支付等。

为了改进市场中买卖交易的频率，在 Internet 上游两类基本门户：垂直门户和水平门户。

1）垂直门户

垂直门户是经营专门产品的市场，如钢材、化工、能源等。它通常由一个或多个本领域内领导型企业发起或支持。如在高科技制造业中，由 12 个主要行业领导者（包括惠普、康柏、NEC、网关、日立、三星和其他公司）组成的集团，已经实行合作，形成一个电子交易门户，该门户将关注高科技零部件市场，并提供开发的资源、拍卖、供应计划和物流支持。

垂直门户交易是市场有一个明显的特点：买方或卖方自己作为发起人，都倾向于从供应商向行业的高效供应中获得巨额收益。

2）水平门户

水平门户集中了种类繁多的产品，主要经营领域包括零配件、办公用品、家具、服装等，如 Alibaba、Commerce One 和 Free Markets 等 B2B 网络采购市场都是水平门户。水平电子市场一般由电子采购软件集团或这些间接材料和服务供应领域内的领导者发起。

这种类型的交易中心通常是通过向每份交易收取 1％～15％ 的交易费来获得收入的，具体比例的大小依赖于交易量和交易商品的种类。即使这样，电子交易的成本还是比通过传统渠道交易的成本低。

2. 企业私用交易平台

企业私用交易平台类似与电子数据交换系统，即 EDI 系统，该系统是大型企业长期以来使用的主机式应用程序，以电子方式交换订单、库存报表与其他资料。企业私用交易平台和 EDI 网络类似，能减少沟通的时间和成本，使合作厂商以标准格式，实时分享文件、图像、电子表格与产品设计。同时，企业私用交易平台还能实现国际网络平台的功能与 EDI 系统的安全性的结合。

企业私用交易平台与开放式的 B2B（由第三方策划）以及企业联盟（由买方、供应商或两者共同拥有）不同，能让积极参与者掌握大权，这样的安排能使企业将工作重点放在流程而非价格上。私用交易平台架构中的供应商仅包括受邀访客和网站站主，这就意味着买方可以选择交易对象，甚至可能已于网络外完成商谈。

（三）电子采购的组织

1. 卖方一对多模式

卖方一对多模式是指供应商在互联网上发布其产品的在线目录，采购方则通过浏览来取得所需的商品信息，以作出采购决策，并下订单，该模式如图 8-4 所示。

与卖方一对多模式不同，该模式中采购方承担了建立、维护和更新产品目录的工作。虽然这样做花费较多，但采购方可以更好地控制整个采购流程。它可以限定目录中所需产品的种类和规格，甚至可以给不同的员工在采购不同产品时设定采购权限和数量限制。另外，员工只需通过一个界面就能了解到所有可能的供应商的产品信息，并且能方便进行

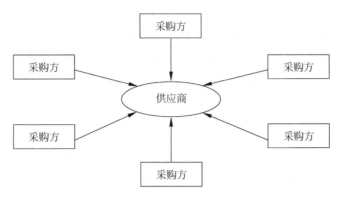

图 8-4　卖方一对多模式

比较和分析。

该模式适合大企业的直接物料采购。一是大企业一般具有比较成熟可靠的企业信息管理系统,能够与电子采购系统很好地集成,保持信息流畅通;二是大企业往往处于所在供应链的核心地位,只有几家固定的供应商,且大企业的采购量占了供应商生产量的大部分,因此双方的关系十分密切,有助于保持紧密的合作关系;三是大企业也有足够的能力负担建立、维护和更新产品目录的工作。

在该模式中,作为卖方的某个供应商为增加份额,开发了它们自己的互联网网站,允许大量的买方企业浏览和采购自己的在线产品。买方登录卖方系统通常是免费的,如商店货购物中心。

2. 买方一对多模式

买方一对多模式是指采购方在互联网上发布所需采购产品的信息,供应商在采购方的网站上登录自己的产品信息,供采购方评估,并通过采购方网站双方进行进一步的信息沟通,完成采购业务的全过程,如图 8-5 所示。

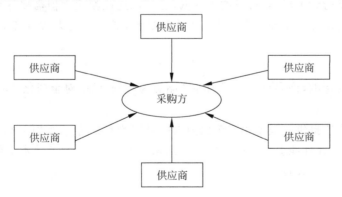

图 8-5　买方一对多模式

3. 网上拍卖模式

一般的网上拍卖网站通常提供两种拍卖方式:一般拍卖方式和集体议价方式。有的拍卖网站还提供另一种拍卖方式—反向拍卖。一般拍卖指的是供应商提供商品参加拍卖,购买方进行竞价购得商品,此时一般采用加价式竞价来决定最终购买方和购买价格。

反向拍卖指的是购买方到网站登记需求而进行的拍卖,而供应商进行竞价来争取订单。这时,一般会采用减价式竞价决定最终供应商和价格。

反向拍卖的优点是:一是提高速度。不再需要花费几个月的时间来接受和核定供应商的答复,整个流程一个多小时就可以完成;二是节约成本。对购买者来说,在线反向拍卖的方法避免了与成千上万小公司打交道的管理成本。同时,拍卖的方式也促使商品价格大幅下降。

当然,反向拍卖也有其缺点:一是过分关注价格,忽视与供应商的关系。拍卖的透明、公开的特性以及只关注于价格的短期行为,很难保证所采购的商品具有竞争优势,供应商也很难与买方维持任何亲密关系。二是预测的困难。采用在线反向拍卖这种形式,需求方很难预测最终价格,每天都可能产生一个完全不同的竞价价格。

网上拍卖通常用于间接商品,有时也会用于直接原材料。这种实时竞标的形式最适合于批量大的普通商品,由于批量大,因此价格上的一点点差别也会积累成一个可观的数目。

三、全球化采购

所谓全球化采购,是指利用全球的资源,在全世界范围内去寻找供应商,寻找质量好、价格合理的产品或服务。近几年,全球采购市场得到了迅猛发展,每年以 7%～8% 的速度增长,采购量每年高达 4 500 亿元。我国的全球采购市场也得到了相应的发展,许多跨国公司把中国作为重要的采购地,通史,中国的企业如海尔、联想,也开始了全球采购。

(一)全球采购的优势

1. 价格优势

价格优势是进行全球化采购的主要原因。价格优势产生的原因有以下几种。

1)劳动力成本

企业寻求低劳动力成本,哪里的工资低,工厂就迁往哪里。但需要注意的是,由于机器人的使用和自动化的实现大大减少了工人的数量,导致劳动力成本带来的差异会逐渐减少。

2)汇率

由于汇率的影响,许多企业购买国外产品更为有利,汇率对全球化采购的影响很大。

3)效率

国外供应商所提供的设备和工艺比国内厂家的效率更高。发达国家具有技术领先优势,其生产的商品在性能上往往高于发展中国家。因此,基于生产技术上的要求,需要从国外进口更加先进的设备。

4)垄断

国际上有些原材料供应商将生产集中在某些商品上,从而实现经济学意义上的自然垄断,可以将出口商品定位在一个相对较低的价位上大量出口。

2. 质量优势

总体上说,国外供应商的产品质量并不一定比国内供应商好,但是在某些产品上,国外供应商的产品质量更稳定。

3．特色优势

某些原材料,特别是自然资源,国内没有储存,只能从国外大量进口

4．供应优势

受设备及生产能力所限,在一般情况下,国外的大型供应商交货速度要比国内快。

5．技术服务优势

为了能从最好的地方采购到最好的服务,或者是在适当的地点采购到适当的技术,需要在全球范围内选择供应商。

6．营销优势

为了能在其他国家出售本国产品,企业可能会答应向那些国家的供应商采购一定金额的货物。

7．竞争优势

国外供应商带来的竞争,通常会给国内供应商施加压力。采购者可以进口货者以进口威胁作为砝码,向国内供应商施加压力,以获得价格或其他方面的让步。

（二）全球化采购的步骤

尽管各企业进行全球化采购时,执行的流程顺序有可能会有所差异,但是要想成功地进行全球化采购,以下步骤都是必须完成的。

1．确定进行全球化采购的商品

当几乎所有能在当地采购到的产品都通过全球化采购来获得时,企业应该选择质量好、成本低、便于装运且无风险的商品进行采购。

2．获取有关全球化采购的信息

在确定需要进行全球化采购的物品之后,企业就要收集和评价潜在供应商的信息或者识别能够承担该任务的中介。这些中介包括贸易企业、驻外代理机构、贸易咨询机构等组织。

3．评价供应商

无论是买方企业还是外国代理机构进行全球采购,企业评价国外供应商的标准都应该与评价国内供应商的标准相同（甚至更加严格）。国外供应商不会主动达到买方的绩效要求或期望,有时企业会用实验性的订货来评价国外供应商。买方通常不会与某一个国外供应商签订全部采购合同,而是用少量或实验性订货来建立供应商的绩效跟踪记录。

4．签订合同

确定了合格的供应商后,买方就要写成对供应商的评价建议书。如果国外供应商并不具备竞争力,就要选择国内供应商。如果国外供应商能够满足评价标准,买方就可以与供应商磋商合同条款了。

案例讨论

通用电气公司照明产品分部采购案例

制造和销售任何产品都需要很多合作伙伴：零部件供应商、设备维护公司、制造和销售厂商等。通用公司照明产品分部对良好合作导致高效的生产这一点深有体会。该灯泡

制造商位于Cleveland的26家组装工厂的产品线,一天24小时不停生产,不同机器互相配合,生产数以百计型号的灯泡。

任何单独机器上的一个部件出了毛病,也就意味着整个生产线停工。以前这家公司对付这种问题只能用老办法:当机器部件故障导致生产停止时,就向机器部件供应商提交紧急订单。但现在通用照明产品分部用一种全新的眼光看这个问题:利用Internet来和商业伙伴保持更亲密的关系,使得生产不再停止。

利用Internet,商业合作者之间可以创造一种无缝的、自动化的供应链系统,使合作者之间配合默契,就像一个实体一样,从而能够更快地处理订单,改进库存管理,更灵敏地完成订单,支持敏捷制造。

以前,通用照明产品分部采购代理每天浏览领料请求并处理报价。要准备零部件的工程图纸,还要准备报价表,这样,一个发给供应商的信件才算准备好了。简单地申请一次报价就要花几天时间,一个部门一个星期要处理100~150次这样的申请。公司然后把完成的申请寄给供应商。全球原料系统经理斯特勒说道:"机器零部件单位中的一些人一天的工作基本上就是往信封里塞东西。"一般地说,通用照明产品分部的采购过程要花22天。

但是,现在通用照明产品分部正在把这种笨拙、过时的处理过程转变成一种流水线式的过程,整个过程只需花8天。电子商务是创建一个流水线式的采购系统的关键,该系统把公司55个机器零部件供应商集成在一起,开始使用贸易伙伴网络(TPN),这是通用照明产品分部的兄弟部门开发的一个外部网。

把TPN集成进以前的采购系统中去后,分布在世界各地的原材料采购部门可以把各种采购信息放入该外部网,原材料供应商马上就可以从网上看到这些领料请求,然后用TPN给出初步报价。

工厂个人领料部门使用一个IBM大型机订单系统,每天一次,领料要求被抽取出来送入一个批处理过程,自动和存储在光盘机中的相对应的工程图纸相匹配。与大型机相接的一个Unix系统和图纸光盘机把申请的零部件的代码与TIFF格式的工程图相结合,自动装载,之后一种基于Windows桌面工具自动把该领料请求通过格式转换后输入网络。零部件供应商看到这个领料请求后,利用他的浏览器在TPN上输入他的报价单。

通用照明产品分部把采购系统和TPN集成起来这个工程花了信息系统人员3个月的时间。虽然信息系统人员不得不做些C语言的编码工作,但工程最主要的挑战还是新旧处理过程的协调,因为太多的人员和物资,包括买方卖方、工程人员等的许可输入。

根据通用照明产品分部咨询服务副主管的统计,用上TPN后,几个通用公司的电子分公司,平均采购周期缩短了一半,降低了30%的采购过程费用,而且由于联机报价降低成本,使原材料供应商也降低了原材料价格。

(资料来源:http://www.doc88.com/p-590543671843.html)

思考题:

1. 通用照明分部采购存在的问题及原因分析。
2. 通用照明分部是如何改善采购工作的?
3. 改善后的效果如何?

技能训练

一、简答题

1. 简述传统采购模式存在的问题。

2. 简述供应链管理环境下采购特点。

3. JIT采购的优势及步骤是什么？

二、论述题

1. 讨论供应链采购与传统采购的区别？

2. 阐述供应链环境下的采购策略。

三、实训题

某企业采购管理

（一）实训目的

1. 调研某企业，了解其生产计划及原材料采购计划的制定方法；

2. 采取以组为单位进行实地调查、上网收集获取资料的方式，培养学生的团队合作精神，增强学生发现问题、分析问题和解决问题的能力以及人际交往与沟通能力。

（二）实训内容

供应链背景下原材料战略采购，采购管理。

（三）实训资料

相关企业实地调研，上网搜集。

（四）实训准备

学生分组：每6人一组，每组选出一名小组长。

（五）实训步骤

1. 根据要求了解目标企业原材料采购及采购管理资料；

2. 整理资料，确保所获取资料翔实、准确和具体；

3. 完成调查报告，报告中应包含以下内容：

（1）调研时间、企业、对象；

（2）调查结果——企业生产计划和原材料采购计划的制定方法，列举实例说明。

（六）实训考核

根据调查报告完成情况进行考核。

第九章　我国供应链管理的现状与未来

【学习目标】
- 理解我国供应链的发展现状；
- 了解我国供应链管理的发展趋势。

【技能目标】
- 能够分析某企业的供应链问题，并提出解决对策。

绿色茅台：精益管理绿色供应链

近年来，"绿色供应链管理"已经日益成为企业关注经济社会和谐发展、从各环节提高自身品质效率的重要手段。茅台在业界率先进行了极富成效的探索创新，通过"绿色设计、绿色材料、绿色工艺、绿色生产、绿色包装和绿色回收"等技术手段来打造绿色供应链，成效显著。

从源头入手

在有机原料方面，坚持"质量从土地抓起"的方针，加强有机原料基地建设，原料基地要严格按有机原料种植、收储标准种植和收储有机原料，拓展"绿色种植"源头，逐步实现辅助原料也来自有机认证基地。

从 2000 年开始，就已经着手推进有机高粱基地建设，十多年来累计投资已达 8 660 万元，在这个被茅台称为"第一车间"的高粱种植环节，从种子、绿色肥料到涉及整个种植、收购环节全部实行信息化管理，甚至为当地农民提供高粱种子、薄膜和肥料。

此外，还强调"绿色采购"。在选择供应商时，要求首先要具备国家严格的生产认证资质，以产品质量、绿色生产、节能环保为要求，将多家供应商的产品加以比较，并加入绿色环保、食品安全等重要指标，全面评价，优选供应商。

闭环运作的供应链管理

从生产环节开始注重绿色节能，将工业生产过程中产生的废弃物循环利用，反哺农业，同时加大环保可降解包装材料的研发和使用，环环相接，形成了茅台特有的闭合绿色供应链管理体系。

在企业制酒过程中会产生大量酒糟，一些白酒酿造基地每年酿酒产生的酒糟废弃物可达上百万吨。而酒糟虽然营养成分丰富，但由于易变质，处理不当很容易造成污染。对于这一棘手的难题，茅台的处理方式是建立"白酒—食品和生物医药—农业"为一体化的有机生态系统。

在这样一条循环经济链上，茅台不仅可以对酒糟进行再次酿酒的处理，并且将其运用到人用保健蛋白等医疗产品的开发使用上，大大提高经济收益，还可利用酒糟制作有机生物肥料，从而实现工业反哺农业，真正"变废为宝"。

此外，大部分酒类产品的包装均采用塑料材质，基本不可进行循环再利用，对环境造成了巨大的压力。对此，茅台在"绿色包装"和"绿色回收"方面加大了投入，新材料和技术工艺不断推陈出新。

按照有机食品相关标准，茅台物资供应部已经制作出了100%天然麻质原料的物资装配专用袋。而在茅台旗下的系列酒中，新茅台王子酒、新茅台迎宾酒的内托均采用了可降解的PET材料，减小了塑料制品带来的环境压力。另外，部分茅台产品的包装盒印制也采用了大豆油墨等无公害原料，降低对石油产品依赖，同时提高环保特性。

打造现代化供应体系

精益生产管理意味着以客户需求为拉动，用科学合理的制造体系来组织为客户带来增值的生产活动，缩短生产周期、消灭浪费、提高企业适应市场变化的能力。茅台实行精细化管理，将管理责任具体化、明确化，甚至落实到每一个管理者的职权范畴。

2012年初，茅台启动了从投融资到深化子公司产权的改革，成立了战略管理处、企业文化处等12个一级部门，同时新增38个二级部门，管理层级得到进一步顺、管理人员职责更为明确。同时，在内部风险控制体系方面，茅台创建了国内白酒行业的首家财务公司，并与遵义市政府共同组建了"遵义产业投资有限责任公司"，不断推动财务管理、资金管理和内控管理制度的建立。

要打造现代化的绿色供应链体系，需要"把绿色供应落实在精细化管理要求上，确保细节上执行到位"。循序渐进的精益管理为现代化供应体系的完善提供了支撑，而其中信息化建设不可或缺。

目前，茅台已经上马了优化包装材料信息化管理、供应商管理等平台。物流方面则推出了"NC·ERP管理系统"，通过精确计划控制、采购和物流成本分析等手段降低相关成本，实现了物流运营的全程信息化管理。

案例导学

随着经济的发展，影响企业在市场上获得竞争优势的主要因素也发生着变化。21世纪的竞争又有了新的特点：产品寿命周期越来越短、产品品种数飞速膨胀、对交货期的要求越来越高、对产品和服务的期望越来越高。企业要想在这种严峻的竞争环境下生存下去，单靠自身的力量是远远不够的，必须以协同的方式，将企业内外部的资源进行有效地整合。

供应链是21世纪企业适应全球竞争的有效途径，供应链管理模式吸引了越来越多的企业，经过几年的发展，供应链管理已在发达国家的企业中得到了较为成功的应用。

那么，发展中国家的产业能否参与到跨国公司的全球供应链体系中来，以及在这个体系中能否拥有自主地位，将决定这个国家能否掌握自身的经济命脉，同时，这也是发展中国家在国际分工中成功发展自己的关键。

第一节 我国供应链管理的现状与问题

一、我国供应链管理发展的现状

对供应链管理的研究,从国际上看,发达国家在早期主要集中在供应链的组成、多级、库存、供应链的财务等方面,主要解决供应链的操作效率问题。近年来的研究主要把供应链管理看作是一种战略管理体系,研究扩展到了所有加盟企业的长期合作关系,特别是集中在合作制造和建立战略伙伴关系方面,其范围已经超越了供应链出现初期的那种以短期的、基于某些业务活动的经济关系,更偏重于长期计划的研究。

而在我国由于受计划经济的影响,供应链管理思想引入较晚,供应链管理的概念在 20 世纪 90 年代末引入我国,所以发展比较落后、不成熟。但是随着市场经济及我国加入 WTO 后要与国际接轨的迫切需求下,在我国的企业间实现供应链管理是非常必要的,因此到目前为止,我国也着实地掀起了一场供应链管理研究的热潮。

(一)供应链管理在我国的发展

1. 1978 年以前

1978 年以前,我国的制造业相对比较落后,企业对"供应链"这个概念几乎是一无所知。企业要生产什么,往往不是自己决定,而是根据上级的计划安排生产直至成品销售给客户。此时由于计划经济和短缺经济的条件,企业拼命争技改、抢项目、扩建厂房、更新设备,导致制造能力大量过剩,而销售和供应能力则很弱,是典型的"腰鼓型"呆滞式企业。这个年代又被称作供应链的"推式"时代。

2. 1979—1992 年

1979—1992 年之间,中国的对外贸易蓬勃发展,在这个阶段企业开始逐渐注意充分利用内部资源,客户的需求也逐渐成为影响企业经营活动的重要因素。在客户需求的"拉动"下,企业开始注意对整个经营活动(最初意义上的供应链)加以控制和管理。这些年又被称作供应链的"拉式"时代。

3. 1993 年以后

1993 年以后,中国的经济体制逐步由计划经济转变为市场经济,市场逐步繁荣,大部分商品已呈现过剩,产品质量等因素在竞争中的优势逐步减少,成本的竞争优势逐步体现出来。在这种情况下,企业不得不开始考虑如何从原材料采购开始就加以管理和控制,以提高企业的整体效益,从而在激烈的市场竞争中立于不败之地。

然而,这还只是刚刚开始了供应链内部集成的阶段,研究的内容主要局限于供应商的选择和定位、降低成本、控制质量、保证供应链的连续性和经济性等问题,没有考虑整个从供应商、分销商、零售商到最终用户的完整供应链,而且研究也没有考虑供应链管理的战略性等问题。

随着国内经济的快速发展以及全球化的不断增强,我国已经具备了发展供应链和物流管理的变革,正在改变企业的竞争力格局,生产企业和物流企业越来越多的使用供应链管理技术和现代科技手段,提升自己的核心竞争力。21 世纪的竞争,不仅是企业和企业之间的竞争，而且是供应链与供应链之间的竞争。

（二）理论研究与实践应用现状

1．理论研究现状

现代物流理论传入我国已有 30 多年的时间，供应链管理学说也逐渐成为学术界研究的热点问题。我国的学者对物流与供应链管理的发展历史、内涵等做了大量的研究，但是，我们对物流的基础理论、物流系统之间的关系、供应链体系的构造方法的研究还远远不够。

尤其是我国对物流的研究起始于物资系统，物流概念本身界定就相对模糊，至今仍有人将物流与物资流通混为一谈，因此，对供应链管理观念诸多误会也就不足为奇了。

据中国物品编码中心对北京、上海、天津等 11 省市 200 多家不同行业的企业调查，我国大部分企业对供应链管理的概念不理解。被调查的企业中，90％以上的企业对供应链概念不理解，从行业情况看，零售业（89.6％）的情况要好于制造业（92.2％），制造业好于批发业（93.7％）。由此可以得出结论，目前供应链观念在国内企业中的接受程度还很低。

我国对供应链管理的研究是近几年的事，相对而言，理论研究领先于实践。1998 年，人们开始从报纸杂志上看到有关供应链管理的报道。之后，由于供应链管理与物流管理、与计算机集成制造密切相关，所以，在各种有关物流和计算机集成制造及工艺控制与管理的报纸杂志上，对供应链管理方面的报道日益增多，同时，在国内有关物流和计算机集成制造技术方面的会议上对供应链管理的研讨也逐渐增多。

于是，供应链管理在我国引起了理论界的高度重视，都在探讨供应链管理的思想和方法，但理论研究仍处于起步阶段，对有关方面的认识还比较肤浅，在概念和观点上也不尽相同。

2．实践应用现状

从实践的应用情况看，近几年来，在日趋激烈的市场竞争环境下，我国越来越多的企业逐步认识到，必须从原材料采购就开始加以管理和控制，才能提高企业的整体效益，在市场竞争中立于不败之地。于是在国内一些比较领先的企业中开始初步应用供应链管理的各种技术和方法。

然而，企业对供应链的关注主要集中在供应商—制造商这一层面上，这只是供应链上的一小段，研究的内容主要局限于供应商的选择和定位、降低成本、控制质量、保证供应链的连续性和经济性等问题，没有考虑或者说对于整个供应链从供应商、分销商、零售商到最终用户的完整供应链考虑不完全，而且研究中要不就是没有考虑供应链管理的战略性，要不就是考虑了但考虑的不够具体等问题。所以，可以说，目前在我国还没有形成真正意义上的供应链，也就没有真正意义上的供应链管理。

另外，中国企业遇到的问题还有企业文化方面的障碍。供应链管理的实施和企业资源计划（ERP）有些类似，但是比 ERP 要难得多，中国企业在内部操作 ERP 都困难重重，而供应链里可能有上百家的企业，在公司外部怎么与每家合作，不是那么简单的事。在传统的商业模式中，供应商、制造商与经销商是完全独立的，在互为供需的基础上，形成各自的闭环结构。而供应链管理打破了原有的结构，要求价值链上的各环节必须做到信息共享。

从客户的需求开始,供应链管理最重要的驱动力还是客户的需求,整个供应链不是从生产开始,而是从客户需求开始。它要突出的是供应商以客户为中心,形成供应的关系,比如戴尔计算机公司完全以客户为中心来合理地管理整个供应链。

加入世贸以后,全球化的市场竞争对中国企业造成了前所未有的巨大压力,合理的供应链管理将会给企业带来更多的效益,从原材料的供应一直到交付客户完整的产品的各个环节,都能寻找出降低成本的可能性。中国加入 WTO 以后,产品大量外销,企业要往外出口的话,也必须借助供应链和国外作对接。因而供应链管理对整个国家的经济来说都是非常必要的也是与国际接轨的方式。

供应链管理理念的核心是以顾客需求为中心,经营理念的转变将导致经营模式和作业流程的改变;所以说一个企业引入供应链管理,不是一个简单的技术问题,而是企业经营理念转变和流程再造的问题。

总体上来看,不论从理论研究还是实际应用,供应链管理在我国还处于启蒙阶段。因此,只有认识我国供应链管理的现状,深入分析我国在供应链管理方面存在的问题,并积极采取相应的对策,才能排除各种障碍,推动供应链管理在我国的顺利实施。

(三) 信息化发展现状

我国企业对信息化的认识仍然存在不足,特别是很多中小企业对信息系统在企业的定位不明确,不少企业将之视为可有可无或仅仅是显示自己实力的东西,不清楚信息化对自己的企业意义何在,有些企业认为只要使用计算机,使用网络就可带来高效率,不考虑管理、业务和技术的配套发展,只是生搬硬套把业务搬上计算机系统。大部分企业对电子商务的认知仅仅停留在产品宣传、知名度提高等较低的层面上,缺乏对电子商务的深刻认识。因此,更新观念,提高认识也是迫在眉睫。

事实上,企业信息化建设不仅仅是买设备、建网络,信息化建设是由硬件建设和应用工程两部分组成的。硬件建设是基础,应用才是根本目的。借助于企业信息化,企业可以形成一个相对稳定的组织结构和功能结构,信息流得以顺畅地在企业内部流动;通过整合市场供应链的各类信息,可以提高企业的采购、生产、库存、销售及售后服务的流水化作业能力,能够通过信息共享获得大量的新技术研发信息,及时确定自己的产品技术创新方向,从而提高企业生产、经营、管理、决策的效率和水平,进而提高企业经济效益,提高企业竞争力。

(四) 管理水平和体制现状

由于历史的原因,我国的经济仍然受计划经济的影响,市场经济体制还不够完善,市场主体也还不够成熟,特别是企业的组织结构仍保持着传统企业组织结构的特征。特别是我国企业条块分割的管理体制以及传统的小生产格局与实现供应链管理所要求的企业横向一体化相悖,因此在这种情况下,企业的管理方面还存在一些不够完善的地方。

比如,许多企业的生产系统和经营系统的设计没有考虑供应链的影响,内部的信息系统、库存系统等不能适应供应链管理的要求;许多企业仍保持着传统封闭的、相互脱节的、"纵向一体化"的管理模式,这种管理模式下,供应商、中间商、储运商与分销商之间缺乏紧密的战略合作伙伴关系,难以适应供应链管理的成功实施;企业中组织权力集中,机构臃肿,本位主义和相互推诿现象严重,使供应链管理受到制约;企业中管理文化落后,不注重产品质量,诚信度低,企业间建立供应链所必需的相互信任和相互依赖的基础不够牢固。

然而,在一些比较发达的西方国家,传统的物流行业与制造业已经紧密地联系在一起,制造企业只专注于制造优良的产品,而把所有的与供应链有关的后勤事物外包给专业物流公司来做。从原材料的采购计划、仓储计划到运输、清关、原材料配送以至于把制造业的最终产品送到分销商/最终用户手中,最终帮助制造业完成整个供应链管理过程。

虽然我国有些企业在利益机制的驱动下,不断追求降低成本和加快资金周转,将系统论和优化技术用于物流的流程设计和改造,融入新的管理制度之中。但由于我国市场经济还不成熟,现货市场、有形市场还不完善,企业信用较差,缺乏配套的信息系统、物流系统、支付系统和控制保障,在这种情况下,企业供应链管理的有效性还有待观察。

（五）人才现状

在我国,物流专业技术人才的培养已经开展了多年,虽然物流人才严重短缺的局面总体上有所缓解,但是物流人才的缺乏,目前仍然是困扰我国当前发展物流事业的主要障碍之一。

我国从 2001 年开始开设物流专业的本科教育,到目前全国有几百所高等院校和职业技术学院开设了物流专业,并且还在继续扩大物流专业本科生、硕士和博士研究生的招生规模;物流师国家职业标准已经制定并发布,同时高级物流师、物流师和助理物流师的培训、考试和认证工作也已全面展开;在职人员的物流知识和物流技术的培训工作进一步深入。

然而,与此相矛盾的是,中国目前物流业从业人员大多数素质还比较低,很多人观念更新、知识更新跟不上现代物流业的发展需求。师资力量薄弱是物流业人才培养中最突出的问题,"学院派"的教师往往实践研究不足,"实践派"教师又常常缺乏宏观、系统的思维,影响创新理论的发展。理论联系实际、能文能武的师资缺乏成为普遍存在的现象,很大程度上影响了物流专业人才的培养质量。

小 贴 士

BP 公司新员工培养比中石化快一倍

一个熟手加油工每个工作日加到 1 500 公升油。BP 中国公司新招一个高中毕业生,将其培训到这个标准所需时间是 30 天,而其竞争对手中石化需要 60 天。仅此一项,BP公司年利润多增加 900 万元。

二、我国供应链管理中存在的问题

在供应链管理实践中,尽管供应链中的配送业、零售业、仓储运输业等环节的应用中都有了良好的开端,但是,由于供应链在我国发展的时间还比较短,实施供应链管理的各方面条件和基础都比较薄弱,从而使供应链管理的实施仍然存在许多需要解决的问题,这些问题主要表现在思想观念、实践、技术、管理和人才等方面。

(一)思想观念问题

供应链管理作为一种新兴的管理思想和方法,使得传统的企业管理思想观念面临着无法回避的挑战,许多传统企业的管理模式已形成了一个封闭的系统,它们拥有从产品设计、整套设备、设施,不论制造到产品装配、包装、运输再到产品销售、服务等生产经营全过程的一体化,即制造、装配、销售的一体化,而不愿意把不增值的业务环节外包出去,不习惯与其他企业合作。

甚至认为与其他企业合并,开展业务外包,即使是非核心的业务,如果交由别的企业去经营,也是"肥水流入外人田",是对企业自身生产经营权利的一种侵犯,从而不愿意与其他企业结成战略合作关系,这与开放式的全球制造和供应链管理相差甚远。

供应链管理作为一种新兴的管理思想和方法,面临着传统观念的挑战。在我国,企业的"大而全""小而全"现象还十分突出,没有形成独具特色的强竞争力的核心业务,传统计划经济下的管理思维方式仍占据主要地位。企业内部组织机构虽齐全,但受到职能分派的制约,各自为政,实行垂直型的管理。这不仅严重地影响企业信息传递效率,而且无法解决"透明度"问题。

随着我国企业与世界的接轨和面临国际市场的挑战,传统的管理模式必然遭受到严重的冲击。而供应链管理对企业最基本的要求就是核心业务与信息效率,这并不是仅仅依靠企业电子商务的实行就可以解决的,不从企业观念的根本问题上改革就达不到治本的目的。

长期的计划经济体制所形成的以生产为中心,以产品为龙头的营销模式有着根深蒂固的思想基础、组织基础和经济基础,要真正实现适应网络经济的供应链管理模式,必须有一个理念变革、生产力水平变革、市场变革以及需求和竞争时期的部门分割体共同作用的过程。

(二)实践问题

供应链管理在我国还处于理论研究阶段,在相当多的企业里,供应链管理的理念与运作模式还只是一种概念,在实践中的应用还不是很多。原因主要在于,我国总体市场化水平还不高,市场经济体制还不够完善,市场主体也还不够成熟,特别是企业的组织结构仍保持着传统企业组织结构的特征,从而给供应链管理的实践带来了障碍。

在经济的管理体制上受计划经济的影响,长期以来,我国企业条块分割的管理体制以及传统的小生产格局与实现供应链管理所要求的企业横向一体化相悖,如,从物流管理来看,我国目前的物流行业管理仍沿用着计划经济体制。

与物流相关的各部分分别由铁道、交通、民航、商务贸易等不同政府部门进行管理。依据这种条块管理体制,形成了自上而下的纵向隶属和管理格局,严重制约着在社会范围内经济合理的对物流进行整体统筹和规划,妨碍着物流横向一体化的实现,制约着电子商务的进一步推广。

在企业的组织实践中,我国绝大部分企业的组织结构都建立在职能的基础上,据中国物品编码中心的调查显示,在被调查的企业中,有 92.2％的制造业、93.8％的批发企业和 82.1％的零售企业是以职能来设定部门。以职能来设定部门,这是一种传统的垂直型组织结构,它使得每一个职能部门都能独立完成各自的任务并独立评估自己的绩效,这必然会导致企业或企业内各部门运作相互脱节和追求自己的局部利益。

由于供应链管理的运作是跨越职能界限的,因此,以职能来设定部门的传统的组织结构给供应链管理造成了很大的障碍。

另外,传统组织中对绩效的评估系统也是实施供应链管理的另一个大障碍。因为,在这个评估体系下,每个人都习惯于关注系统中单一组件的效率,而没有人去考虑整体的效益,例如,包装部门为了降低费用常常采取简化包装的策略,这样,可能会给运输和搬运带来麻烦,使破损率增加;采购部门为了降低购进价格而愿意增加订货量、销售部门为了减少缺货损失而希望保持较高库存,从而使库存量大大增加。

这种各部门为追求自身利益往往会与其他部门发生冲突,最终影响整个供应链的利益,不利于供应链集成管理的需要。

供应链合作伙伴不够理想。相互信任对于企业间的合作关系具有极其重要的作用,信任危机严重地阻碍了我国供应链企业间合作关系的良性发展。信任危机也即缺乏信任,它有两方面的含义:一是相互信任程度不够高;二是双方信任程度不对称。

信任危机是以非信任行为的形式表现出来的。它们一般表现为:没有与对方长期合作的打算,合作时间短;利用实力在谈判中要挟对方;同时保留几个相同产品的供应商,迫使他们相互竞争;利用供应商的信任,把一个供应商的机密信息泄露给另一个供应商,以谋取短期利益;不遵守合同,即不按时按量交货,不遵守质量标准或约定,不按时付款,或以物质充抵货款;对对方封锁信息,以谋取短期利益;利用供应商偶然的小失误欺诈对方;在未预测的偶发事件中向供应商推诿责任;不愿意对生产与服务进行必要的投资;不愿意顾客化以满足制造商的要求,没有生产与服务的柔性等。

究其根本原因信任危机的产生主要还是信息不充分。在选择合作伙伴及与之合作的过程中,缺乏有关合作对象的信息。企业的信息不充分主要源于两个方面:

一方面,目前我国企业的信息化程度相当低,绝大多数企业还不具有利用高度发达的信息技术迅速获取所需信息的能力,无力解决信息不充分的问题;另一方面,我国实行市场化的时间短,大量的新生企业层出不穷且变化大,这就进一步加大了企业间的信息不对称,使企业信息不充分的问题更加突出。

在此情况下,企业对合作对象的信任程度降低,于是出现了合作中的信任危机。

(三)技术和管理问题

为了优化业务流程、降低运行成本和费用,在供应链管理实施过程中需要有一定的技术支持。目前,供应链管理需要的技术,主要包括条码技术、EDI 技术、互联网和电子商务技术等。从中国物品编码中心的调查可以表明,在我国,条码技术、EDI 技术、互联网和电子商务技术等的应用仍存在资金投入不足、普及率低、使用不规范、管理功能不配套等问题。

标准化是实现供应链管理高效运作的基础。在供应链运作过程中,如果没有标准化,就会出现各种实时不规范、作业流程不统一、信息不一致,必然会使流通环节增多、流通速度减慢、流通费用增加，致使货物流通和信息交换不畅，整个供应链过程就很难畅通。

尽管我国近十几年来在供应链物流标准化方面已做了很多工作，取得了一定成绩，但目前仍然存在着很多问题，突出表现在以下三个方面：

（1）已经制定的供应链物流标识标准（国家标准）运用正确率低。

（2）货物运输过程的基本设备标准不统一。

（3）商品信息标准化工作滞后、数据库的数据不一致。

在供应链的管理方面，目前许多企业的生产系统和经营系统的设计上没有考虑供应链的影响，内部的信息系统、库存系统等不能适应供应链管理的要求；许多企业仍保持着传统封闭的、相互脱节的、"纵向一体化"的管理模式。

这种管理模式下，供应商、中间商、储运商与分销商之间缺乏紧密的战略合作伙伴关系，难以适应供应链管理的成功实施；不少企业组织权力集中，机构臃肿，本位主义和相互推诿现象严重，使供应链管理受到制约；不少企业管理文化落后，不注重产品质量，诚信度低，企业间建立供应链所必需的相互信任和相互依赖的基础不够牢固。

（四）人才问题

供应链管理是一门综合性经济学科，涉及众多边缘学科和新兴学科。相关研究在我国方兴未艾，但科研投入少，没有适合我国国情的高质量教材，科研力量不足，专业人才缺乏。外资企业进入我国后，为了使其产品和服务能够更好地符合中国客户的特点和需求，势必将采取本地化策略，其中重要的一个步骤即是人才的本地化。在国际化竞争中，一个企业在人力资源上是否具有优势决定了它的存亡。

目前，我国企业的比较优势在于低廉的劳动力价格。加入 WTO 以后，零售企业的竞争不仅在于劳动力的成本高低，更取决于劳动者的基本素质、教育程度和专业技术水平。我国物流业从业者大多缺乏系统专业训练和相关学历教育。但事实上，现代化的供应链管理，必须运用先进物流技术、信息技术和供应链技术。

无论是先进的经营理念、营销技能还是现代化的、信息化的管理手段，都需要具有较高素质的、懂得现代管理技术，能适应国际化市场竞争的外向型、知识型管理人才。

供应链管理是一个跨组织、跨行业的管理，它涉及诸多领域的高新技术，不但需要专门的技术人才，而且需要精通各种管理理论、方法、手段，有熟悉与供应链有关的诸多技术的综合型人才。

但是，从目前来看，国内在这方面人才的教育还非常滞后，企业界方面由于对供应链管理理论知之尚浅，更缺乏实践经验，所以，在供应链管理人才的教育和培训方面也非常薄弱，从而使相关人才十分匮乏。

（五）法律体系、社会制度环境问题

法律、法规不健全和执行不严格，也是我国企业供应链管理的又一桎梏。我国的法律法规是从原有的计划经济时代法律、法规的基础上发展起来的。在日益复杂的市场变化形势下，原有的法律体系存在着很多漏洞，越来越不能满足企业间合作关系发展的需要。

社会制度环境是指各行业、各地区形成的商会、协会，以及正式的或非正式的社会习俗。这种社会习俗能够形成一种经济的和社会环境,并延续。

在这种环境中,社会习俗对国家、部门、法律体系、非正式的社会标准与商业行为起独特的作用,是商业社会中道德行为的基础。由于我国市场化时间较短,还没有完全形成一种与社会主义市场经济体制相适应的社会制度环境,因此企业间的诚信度时常被打折扣,相互间很难建立起信任的合作关系,信任危机自然不可避免。

第二节　我国供应链管理的发展趋势

供应链管理是迄今为止企业物流发展的最高级形式。虽然供应链管理非常复杂,且动态多变,但众多企业已经在供应链管理的实践中获得了丰富的经验并取得显著的成效。尤其是随着经济全球化的步伐日益加快,全球化供应链变得越来越长且越来越复杂,对供应链管理的要求也就随之改变,由于网络通信技术、全球动态联盟的发展和相关要求的不断提出,供应链管理呈现出全球化、敏捷化、绿色化和电子化的发展趋势。

一、全球化供应链管理

随着供应、生产和销售关系的复杂化,该过程涉及的不同地域的厂家将越来越多,最终呈现全球性,全球化供应链应势而生。全球化供应链管理就是要求以全球化的观念、将供应链的系统延伸至整个世界范围,在全面、迅速地了解世界各地消费者需求偏好的同时,就其进行计划、协调、操作、控制和优化,在供应链中的核心企业与其供应商以及供应商的供应商、核心企业与其销售商及至最终消费者之间,依靠现代网络信息技术支撑,实现供应链的一体化和快速反应运作,达到物流、价值流和信息流的协调通畅,以满足全球消费者需求。

全球化供应链管理包括:市场与营销策略、价格策略、全球采购策略、产品与制造管理、虚拟制造、就地组装、全球补货策略与体系、快速反应系统、电子商务、策略联盟、合同管理、配送策略等。包含物流运转中心、物流系统设计与综合性服务、共同配送系统、顾客需求支援系统等,范畴较宽。它是一种综合性的、跨国跨企业集成化的管理模式,也是适应全球化下企业跨国经营的管理模式。

作为一种新型的管理思想,全球化供应链管理具备如下的特征。

首先,全球化的供应链管理模式是以全球化范围内的消费者来驱动供应链运作,以消费者满意为核心。

其次,全球化供应链管理是一种新型合作竞争理念。与传统企业经营管理不同,全球化供应链管理是从全球市场的角度对供应链全面协调性的合作式管理,它不仅要考虑核心企业内部的管理,还更注重供应链中各个环节,各个企业之间资源的利用和合作,让各企业之间进行合作博弈,最终达到"双赢"或"多赢"。

全球化供应链管理的形成,将使得物流、信息流和资金流变得更加畅通,因此它将增大整个供应链的总体效益,还能使单个企业借助庞大供应链的整合优势,在竞争中更主动、更有发言权。

二、敏捷供应链管理

敏捷性是美国学者于 20 世纪 90 年代末期。提出的一种新型战略思想所谓敏捷供应链,是指以核心企业为中心,通过对资金流、物流、信息流的控制,将供应商、制造商、分销商、零售商及最终消费者整合到一个统一的、无缝化程度较高的功能网络链条,以形成一个极具竞争力的战略联盟。

敏捷供应链以增强企业对市场需求的适应能力为导向,以动态联盟的快速重构为基本着眼点,致力于支持供应链的迅速结盟、优化联盟运行和联盟平稳解体。强调从整个供应链的角度考虑,决策和绩效评价,使企业与合作者共同降低产品价格,并追求快速反应市场需求,提高供应链各环节边际效益,实现利益共享的双赢目标。

敏捷供应链是一种全新理念,它将突破传统管理思想,从以下几个方面为企业带来全新竞争优势,使企业能够在未来经济生活中大展宏图。

1．速度优势

敏捷供应链独特的订单驱动生产组织方式,可以最快速度响应客户需求。

2．满足顾客个性化需求优势

依靠敏捷制造技术、动态组织结构和柔性管理技术三个方面的支持,敏捷供应链解决了流水线生产方式难以解决的品种单一问题,实现了多产品、少批量的个性化生产,从而满足顾客个性化需求,尽可能扩大市场。

3．成本优势

成本是营销企业利润最基本、最关键的因素,不断降低成本是企业管理永恒的主题,也是企业供应链管理的根本任务,而供应链管理是降低成本、增加企业利润的有效手段。

通常情况下,产品的个性化生产和产品成本是一对负相关目标,然而在敏捷供应链战略的实行中,这一对矛盾却得以成功解决,在获得多样化产品的同时,由于零库存成本和零交易成本,使企业获得了低廉的成本优势。

三、绿色化供应链管理

近年来,围绕生态环境问题,人类社会提出了可持续发展战略—经济发展要考虑到自然生态环境的长期承载能力,使环境和资源能满足经济发展的需要,又使其作为人类生存的要素之一满足人类长远生存的需要,从而形成了一种综合性的发展战略。

有鉴于此,实施绿色供应链管理,将"绿色"或"环境意识"理念融入整个供应链管理过程,使得整个供应链的资源消耗和环境影响副作用最小,是现代企业实现可持续发展的一种有效途径。实施绿色供应链管理应运而生。

绿色供应链的概念是由美国密歇根州立大学的制造研究协会在 1996 年提出的,是一种在整个供应链中综合考虑环境影响和资源效率的现代管理模式,它以绿色制造理论和供应链管理技术为基础,涉及供应商、生产厂、销售商和用户,其目的是使得产品从物料获取、加工、包装、仓储、运输、使用到报废处理的整个过程中,对环境的影响(副作用)最小,资源效率最高。

目前有很多国外的汽车制造商如大众、通用等,已经重新整合了传统的供应链,重新构建了新型的绿色供应链体系。这也是未来供应链管理的一个新趋势。

四、电子化供应链管理

电子商务的蓬勃发展改变着企业的经营模式和竞争环境,尤其是作为网络经济主体的 B2B 模式,它不但改变着企业的交易方式,更影响着企业之间的协作方式。

在全球化的电子商务环境下,传统的供应链管理模式已不能适应电子商务环境下供应链管理的要求,于是出现了新的供应链管理模式—电子化供应链管理。它是企业和它的合作伙伴之间 B2B 模式的进一步延伸,通过采用互联网这个全球通用的网络标准,实现了相关各方信息系统的对接,商业伙伴之间能创建一个无缝的、自动的供应链,整条供应链就像一个整体一样运作。

通过电子供应链的实施,企业间信息传递的时间缩短了,而且数据也准确了,因而能够很大程度上缩短提前期,从而带来库存/运输效率的极大改善,同时也促进了供应链向动态的、虚拟的、全球网络化的方向发展。

随着信息技术的进步和供应链思想的深入人心,以及电子商务的飞速发展和竞争的进一步加剧,实施电子化供应链管理必将成为企业继企业内部信息化和电子商务后的又一信息化过程。尽管存在着许多困难和挑战,但由于电子化供应链管理在信息共享、团队合作和管理模式等方面有着传统供应链管理不可比拟的优越性,随着技术、安全以及金融结算等问题的进一步解决,相信在不久的将来电子化供应链管理必将成为企业的主要运作和管理模式。

 **案例讨论**

韩都衣舍供应链变革

互联网时代服装企业如何转型?韩都衣舍正在尝试让一切变得更快!

尽管现有传统加工厂尚能满足电商需求,但本质上仍是按照传统工业模式设立运营的,追求规模经济。而电商短平快的模式却决定了其需要多批次、小批量的生产支持。由此,线上线下迥异的运营模式衍生出传统工业大产能与电商小订单的巨大矛盾。传统供应链越来越跟不上互联网商业快速多变的节奏。

在传统服装加工厂,一件衣服的生成由若干生产线组成,包括打版、裁剪、缝制、后整等工序。可作为一家互联网快时尚的服装品牌,韩都衣舍却欲在 2015 年推行一个全新的互联网工业变革:将传统的生产线模块化切分,一个工厂只负责一个工序,届时一件服装的生产将由多个工厂共同完成,构建完全适应电商需求的工业柔性供应链。

高效电商

实际上这种变革在电子等产业早已展开,但在服装行业还绝无仅有。而规模越大、体系越成熟的服装工厂,变革起来就越艰难、越痛苦。互联网与传统的服装企业有着完全不一样的玩法,基于传统模式建立起的生产线、供应链无法适应未来电商批次更多、批量更小的需求。传统服装产业日渐萧条,互联网销售却逐年暴增,切分生产线、重建供应链,正当其时。

传统服装品牌推出的 70%～80% 的款型只能保证成本与盈利持平,盈利的永远只有少数款型,但传统企业却要为大多数款型支付巨额的库存。企业规模越大,门店越多,库存就越多,资金占用越大,运营风险就越大,李宁的衰落很大程度上就是因为产品滞销、库存过多而导致的。

而线上服装首单先是试销,上线后,根据点击率、收藏率、销量三个指标决定是否追加订单。如一款服装被认定为畅销款,三五天后即可追加订单,可反复多次追加;滞销款则立刻打折抛售。如今,韩都衣舍每天高达近百款产品上线销售、平均每款服装订单总量为800~1 000件,一年超过3万件,每款服装从设计到上线平均只有30天。

倒逼变革

传统品牌每款销货上万件,就类似于拳击手打出的一记重拳,力道虽大,可一旦落空,风险极大;而电商少批量、多批次的销售更像咏春的贴身短打,一旦击中数拳跟进,一击不中立刻改换套路。

传统工厂3月份已在生产秋装;电商供应链一直到5月还在生产夏装,第一批畅销款还在追加订单。传统品牌剩下的是恶性的滞销款,今年卖不掉,明年卖不掉,最后成为呆坏账;而电商的滞销款因首单量少,会在4~6月销售旺季被抛售。韩都衣舍所剩存货只有5%,可在第二年售罄。

线上线下迥异的模式,使电商呈现出独特的优势。传统品牌一年最多两三千款,韩都衣舍每年上线3万款左右;前者产品从设计到上架需3个月以上,韩都衣舍只需30天;传统企业售罄率均在50%~60%,韩都衣舍可达95%。

近年来,传统外贸、内销两大市场日渐衰退,电商却逆势崛起,越来越多的大中型服装工厂不得不俯下身段接下电商的小订单。目前,韩都衣舍140家服装供应商中注册资金5 000万元以上的工厂已有三四家,1 000万~5 000万元的占6%。

微分订单

现有的工厂本质上仍是按照传统工业模式设立运营的。未来电商发展趋势是订单将被进一步微分——批量更小、批次更多。未来,百件以内的微小订单将占据主流。

韩都衣舍把供应链变革做成了一道高等数学的微分方程——通过切分供应链将订单进一步微分,求解更短的周期、更少的库存和更小的风险。以前一个供应商要兼顾所有工序,因此只要某个工序误工,整条生产线就会停滞,现在工厂只做一个工序,就可以实现效率更高、速度更快、品质更好。

供应链反应速度越快、交货时间越短,上游电商下的订单就更微小,市场空间就越大。以前某一类服装可以做30款,每款200件;未来就有可能上300个款、每款20件。消费者选择面大了10倍,库存也会接近于0。以前供应链生产周期30天,未来10天即可完成。这意味着企业库存周转率提高了3倍,将来1个亿的钱就可以做过去3个亿的买卖。

同时,韩都衣舍还将管理更多个订单,协调前后工序、不同工厂之间的生产节奏。为此,韩都衣舍已着手建立供应商辅助管理平台。未来与供应商合同一旦签订,供应商须将构成这单服装的布料多少米、多少色彩、多少个扣,何时到货、生产进度等所有信息上传,以便随时监控、管理。

（资料来源：http://www.chinawuliu.com.cn/xsyj/201502/03/298271.shtml）

思考题：韩都衣舍如何进行供应链变革?

**技能训练**

一、简答题

1. 试述我国供应链管理的现状。

2. 我国供应链管理中存在的比较突出的问题是什么？

3. 如何解决我国供应链管理中信息建设问题？

二、论述题

讨论我国供应链管理的未来发展趋势？

三、实训题

某企业供应链调查报告

（一）实训目的

1. 加深对供应链管理的理解；

2. 培养学生的团队合作精神和人际交往与沟通能力；

3. 增强学生发现问题、分析问题和解决问题的能力。

（二）实训内容

分析某企业供应链存在的问题，并提出解决方案。

（三）实训资料

相关企业实地调研，上网收集。

（四）实训准备

学生分组：每6人一组，每组选出一名小组长。

（五）实训步骤

1. 确定调研企业；

2. 整理资料，分析公司存在的问题；

3. 完成调查报告，报告中应包含以下内容：

（1）调研企业的概况；

（2）调研企业供应链管理中存在的问题；

（3）提出供应链问题的解决方案。

（六）实训考核

根据调查报告完成情况进行考核。

参 考 文 献

[1] 利丰研究中心.供应链管理：香港利丰集团的实践.北京：中国人民大学出版社,2003.
[2] 戴维・泰勒(David Taylor).全球物流与供应链管理案例.胡克,译.北京：中信出版社,2003.
[3] 约翰・加托纳(John Gattorna).供应链管理手册.王海军,译.北京：电子工业出版社,2004.
[4] [英]马丁・克里斯托弗.物流与供应链管理.北京：电子工业出版社,2006.
[5] 林玲玲.供应链管理.北京：清华大学出版社,2008.
[6] 姜方桃.供应链管理.北京：科学技术出版社,2009.
[7] 王爱英.智能卡技术.北京：清华大学出版社,2009.
[8] 骆建文.采购与供应管理.北京：机械出版社,2009.
[9] 刘伟.物流与供应链管理案例.成都：四川人民出版社,2009.
[10] 张劲珊.物流信息技术.北京：清华大学出版社,2009.
[11] 冯耕中.物流成本管理.北京：中国人民大学出版社,2010.
[12] 董铁.电子商务.北京：清华大学出版社,2010.
[13] 程永生.物流系统分析.北京：中国物资出版社,2010.
[14] 王炬香.采购管理实务.北京：电子工业出版社,2010.
[15] 孟于群.第三方物流法律实务及案例.北京：中国商务出版社,2010.
[16] 吴登丰.供应链管理.北京：电子工业出版社,2010.
[17] 中国物流与采购联合会.中国物流与采购信息化优秀案例集.北京：中国物资出版社,2010.
[18] 董铁.物流电子商务.北京：清华大学出版社,2011.
[19] 王丽亚.物流信息系统与应用案例.北京：科学出版社,2011.
[20] 方磊.电子商务物流管理.北京：清华大学出版社,2011.
[21] 屈冠银.电子商务物流管理.北京：机械工业出版社,2012.

推荐网站：
1. 全国物流信息管理标准化技术委员会.http://www.tc267c.org.cn/
2. 中国物流与采购联合会.http://www.chinawuliu.com.cn/
3. 信息化在线.http://it.mie168.com
4. 中国快递网资讯中心.http://www.exdak.com
5. 物流天下.http://www.56885.net/
6. 中国物流联合网.http://www.un56.com/
7. 新物流.http://www.56new.cn
8. 中国物流电子商务网.www.elogistics.com.cn
9. 中国电子商务物流论坛.bbs.eyunshu.com
10. 中国营销传播网.http://www.emkt.com.cn
11. 环球物流网.www.global56.com
12. 商务部网站.http://www.mofcom.gov.cn/
13. 中国应急物流网.http://www.cnel.cn/
14. 中国物流网.www.china-logisticsnet.com
15. 百度百科.http://baike.baidu.com
16. 维基百科.http://wiki.mbalib.com

国务院印发物流业发展中长期规划(2014—2020 年)

国发〔2014〕42 号

物流业是融合运输、仓储、货代、信息等产业的复合型服务业,是支撑国民经济发展的基础性、战略性产业。加快发展现代物流业,对于促进产业结构调整、转变发展方式、提高国民经济竞争力和建设生态文明具有重要意义。为促进物流业健康发展,根据党的十八大和十八届三中全会精神和《中华人民共和国国民经济和社会发展第十二个五年规划纲要》《服务业发展"十二五"规划》等,制定本规划。规划期为 2014—2020 年。

一、发展现状与面临的形势

(一)发展现状

"十一五"特别是国务院印发《物流业调整和振兴规划》以来,我国物流业保持较快增长,服务能力显著提升,基础设施条件和政策环境明显改善,现代产业体系初步形成,物流业已成为国民经济的重要组成部分。

产业规模快速增长。全国社会物流总额 2013 年达到 197.8 万亿元,比 2005 年增长 3.1 倍,按可比价格计算,年均增长 11.5%。物流业增加值 2013 年达到 3.9 万亿元,比 2005 年增长 2.2 倍,年均增长 11.1%,物流业增加值占国内生产总值的比重由 2005 年的 6.6% 提高到 2013 年的 6.8%,占服务业增加值的比重达到 14.8%。物流业吸纳就业人数快速增加,从业人员从 2005 年的 1 780 万人增长到 2013 年的 2 890 万人,年均增长 6.2%。

服务能力显著提升。物流企业资产重组和资源整合步伐进一步加快,形成了一批所有制多元化、服务网络化和管理现代化的物流企业。传统运输业、仓储业加速向现代物流业转型,制造业物流、商贸物流、电子商务物流和国际物流等领域专业化、社会化服务能力显著增强,服务水平不断提升,现代物流服务体系初步建立。

技术装备条件明显改善。信息技术广泛应用,大多数物流企业建立了管理信息系统,物流信息平台建设快速推进。物联网、云计算等现代信息技术开始应用,装卸搬运、分拣包装、加工配送等专用物流装备和智能标签、跟踪追溯、路径优化等技术迅速推广。

基础设施网络日趋完善。截至 2013 年年底,全国铁路营业里程 10.3 万公里,其中高速铁路 1.1 万公里;全国公路总里程达到 435.6 万公里,其中高速公路 10.45 万公里;内河航道通航里程 12.59 万公里,其中三级及以上高等级航道 1.02 万公里;全国港口拥有万吨级及以上泊位 2 001 个,其中沿海港口 1 607 个、内河港口 394 个;全国民用运输机场 193 个。2012 年全国营业性库房面积约 13 亿平方米,各种类型的物流园区 754 个。

发展环境不断优化。"十二五"规划纲要明确提出"大力发展现代物流业"。国务院印发《物流业调整和振兴规划》,并制定出台了促进物流业健康发展的政策措施。有关部门和地方政府出台了一系列专项规划和配套措施。社会物流统计制度日趋完善,标准化工作有序推进,人才培养工作进一步加强,物流科技、学术理论研究及产学研合作不断深入。

总体上看,我国物流业已步入转型升级的新阶段。但是,物流业发展总体水平还不高,发展方式比较粗放。主要表现为:一是物流成本高、效率低。2013 年全社会物流总费用与国内生产总值的比率高达 18%,高于发达国家水平 1 倍左右,也显著高于巴西、印度等发展中国家的水平。二是条块分割严重,阻碍物流业发展的体制机制障碍仍未打破。企业自营物流比重高,物流企业规模小,先进技术难以推广,物流标准难以统一,迂回运输、资源浪费的问题突出。三是基础设施相对滞后,不能满足现代物流发展的要求。现代化仓储、多式联运转运等设施仍显不足,布局合理、功能完善的物流园区体系尚未建立,高效、顺畅、便捷的综合交通运输网络尚不健全,物流基础设施之间不衔接、不配套问题比较突出。四是政策法规体系还不够完善,市场秩序不够规范。已经出台的一些政策措施有待进一步落实,一些地方针对物流企业的乱收费、乱罚款问题突出。信用体系建设滞后,物流业从业人员整体素质有待进一步提升。

(二)面临的形势

当前,经济全球化趋势深入发展,网络信息技术革命带动新技术、新业态不断涌现,物流业发展面临的机遇与挑战并存。伴随全面深化改革,工业化、信息化、新型城镇化和农业现代化进程持续推进,产业结构调整和居民消费升级步伐不断加快,我国物流业发展空间越来越广阔。

物流需求快速增长。农业现代化对大宗农产品物流和鲜活农产品冷链物流的需求不断增长。新型工业化要求加快建立规模化、现代化的制造业物流服务体系。居民消费升级以及新型城镇化步伐加快,迫切需要建立更加完善、便捷、高效、安全的消费品物流配送体系。此外,电子商务、网络消费等新兴业态快速发展,快递物流等需求也将继续快速增长。

新技术、新管理不断出现。信息技术和供应链管理不断发展并在物流业得到广泛运用,为广大生产流通企业提供了越来越低成本、高效率、多样化、精益化的物流服务,推动制造业专注核心业务和商贸业优化内部分工,以新技术、新管理为核心的现代物流体系日益形成。随着城乡居民消费能力的增强和消费方式的逐步转变,全社会物流服务能力和效率持续提升,物流成本进一步降低、流通效率明显提高,物流业市场竞争加剧。

资源环境约束日益加强。随着社会物流规模的快速扩大、能源消耗和环境污染形势的加重、城市交通压力的加大,传统的物流运作模式已难以为继。按照建设生态文明的要求,必须加快运用先进运营管理理念,不断提高信息化、标准化和自动化水平,促进一体化运作和网络化经营,大力发展绿色物流,推动节能减排,切实降低能耗、减少排放、缓解交通压力。

国际竞争日趋激烈。随着国际产业转移步伐不断加快和服务贸易快速发展,全球采购、全球生产和全球销售的物流发展模式正在日益形成,迫切要求我国形成一批深入参与国际分工、具有国际竞争力的跨国物流企业,畅通与主要贸易伙伴、周边国家便捷高效的国际物流大通道,形成具有全球影响力的国际物流中心,以应对日益激烈的全球物流企业竞争。

二、总体要求

(一)指导思想

以邓小平理论、"三个代表"重要思想、科学发展观为指导,深入贯彻党的十八大和十八届二中、三中全会精神,全面落实党中央、国务院各项决策部署,按照加快转变发展方式、建设生态文明的要求,适应信息技术发展的新趋势,以提高物流效率、降低物流成本、减轻资源和环境压力为重点,以市场为导向,以改革开放为动力,以先进技术为支撑,积极营造有利于现代物流业发展的政策环境,着力建立和完善现代物流服务体系,加快提升物流业发展水平,促进产业结构调整和经济提质增效升级,增强国民经济竞争力,为全面建成小康社会提供物流服务保障。

(二)主要原则

市场运作,政府引导。使市场在资源配置中起决定性作用和更好发挥政府作用,强化企业的市场主体地位,积极发挥政府在战略、规划、政策、标准等方面的引导作用。

优化结构,提升水平。加快传统物流业转型升级,建立和完善社会化、专业化的物流服务体系,大力发展第三方物流。形成一批具有较强竞争力的现代物流企业,扭转"小、散、弱"的发展格局,提升产业规模和发展水平。

创新驱动,协同发展。加快关键技术装备的研发应用,提升物流业信息化和智能化水平,创新运作管理模式,提高供应链管理和物流服务水平,形成物流业与制造业、商贸业、金融业协同发展的新优势。

节能减排,绿色环保。鼓励采用节能环保的技术、装备,提高物流运作的组织化、网络化水平,降低物流业的总体能耗和污染物排放水平。

完善标准,提高效率。推动物流业技术标准体系建设,加强一体化运作,实现物流作业各环节、各种物流设施设备以及物流信息的衔接配套,促进物流服务体系高效运转。

深化改革,整合资源。深化物流业管理体制改革,进一步简政放权,打破行业、部门和地区分割,反对垄断和不正当竞争,统筹城市和乡村、国际和国内物流体系建设,建立有利于资源整合和优化配置的体制机制。

(三)发展目标

到 2020 年,基本建立布局合理、技术先进、便捷高效、绿色环保、安全有序的现代物流服务体系。

物流的社会化、专业化水平进一步提升。物流业增加值年均增长 8% 左右,物流业增加值占国内生产总值的比重达到 7.5% 左右。第三方物流比重明显提高。新的物流装备、技术广泛应用。

物流企业竞争力显著增强。一体化运作、网络化经营能力进一步提高,信息化和供应链管理水平明显提升,形成一批具有国际竞争力的大型综合物流企业集团和物流服务品牌。

物流基础设施及运作方式衔接更加顺畅。物流园区网络体系布局更加合理,多式联运、甩挂运输、共同配送等现代物流运作方式保持较快发展,物流集聚发展的效益进一步显现。

物流整体运行效率显著提高。全社会物流总费用与国内生产总值的比率由 2013 年的 18%下降到 16%左右,物流业对国民经济的支撑和保障能力进一步增强。

三、发展重点

(一)着力降低物流成本

打破条块分割和地区封锁,减少行政干预,清理和废除妨碍全国统一市场和公平竞争的各种规定和做法,建立统一开放、竞争有序的全国物流服务市场。进一步优化通行环境,加强和规范收费公路管理,保障车辆便捷高效通行,积极采取有力措施,切实加大对公路乱收费、乱罚款的清理整顿力度,减少不必要的收费点,全面推进全国主要高速公路不停车收费系统建设。加快推进联通国内、国际主要经济区域的物流通道建设,大力发展多式联运,努力形成京沪、京广、欧亚大陆桥、中欧铁路大通道、长江黄金水道等若干条货畅其流、经济便捷的跨区域物流大通道。

(二)着力提升物流企业规模化、集约化水平

鼓励物流企业通过参股控股、兼并重组、协作联盟等方式做大做强,形成一批技术水平先进、主营业务突出、核心竞争力强的大型现代物流企业集团,通过规模化经营提高物流服务的一体化、网络化水平,形成大小物流企业共同发展的良好态势。鼓励运输、仓储等传统物流企业向上下游延伸服务,推进物流业与其他产业互动融合,协同发展。鼓励物流企业与制造企业深化战略合作,建立与新型工业化发展相适应的制造业物流服务体系,形成一批具有全球采购、全球配送能力的供应链服务商。鼓励商贸物流企业提高配送的规模化和协同化水平,加快电子商务物流发展,建立快速便捷的城乡配送物流体系。支持快递业整合资源,与民航、铁路、公路等运输行业联动发展,加快形成一批具有国际竞争力的大型快递企业,构建覆盖城乡的快递物流服务体系。支持航空货运企业兼并重组、做强做大,提高物流综合服务能力。充分发挥邮政的网络、信息和服务优势,深入推动邮政与电子商务企业的战略合作,发展电商小包等新型邮政业务。进一步完善邮政基础设施网络,鼓励各地邮政企业因地制宜地发展农村邮政物流服务,推动农资下乡和农产品进城。

(三)着力加强物流基础设施网络建设

推进综合交通运输体系建设,合理规划布局物流基础设施,完善综合运输通道和交通枢纽节点布局,构建便捷、高效的物流基础设施网络,促进多种运输方式顺畅衔接和高效中转,提升物流体系综合能力。优化航空货运网络布局,加快国内航空货运转运中心、连接国际重要航空货运中心的大型货运枢纽建设。

推进“港站一体化”,实现铁路货运站与港口码头无缝衔接。完善物流转运设施,提高货物换装的便捷性和兼容性。加快煤炭外运、“北粮南运”、粮食仓储等重要基础设施建设,解决突出的运输“卡脖子”问题。加强物流园区规划布局,进一步明确功能定位,整合和规范现有园区,节约、集约用地,提高资源利用效率和管理水平。

在大中城市和制造业基地周边加强现代化配送中心规划,在城市社区和村镇布局建设共同配送末端网点,优化城市商业区和大型社区物流基础设施的布局建设,形成层级合理、规模适当、需求匹配的物流仓储配送网络。进一步完善应急物流基础设施,积极有效应对突发自然灾害、公共卫生事件以及重大安全事故。

四、主要任务

(一)大力提升物流社会化、专业化水平

鼓励制造企业分离外包物流业务,促进企业内部物流需求社会化。优化制造业、商贸业集聚区物流资源配置,构建中小微企业公共物流服务平台,提供社会化物流服务。着力发展第三方物流,引导传统仓储、运输、国际货代、快递等企业采用现代物流管理理念和技术装备,提高服务能力;支持从制造企业内部剥离出来的物流企业发挥专业化、精益化服务优势,积极为社会提供公共物流服务。鼓励物流企业功能整合和业务创新,不断提升专业化服务水平,积极发展定制化物流服务,满足日益增长的个性化物流需求。进一步优化物流组织模式,积极发展共同配送、统一配送,提高多式联运比重。

(二)进一步加强物流信息化建设

加强北斗导航、互联网、云计算、大数据、移动互联等先进信息技术在物流领域的应用。加快企业物流信息系统建设,发挥核心物流企业整合能力,打通物流信息链,实现物流信息全程可追踪。加快物流公共信息平台建设,积极推进全社会物流信息资源的开发利用,支持运输配载、跟踪追溯、库存监控等有实际需求、具备可持续发展前景的物流信息平台发展,鼓励各类平台创新运营服务模式。进一步推进交通运输物流公共信息平台发展,整合铁路、公路、水路、民航、邮政、海关、检验检疫等信息资源,促进物流信息与公共服务信息有效对接,鼓励区域间和行业内的物流平台信息共享,实现互联互通。

(三)推进物流技术装备现代化

加强物流核心技术和装备研发,推动关键技术装备产业化,鼓励物流企业采用先进适用技术和装备。加快食品冷链、医药、烟草、机械、汽车、干散货、危险化学品等专业物流装备的研发,提升物流装备的专业化水平。积极发展标准化、厢式化、专业化的公路货运车辆,逐步淘汰栏板式货车。推广铁路重载运输技术装备,积极发展铁路特种、专用货车以及高铁快件等运输技术装备,加强物流安全检测技术与装备的研发和推广应用。吸收引进国际先进物流技术,提高物流技术自主创新能力。

(四)加强物流标准化建设

加紧编制并组织实施物流标准中长期规划,完善物流标准体系。按照重点突出、结构合理、层次分明、科学适用、基本满足发展需要的要求,完善国家物流标准体系框架,加强通用基础类、公共类、服务类及专业类物流标准的制定工作,形成一批对全国物流业发展和服务水平提升有重大促进作用的物流标准。注重物流标准与其他产业标准以及国际物流标准的衔接,科学划分推荐性和强制性物流标准,加大物流标准的实施力度,努力提升物流服务、物流枢纽、物流设施设备的标准化运作水平。调动企业在标准制修订工作中的积极性,推进重点物流企业参与专业领域物流技术标准和管理标准的制定和标准化试点

工作。加强物流标准的培训宣传和推广应用。

(五)推进区域物流协调发展

落实国家区域发展整体战略和产业布局调整优化的要求,继续发挥全国性物流节点城市和区域性物流节点城市的辐射带动作用,推动区域物流协调发展。按照建设丝绸之路经济带、海上丝绸之路、长江经济带等重大战略规划要求,加快推进重点物流区域和联通国际国内的物流通道建设,重点打造面向中亚、南亚、西亚的战略物流枢纽及面向东盟的陆海联运、江海联运节点和重要航空港,建立省际和跨国合作机制,促进物流基础设施互联互通和信息资源共享。

东部地区要适应居民消费加快升级、制造业转型、内外贸一体化的趋势,进一步提升商贸物流、制造业物流和国际物流的服务能力,探索国际国内物流一体化运作模式。按照推动京津冀协同发展、环渤海区域合作和发展等要求,加快商贸物流业一体化进程。

中部地区要发挥承东启西、贯通南北的区位优势,加强与沿海、沿边地区合作,加快陆港、航空口岸建设,构建服务于产业转移、资源输送和南北区域合作的物流通道和枢纽。西部地区要结合推进丝绸之路经济带建设,打造物流通道,改善区域物流条件,积极发展具有特色优势的农产品、矿产品等大宗商品物流产业。

东北地区要加快构建东北亚沿边物流带,形成面向俄罗斯、连接东北亚及欧洲的物流大通道,重点推进制造业物流和粮食等大宗资源型商品物流发展。物流节点城市是区域物流发展的重要枢纽,要根据产业特点、发展水平、设施状况、市场需求、功能定位等,加强物流基础设施的规划布局,改善产业发展环境。

(六)积极推动国际物流发展

加强枢纽港口、机场、铁路、公路等各类口岸物流基础设施建设。以重点开发开放试验区为先导,结合发展边境贸易,加强与周边国家和地区的跨境物流体系和走廊建设,加快物流基础设施互联互通,形成一批国际货运枢纽,增强进出口货物集散能力。加强境内外口岸、内陆与沿海、沿边口岸的战略合作,推动海关特殊监管区域、国际陆港、口岸等协调发展,提高国际物流便利化水平。建立口岸物流联检联动机制,进一步提高通关效率。积极构建服务于全球贸易和营销网络、跨境电子商务的物流支撑体系,为国内企业"走出去"和开展全球业务提供物流服务保障。支持优势物流企业加强联合,构建国际物流服务网络,打造具有国际竞争力的跨国物流企业。

(七)大力发展绿色物流

优化运输结构,合理配置各类运输方式,提高铁路和水路运输比重,促进节能减排。大力发展甩挂运输、共同配送、统一配送等先进的物流组织模式,提高储运工具的信息化水平,减少返空、迂回运输。鼓励采用低能耗、低排放运输工具和节能型绿色仓储设施,推广集装单元化技术。借鉴国际先进经验,完善能耗和排放监测、检测认证制度,加快建立绿色物流评估标准和认证体系。加强危险品水运管理,最大限度减少环境事故。鼓励包装重复使用和回收再利用,提高托盘等标准化器具和包装物的循环利用水平,构建低环境负荷的循环物流系统。大力发展回收物流,鼓励生产者、再生资源回收利用企业联合开展废旧产品回收。推广应用铁路散堆装货物运输抑尘技术。

五、重点工程

（一）多式联运工程

加快多式联运设施建设，构建能力匹配的集疏运通道，配备现代化的中转设施，建立多式联运信息平台。完善港口的铁路、公路集疏运设施，提升临港铁路场站和港站后方通道能力。推进铁路专用线建设，发挥铁路集装箱中心站作用，推进内陆城市和港口的集装箱场站建设。构建与铁路、机场和公路货运站能力匹配的公路集疏运网络系统。发展海铁联运、铁水联运、公铁联运、陆空联运，加快推进大宗散货水铁联运、集装箱多式联运，积极发展干支直达和江海直达等船舶运输组织方式，探索构建以半挂车为标准荷载单元的铁路驮背运输、水路滚装运输等多式联运体系。

（二）物流园区工程

在严格符合土地利用总体规划、城市总体规划的前提下，按照节约、集约用地的原则，在重要的物流节点城市加快整合与合理布局物流园区，推进物流园区水、电、路、通信设施和多式联运设施建设，加快现代化立体仓库和信息平台建设，完善周边公路、铁路配套，推广使用甩挂运输等先进运输方式和智能化管理技术，完善物流园区管理体制，提升管理和服务水平。结合区位特点和物流需求，发展货运枢纽型、生产服务型、商贸服务型、口岸服务型和综合服务型物流园区，以及农产品、农资、钢铁、煤炭、汽车、医药、出版物、冷链、危险货物运输、快递等专业类物流园区，发挥物流园区的示范带动作用。

（三）农产品物流工程

加大粮食仓储设施建设和维修改造力度，满足粮食收储需要。引进先进粮食仓储设备和技术，切实改善粮食仓储条件。积极推进粮食现代物流设施建设，发展粮食储、运、装、卸"四散化"和多式联运，开通从东北入关的铁路散粮列车和散粮集装箱班列，加强粮食产区的收纳和发放设施、南方销区的铁路和港口散粮接卸设施建设，解决"北粮南运"运输"卡脖子"问题。推进棉花运输装卸机械化、仓储现代化、管理信息化，加强主要产销区的物流节点及铁路专用线建设，支持企业开展纺织配棉配送服务。加强"南糖北运"及产地的运输、仓储等物流设施建设。加强鲜活农产品冷链物流设施建设，支持"南菜北运"和大宗鲜活农产品产地预冷、初加工、冷藏保鲜、冷链运输等设施设备建设，形成重点品种农产品物流集散中心，提升批发市场等重要节点的冷链设施水平，完善冷链物流网络。

（四）制造业物流与供应链管理工程

支持建设与制造业企业紧密配套、有效衔接的仓储配送设施和物流信息平台，鼓励各类产业聚集区域和功能区配套建设公共外仓，引进第三方物流企业。鼓励传统运输、仓储企业向供应链上下游延伸服务，建设第三方供应链管理平台，为制造业企业提供供应链计划、采购物流、入厂物流、交付物流、回收物流、供应链金融以及信息追溯等集成服务。加快发展具有供应链设计、咨询管理能力的专业物流企业，着力提升面向制造业企业的供应链管理服务水平。

（五）资源型产品物流工程

依托煤炭、石油、铁矿石等重要产品的生产基地和市场，加快资源型产品物流集散中心和物流通道建设。推进晋陕蒙(西)宁甘、内蒙古东部、新疆等煤炭外运重点通道建设，重点建设环渤海等大型煤炭储配基地和重点煤炭物流节点。统筹油气进口运输通道和国内储运体系建设，加快跨区域、与周边国家和地区紧密连接的油气运输通道建设，加强油气码头建设，鼓励发展油船、液化天然气船，加强铁矿石等重要矿产品港口(口岸)物流设施建设。

(六) 城乡物流配送工程

加快完善城乡配送网络体系，统筹规划、合理布局物流园区、配送中心、末端配送网点等三级配送节点，搭建城市配送公共服务平台，积极推进县、乡、村消费品和农资配送网络体系建设。进一步发挥邮政及供销合作社的网络和服务优势，加强农村邮政网点、村邮站、"三农"服务站等邮政终端设施建设，促进农村地区商品的双向流通。推进城市绿色货运配送体系建设，完善城市配送车辆标准和通行管控措施，鼓励节能环保车辆在城市配送中的推广应用。加快现代物流示范城市的配送体系发展，建设服务连锁经营企业和网络销售企业的跨区域配送中心。发展智能物流基础设施，支持农村、社区、学校的物流快递公共取送点建设。鼓励交通、邮政、商贸、供销、出版物销售等开展联盟合作，整合利用现有物流资源，进一步完善存储、转运、停靠、卸货等基础设施，加强服务网络建设，提高共同配送能力。

(七) 电子商务物流工程

适应电子商务快速发展需求，编制全国电子商务物流发展规划，结合国家电子商务示范城市、示范基地、物流园区、商业设施等建设，整合配送资源，构建电子商务物流服务平台和配送网络。建成一批区域性仓储配送基地，吸引制造商、电商、快递和零担物流公司、第三方服务公司入驻，提高物流配送效率和专业化服务水平。探索利用高铁资源，发展高铁快件运输。结合推进跨境贸易电子商务试点，完善一批快递转运中心。

(八) 物流标准化工程

重点推进物流技术、信息、服务、运输、货代、仓储、粮食等农产品及加工食品、医药、汽车、家电、电子商务、邮政(含快递)、冷链、应急等物流标准的制修订工作，积极着手开展钢铁、机械、煤炭、铁矿石、石油石化、建材、棉花等大宗产品物流标准的研究制订工作。支持仓储和转运设施、运输工具、停靠和卸货站点的标准化建设和改造，制定公路货运标准化电子货单，推广托盘、集装箱、集装袋等标准化设施设备，建立全国托盘共用体系，推进管理软件接口标准化，全面推广甩挂运输试点经验。开展物流服务认证试点工作，推进物流领域检验检测体系建设，支持物流企业开展质量、环境和职业健康安全管理体系认证。

(九) 物流信息平台工程

整合现有物流信息服务平台资源，形成跨行业和区域的智能物流信息公共服务平台。加强综合运输信息、物流资源交易、电子口岸和大宗商品交易等平台建设，促进各类平台之间的互联互通和信息共享。鼓励龙头物流企业搭建面向中小物流企业的物流信息服务平台，促进货源、车源和物流服务等信息的高效匹配，有效降低货车空驶率。以统一物品编码体系为依托，建设衔接企业、消费者与政府部门的第三方公共服务平台，提供物流信息标准查询、对接服务。建设智能物流信息平台，形成集物流信息发布、在线交易、数据交换、跟踪追溯、智能分析等功能为一体的物流信息服务中心。加快推进国家交通运输物流公共信息平台建设,依托东北亚物流信息服务网络等已有平台,开展物流信息化国际合作。

(十)物流新技术开发应用工程

支持货物跟踪定位、无线射频识别、可视化技术、移动信息服务、智能交通和位置服务等关键技术攻关,研发推广高性能货物搬运设备和快速分拣技术,加强沿海和内河船型、商用车运输等重要运输技术的研发应用。完善物品编码体系,推动条码和智能标签等标识技术、自动识别技术以及电子数据交换技术的广泛应用。推广物流信息编码、物流信息采集、物流载体跟踪、自动化控制、管理决策支持、信息交换与共享等领域的物流信息技术。鼓励新一代移动通信、道路交通信息通信系统、自动导引车辆、不停车收费系统以及托盘等集装单元化技术普及。推动北斗导航、互联网、云计算、大数据、移动互联等技术在产品可追溯、在线调度管理、全自动物流配送、智能配货等领域的应用。

(十一)再生资源回收物流工程

加快建立再生资源回收物流体系,重点推动包装物、废旧电器电子产品等生活废弃物和报废工程机械、农作物秸秆、消费品加工中产生的边角废料等有使用价值废弃物的回收物流发展。加大废弃物回收物流处理设施的投资力度,加快建设一批回收物流中心,提高回收物品的收集、分拣、加工、搬运、仓储、包装、维修等管理水平,实现废弃物的妥善处置、循环利用、无害环保。

(十二)应急物流工程

建立统一协调、反应迅捷、运行有序、高效可靠的应急物流体系,建设集满足多种应急需要为一体的物流中心,形成一批具有较强应急物流运作能力的骨干物流企业。加强应急仓储、中转、配送设施建设,提升应急物流设施设备的标准化和现代化水平,提高应急物流效率和应急保障能力。建立和完善应急物流信息系统,规范协调调度程序,优化信息流程、业务流程和管理流程,推进应急生产、流通、储备、运输环节的信息化建设和应急信息交换、数据共享。

六、保障措施

(一)深化改革开放

加快推进物流管理体制改革,完善各层级的物流政策综合协调机制,进一步发挥全国现代物流工作部际联席会议作用。按照简政放权、深化行政审批制度改革的要求,建立公平透明的市场准入标准,进一步放宽对物流企业资质的行政许可和审批条件,改进审批管理方式。落实物流企业设立非法人分支机构的相关政策,鼓励物流企业开展跨区域网络化经营。引导企业改革"大而全""小而全"的物流运作模式,制定支持企业分离外包物流业务和加快发展第三方物流的措施,充分整合利用社会物流资源,提高规模化水平。加强与主要贸易对象国及台港澳等地区的政策协调和物流合作,推动国内物流企业与国际先进物流企业合作交流,支持物流企业"走出去"。做好物流业外资并购安全审查工作,扩大商贸物流、电子商务领域的对外开放。

(二)完善法规制度

尽快从国民经济行业分类、产业统计、工商注册及税目设立等方面明确物流业类别,进一步明确物流业的产业地位。健全物流业法律法规体系,抓紧研究制修订物流业安全监管、交通运输管理和仓储管理等相关法律法规或部门规章,开展综合性法律的立法准备工作,在此基础上择机研究制订物流业促进方面的法律法规。

(三)规范市场秩序

加强对物流市场的监督管理,完善物流企业和从业人员信用记录,纳入国家统一的信用信息平台。增强企业诚信意识,建立跨地区、跨行业的联合惩戒机制,加大对失信行为的惩戒力度。加强物流信息安全管理,禁止泄露转卖客户信息。加强物流服务质量满意度监测,开展安全、诚信、优质服务创建活动。鼓励企业整合资源、加强协作,提高物流市场集中度和集约化运作水平,减少低水平无序竞争。加强对物流业市场竞争行为的监督检查,依法查处不正当竞争和垄断行为。

(四)加强安全监管

加强对物流企业的安全管理,督促物流企业切实履行安全主体责任,严格执行国家强制标准,保证运输装备产品的一致性。加强对物流车辆和设施设备的检验检测,确保车辆安全性符合国家规定、设施设备处于良好状态。禁止超载运输,规范超限运输。危险货物运输要强化企业经理人员安全管理职责和车辆动态监控。加大安全生产经费投入,及时排查整改安全隐患。加大物流业贯彻落实国家信息安全等级保护制度力度,按照国家信息安全等级保护管理规范和技术标准要求同步实施物流信息平台安全建设,提高网络安全保障能力。建立健全物流安全监管信息共享机制,物流信息平台及物流企业信息系统要按照统一技术标准建设共享信息的技术接口。道路、铁路、民航、航运、邮政部门要进一步规范货物收运、收寄流程,进一步落实货物安全检查责任,采取严格的货物安全检查措施并增加开箱检查频次,加大对瞒报货物品名行为的查处力度,严防普通货物中夹带违禁品和危险品。推广使用技术手段对集装箱和货运物品进行探测查验,提高对违禁品和危险品的发现能力。加大宣传教育力度,曝光违法违规托运和夹带违禁品、危险品的典型案件和查处结果,增强公众守法意识。

(五)完善扶持政策

加大土地等政策支持力度,着力降低物流成本。落实和完善支持物流业发展的用地政策,依法供应物流用地,积极支持利用工业企业旧厂房、仓库和存量土地资源建设物流设施或者提供物流服务,涉及原划拨土地使用权转让或者租赁的,应按规定办理土地有偿使用手续。认真落实物流业相关税收优惠政策。研究完善支持物流企业做强做大的扶持政策,培育一批网络化、规模化发展的大型物流企业。严格执行鲜活农产品运输"绿色通道"政策。研究配送车辆进入城区作业的相关政策,完善城市配送车辆通行管控措施。完善物流标准化工作体系,建立相关部门、行业组织和标准技术归口单位的协调沟通机制。

(六)拓宽投资融资渠道

多渠道增加对物流业的投入,鼓励民间资本进入物流领域。引导银行业金融机构加大对物流企业的信贷支持,针对物流企业特点推动金融产品创新,推动发展新型融资方式,为物流业发展提供更便利的融资服务。支持符合条件的物流企业通过发行公司债券、非金融企业债务融资工具、企业债券和上市等多种方式拓宽融资渠道。继续通过政府投资对物流业重点领域和薄弱环节予以支持。

(七)加强统计工作

提高物流业统计工作水平,明确物流业统计的基本概念,强化物流统计理论和方法研究,科学划分物流业统计的行业类别,完善物流业统计制度和评价指标体系,促进物流统计台账和会计核算科目建设,做好社会物流总额和社会物流成本等指标的调查统计工作,及时准确反映物流业的发展规模和运行效率;构建组织体系完善、调查方法科学、技术手段先进、队伍素质优良的现代物流统计体系,推动各省(区、市)全面开展物流统计工作,进一步提高物流统计数据质量和工作水平,为政府宏观管理和企业经营决策提供参考依据。

(八)强化理论研究和人才培养

加强物流领域理论研究,完善我国现代物流业理论体系,积极推进产学研用结合。着力完善物流学科体系和专业人才培养体系,以提高实践能力为重点,按照现代职业教育体系建设要求,探索形成高等学校、中等职业学校与有关部门、科研院所、行业协会和企业联合培养人才的新模式。完善在职人员培训体系,鼓励培养物流业高层次经营管理人才,积极开展职业培训,提高物流业从业人员业务素质。

(九)发挥行业协会作用

要更好地发挥行业协会的桥梁和纽带作用,做好调查研究、技术推广、标准制订和宣传推广、信息统计、咨询服务、人才培养、理论研究、国际合作等方面的工作。鼓励行业协会健全和完善各项行业基础性工作,积极推动行业规范自律和诚信体系建设,推动行业健康发展。

七、组织实施

各地区、各部门要充分认识促进物流业健康发展的重大意义,采取有力措施,确保各项政策落到实处、见到实效。地方各级人民政府要加强组织领导,完善协调机制,结合本地实际抓紧制定具体落实方案,及时将实施过程中出现的新情况、新问题报送发展改革委和交通运输部、商务部等有关部门。国务院各有关部门要加强沟通,密切配合,根据职责分工完善各项配套政策措施。发展改革委要加强统筹协调,会同有关部门研究制定促进物流业发展三年行动计划,明确工作安排及时间进度,并做好督促检查和跟踪分析,重大问题及时报告。

2014 年第一批物流 国家标准发布

2014-09-17 资料来源：中国物流与采购联合会

2013 年 12 月 31 日,由全国物流标准化技术委员会提出,国家标准委批准的八项物流国家标准正式发布,这些标准将于 2014 年 7 月 1 日开始实施。

八项物流国家标准包括：物流企业分类与评估指标(GB/T 19680—2013)、仓储绩效指标体系(GB/T 30331—2013)、仓单要素与格式规范(GB/T 30332—2013)、物流服务合同准则(GB/T 30333—2013)、物流园区服务规范及评估指标(GB/T 30334—2013)、药品物流服务规范(GB/T 30335—2013)、物流景气指数统计指标体系(GB/T 30336—2013)、物流园区统计指标体系(GB/T 30337—2013)。

2014 年 9 月 3 日,由国家标准化管理委员会批准(《中华人民共和国国家标准公告》〔2014 年第 21 号〕),全国物流标准化技术委员会提出并归口的六项物流国家标准正式发布,这些标准将于 2014 年 12 月 1 日开始实施。

六项物流国家标准包括：《联运通用平托盘 性能要求和试验选择》(GB/T 4995—2014,替代 GB/T 4995—1996)、《联运通用平托盘木质平托盘》(GB/T 31148—2014)、《汽车物流服务评价指标》(GB/T 31149—2014)、《汽车零部件物流 塑料周转箱尺寸系列及技术要求》(GB/T 31150—2014)、《汽车整车物流质损风险监控要求》(GB/T 31151—2014)和《汽车物流术语》(GB/T 31152—2014)。六项国家标准的介绍如下：

一、《联运通用平托盘性能要求和试验选择》(GB/T 4995—2014,替代 GB/T 4995—1996)

新发布的《联运通用平托盘 性能要求和试验选择》是一项修订标准,标准替代《联运通用平托盘性能要求》(GB/T 4995—1996)国家标准。我国已发布的联动通用平托盘国家标准共有三项,分别为：《联运通用平托盘主要尺寸及公差》(GB/T 2934)、《联运通用平托盘 试验方法》(GB/T 4996)和《联运通用平托盘 性能要求》(GB/T 4995)。其中,《联运通用平托盘 主要尺寸及公差》于 1982 年首次发布,1996、2007 年分别两次进行了修订,《联运通用平托盘试验方法》和《联运通用平托盘 性能要求》于 1985 年首次发布,1996 年进行了第一次修订,本次为第二次修订。

本次标准的修订主要依据国内托盘行业现阶段发展的新要求,对应新修订发布的国际相关标准,修改采用了 ISO 86112—2011《物料搬运托盘 平托盘 第 2 部分：性能要求和试验选择》,标准规定了联运通用平托盘的性能要求和试验选择原则,适用于公路、铁路和水路的联运通用平托盘的设计、生产、检验及使用。

本次修订的主要内容包括：

(1) 修改了标准适用范围。原 GB/T 4995—1996 适用于公路、铁路、水路和航空联运的通用平托盘。本标准适用于公路、铁路、水路和航空的联运通用平托盘的设计、生产、检验及使用。

(2) 增加了有关选择预处理环境条件的内容。在 GB/T 4996—1996《联运通用平托盘试验方法》的"6 预处理"基础上对如含水量、环境温度等试验条件进行了修订。

(3) 修改了托盘性能要求。按照 GB/T 4995—1996 的规定,联运通用平托盘按性能要求划分为 N 级(普通级)和 S 级(特殊级),不同级别托盘的性能要求指标不同。新编制的 GB/T 4995—20××对应新编制的 GB/T 4996—20××《联运通用平托盘 试验方法》中对试验方法的分组(即额定载荷试验、最大工作载荷试验和耐久性对比试验共三组),对不同组别的试验项目定义了不同的性能要求指标。

(4) 增加了试验选择原则。即增加了根据托盘用途选择所需进行的试验项目的内容。

(5) 增加了确定试验载荷方法的内容。

二、《联运通用平托盘木质平托盘》(GB/T 31148—2014)

本标准主要规定了适用于联运通用以及公用系统用的木质平托盘样式、要求、试验方法、检验规则以及标志、包装、运输与贮存,一次性托盘也可参照使用。

标准的发布对于推行托盘的循环使用,实现托盘共用,更好引导企业设计与生产符合共用要求的优质托盘,降低用户的采购成本,减少资源消耗具有积极的意义。

三、《汽车物流服务评价指标》(GB/T 31149—2014)、《汽车零部件物流 塑料周转箱尺寸系列及技术要求》(GB/T 31150—2014)、《汽车整车物流质损风险监控要求》(GB/T 31151—2014)、《汽车物流术语》(GB/T 31152—2014)

汽车物流是伴随着汽车工作的迅速发展而发展起来的专业物流服务领域,是将汽车零部件、商品车整车及服务备件从生产运送到经销商的一系列物流过程。目前我国专业从事汽车物流的骨干大中型企业近 100 家,具体从事汽车运输、仓储的企业上千家,已形成了一体化全方位的综合物流服务格局。

近几年,在中国物流与采购联合会汽车物流分会及大型汽车生产企业、物流企业共同努力下,已经研制了一批汽车物流标准,新的四项国家标准发布对解决汽车物流领域基础概念不统一、服务流程及指标缺失、汽车物流服务技术标准空白,规范汽车物流服务,提高服务质量,完善汽车物流标准化建设,推动我国物流业整体水平的发展具有重要的作用。

《汽车物流服务评价指标》(GB/T 31149—2014)规定了汽车整车物流服务评价指标、零部件物流服务评价指标和售后服务备件物流服务评价指标。适用于对从事经营性汽车物流服务企业的仓储、运输、装卸作业、流通加工等物流服务能力进行评价。

《汽车零部件物流 塑料周转箱尺寸系列及技术要求》(GB/T 31150—2014)规定了汽车零部件物流用塑料周转箱的尺寸系列和技术参数要求,标准适用于以注射成型法生产的塑料周转箱。

《汽车整车物流质损风险监控要求》(GB/T 31151—2014)规定了汽车整车物流运作过程中对有可能产生质损的环节进行监控的要求,适用于汽车整车物流运作的过程管理。

《汽车物流术语》(GB/T 31152—2014)确定了汽车物流的基础术语、作业服务术语、设施设备术语、信息术语、管理术语及其定义,适用于汽车物流及相关领域的信息处理和信息交换。

注册供应链管理师（高级）

Certified Supply Chain Manager

资料来源：中国物流与采购教育认证网

美国供应链管理专业协会、中国人力资源及社会保障部联合认证、中国企业联合会

项目简介：

全球经济跌宕起伏，在制造业与物流业成本不断上升、利润不断被挤压的情况下，供应链管理作为跨企业整合所有商业活动的管理集成，逐渐成为企业顺应时代成功变革的推手。在这场变革的浪潮中，从物流、采购、生产、计划、营销等专项人才成长升格为具有整体供应链视野及资源整合能力的供应链管理专业人才将成为企业发展的决定因素！

为了弥补综合供应链人才的巨大缺口，美国供应链管理专业协会（CSCMP）与中国人力资源及社会保障部、中国企业联合会，依托全球领先的 CSCMP 供应链流程标准，邀请国内外供应链专家，结合中国企业供应链发展需求，成功打造"注册供应链管理师"高级培训体系。

课程因其实效、前瞻，已获得了职业人士的一致好评，在此基础上为了满足不同人士的需求，现增设注册供应链管理师认证冲刺班。认证冲刺班中包含了课程体系中供应链管理所涵盖的知识点、方法论及实用工具，精选实战案例和要点进行授课，力求在最短的时间内打造一名合格的注册供应链管理师。获得该职业资格认证后，仍可根据自身需要，选择"供应链管理中的采购流程与战略、供应链视角下的生产与库存、供应链理念下的交付与实施"等强化课程。

通过供应链管理流程模型分享与 CSCMP 权威流程标准工具讲解，帮助学员掌握供应链管理视角下计划、采购、生产、物流、回收、执行六大板块的改进方法与设定细分工作目标；通过供应链系统架构模型分享与案例分析，深度解析如何整合企业外部供应链各方资源，实现合作共赢；如何协调企业内部各个部门之间的责权、矛盾与利益，达到协调一致；

通过案例研究题目帮助学员开始训练供应链管理师的基本能力：协作共赢的供应链思维方式；观察供应链上物流、信息流、资金流现状及趋势的能力；企业内部、外部的资源整合能力；帮助降低供应链管理风险及不稳定的能力；运用有效的方法和工具逐步帮助整个供应链降低成本、提高效率、提升客户满意度的能力。

无论是国企、外企还是私企，无论是制造业、贸易流通业还是现代服务业，无论是高级职业人还是企业家，参加过该课程培训的学员都可以学以致用，成为未来引领企业甚至行业的供应链管理专业人士！

证书样本：

中华人民共和国人力资源和社会保障部职业证书：**供应链管理（高级）岗位资格证书**

中国企业联合会企业管理岗位资格证书：**企业管理岗位注册供应链管理师资格证书**

美国供应链管理专业协会（CSCMP）国际证书：**Certified Supply Chain Manager**

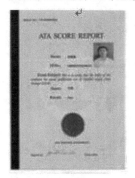

教学支持说明

扫描二维码在线填写
更快捷获取教学支持

尊敬的老师：

您好！为方便教学，我们为采用本书作为教材的老师提供教学辅助资源。鉴于部分资源仅提供给授课教师使用，请您填写如下信息，发电子邮件给我们，或直接手机扫描上方二维码在线填写提交给我们，我们将会及时提供给您教学资源或使用说明。

（本表电子版下载地址：http://www.tup.com.cn/subpress/3/jsfk.doc）

课程信息

书　　名			
作　　者		书号（ISBN）	
开设课程1		开设课程2	
学生类型	□本科　□研究生　□MBA/EMBA　□在职培训		
本书作为	□主要教材　□参考教材	学生人数	
对本教材建议			
有何出版计划			

您的信息

学　　校			
学　　院		系/专业	
姓　　名		职称/职务	
电　　话		电子邮件	
通信地址			

清华大学出版社客户服务：

E-mail: tupfuwu@163.com
电话：010-62770175-4506/4903
地址：北京市海淀区双清路学研大厦 B 座 506 室

网址：http://www.tup.com.cn/
传真：010-62775511
邮编：100084